미일안보체제사

요시쓰구 고스케 지음

이재우 옮김

어문학사

NICHIBEI AMPO TAISEISHI

by Kosuke Yoshitsugu

© 2018 by Kosuke Yoshitsugu

Originally published in 2018 by Iwanami Shoten, Publishers, Tokyo.

This Korean edition published 2022

by Amoonhaksa, Seoul

by arrangement with Iwanami Shoten, Publishers, Tokyo

머리말

'잠정적'이었던 안보조약

샌프란시스코는 전후 미일관계의 출발점이라고 해야 할 도시이다. 1945년 6월 유엔헌장을 조인調印한 장엄하고 화려한 전쟁기념 오페라하우스에서 1951년 9월 세계의 주목을 모은 대일강화회의가 열렸고 8일 샌프란시스코강화조약이 체결되었다. 일본 전권단을 이끈 이는 요시다 시게루吉田茂 수상이었다.

요시다는 강화조약 조인 후, 미육군 제6군 사령부가 있었던 프레시디오Presidio로 향했다. 9월 1일 오스트레일리아뉴질랜드미국안전보장조약(ANZUS조약)을 조인調印했던 평범해서 남의 눈에 바로 띄지 않는 사병클럽Enlisted Men's Club(현재는 골든게이트 클럽Golden Gate Club이라 부른다) 건물이 요시다의 목적지였다.

미일안보조약 조인식調印式이 있었던 프레시디오의 「골든게이트 클럽Enslisted Men's Club」의 외관

2001년 9월 8일 다나카 마키코田中眞紀子 외무대신이 미국을 방문하여 개최한 안보조약 조인調印 50년 기념식전 때 설치한 기념동판

샌프란시스코만을 바라보는 사병클럽의 1층 홀에서 요시다는 일본측을 대표하여 혼자 「일본국과 미합중국 사이의 안전보장조약(구안보조약)」에 조인調印했다. 조약 전문에는 "일본국은 방위를 위한 잠정조치로서 일본국에 대한 무력공격을 저지하기 위해 일본 국내 및 부근에 미합중국이 군대를 유지하기를 희망한다"라고 적혀 있었다. 구안보조약은 잠정적 약속이었다.

이 일은 안보조약을 탄생시킨 인물이라고 할 수 있는 사람이 한 말을 통해서도 확인할 수 있다. 1951년 4월 강화안보조약에 대해 일본측과 교섭한 존 포스터 덜레스John Foster Dulles는 기자회견에서 "지금 준비하고 있는 것은 잠정적 안전보장협정"이라 발언했다(朝日新聞 1951년 4월 20일. 이하 朝日 51.4.20. 등으로 줄여서 씀). 요시다도 10월 18일 중의원 평화조약안보조약특별위원회에서

미일안보체제사

"병력을 보유하지 않는 무방비 상태에 있기 때문에 안전보장조약을 체결하여 독립을 잠정적으로 보호한다"고 답변했다.

또한 글렌 H. 스나이더Glenn H. Snyder의 연구에 따라 "특정 상황하에서 구성국 이외의 국가에 대한 군사력 행사(또는 행사하지 않음)를 위한 국가들의 공식 약속"이며, "근본적 기능은 공통의 적을 상대로 군사적 힘을 결집시키는 것"이라고 이해하면 (Snyder 1997) 아직 경찰예비대밖에 보유하지 않은 일본과 미국이 체결한 구안보조약은 '동맹'이라고 할 수 없었다. 미국 측과의 교섭을 맡은 니시무라 구마오西村熊雄 외무성 조약국장이 지적했듯, 구안보조약은 미군의 일본 주둔을 위한 '주둔군협정'에 불과했다(西村 1999).

잠정적인 '주둔군협정'이었던 구안보조약에 대해서 당초부터 위헌, '대미종속', '불평등'이라는 매서운 비판이 쏟아졌으며, 1960년의 안보개정 때는 국내에서 미증유의 반대운동이 전개되었다. 그럼에도 불구하고 '미일안보체제(이하 안보체제)'는 왜, 어떻게 장기간 유지되어 "세계에서 가장 튼튼한 동맹관계 중 하나"이며 일본외교의 '기축(外交靑書 2001년판, 2005년판)'이라 부르는 지경에 이르렀을까?

이러한 의문에 대답하고자 이 책은 안보체제가 어떻게 형성되고 변용지속되어 왔는지를 밝히고, 안보체제의 역사란 무엇이었는지를 물을 것이다. 그러한 작업을 통하여 안보체제의 앞으로의 방향성을 모색하기 위한 지적기반을 제공하고 싶다.

미일안보체제란 무엇인가?

그렇다면 '미일안보체제'란 무엇인가? 실은 그것을 정의하기 쉽지 않으며 논자論者마다 상이하다. 보통 안보체제라고 하면 미일의 군사협력을 떠올릴 것이다. 그런데 1960년 조인되어 지금까지 지속되는「일본국과 미합중국 사이의 상호협력 및 안전보장 조약」의 전문은 미일이 "민주주의의 원칙들, 개인의 자유 및 법의 지배"라는 가치관을 공유하고, 또한 "한층 긴밀한 경제협력을 촉진"한다고 강조했다. 이 점을 중시한다면 안보체제는 군사정치경제의 모든 분야에 걸친 미국과 일본의 협력 체제라고 폭넓게 정의할 수 있다. 이 정의에 따르면, 미일무역의 신장이나 일본의 경제협력개발기구OECD 가맹 등도 안보체제의 성과로 인식할 수 있다.

하지만 안보조약의 주요 내용은 일본과 '극동'의 안전보장에 관한 군사영역의 미일협력에 관련되었다. 또한 정치와 경제 영역에서의 미일협력 전반을 안보체제의 문제로 파악하면, 논의해야 할 대상이 확산되어 안보체제의 윤곽이 희미해지고 만다.

그래서 이 책은 '미일안보체제'를 미일안보조약 및 그 조약에 관련된 약속들에 근거해 군사 영역을 중심 삼아 정치와 경제 영역도 포함하는 안전보장에 관한 미일의 협력 체제라고 정의하고 싶다. 달리 말하자면 안보체제와 안전보장에 직결하지 않는 정치, 경제 문제나 유엔의 집단안전보장 및 평화유지 활동에 관한 미일협력은 구분해서 생각하기로 한다.

게다가 이 책은 안보체제의 근본적 기능인 군사 영역에서의 협력을 중심으로 세 가지 요점에 대해 논하기로 한다.

첫 번째 요점은 일본의 방위력 증강, 자위대의 미군 후방지원, 미일합동연습, 주둔군 경비 부담, 대외원조 확충 등의 일본의 대미협력이나 미일방위협력이다. 여기에 대외원조를 포함하는 이유는 냉전기, 그것이 공산주의에 대항하는 중요한 수단이었기 때문이다. 헌법이나 일본국민의 반전감정을 배려하면서 아시아에서의 주요 자유주의 국가인 일본의 대미협력을 어떻게 향상시킬지는 미일 정부에 있어 매우 중요한 과제였다.

두 번째 요점은 미군 기지의 자유로운 사용 등의 주일미군의 권익에 관련된 주일미군 기지의 운용이다. 미군 기지의 운용은 주일미군의 권익 유지와 확대를 추구하는 미국에도, 또한 국민의 반전반핵反戰反核감정이나 주권국가의 체면을 배려하면서 주일미군의 억지력을 중시하는 일본 정부에도 중대한 문제였다.

세 번째 요점은 미군기지 문제이다. 종래 일본외교나 미일관계의 통사通史에서 본토의 기지문제가 크게 다뤄진 적은 없었다. 하지만 놀랍게도 1952년의 안보조약 발효에서 2013년까지의 사이에 1,000명 이상의 일본 국민이 미군이 저지른 사건이나 사고로 인해 목숨을 잃었다(미국 통치하의 오키나와를 제외한다. 防衛省「米軍の事故について, 年齢別, 公務上外別件数, 死亡者数, 賠償金額, 昭和27年度~平成25年度」). 기지 주변에 사는 주민의 신체생명의 안전이나 재산권 보장 같은 기본적 인권이 현저히 손상되어 반기지감정이 높아

지면, 미군의 안정적인 존재감을 유지하기 어렵기 때문에 기지 문제 대처는 미국과 일본 정부에 있어 매우 중요한 과제이다. 또한 최근 미군기지 문제라고 하면 오키나와 고유의 문제로 간주하는 경향이 있는데, 예전에는 본토에서도 미군기지 문제는 심각했기에 본토와 오키나와의 기지문제를 하나로 인식할 필요가 있다.

일본의 대미협력, 미군기지 운용, 미군기지 문제를 둘러싼 미일관계사를 읽는 데 있어 이 책은 미일 정부관계뿐 아니라, 국제정세나 미국의 세계전략도 포함했다. 안보체제의 전개가 국제질서의 변천과 깊이 관계한다는 시각은 중요하다. 또한 헌법 제9조나 정치정세, 더욱이 쇼와 천황昭和天皇의 안전보장문제에 관한 언급 같은 국내사정에도 주의를 기울였다. 여론이나 기지 주변 주민의 동향도 언급하지만, 결국은 국민적 합의의 유무가 안보체제의 안정성을 크게 좌우하기 때문이다. 정치엘리트뿐 아니라 시민의 시점에서 안보체제를 다시 바라보는 작업도 중요할 것이다.

더욱이 동맹에는 항상 동맹 상대의 전쟁에 '휘말릴 수 있는 공포'와 동맹 상대에게 '버림받을 수 있는 공포'가 따라다니는 '동맹의 딜레마'도 고려하고자 한다. 전후 일본에서는 미일협력을 추진하는 정치세력이 미국에 '버림받을 수 있는 공포'에 사로잡힌 한편, 반안보세력은 미국의 전쟁에 '휘말릴 수 있는 공포'를 강조하는 경향에 있기 때문이다.

'안보구조'라는 시점

안보체제의 역사란 무엇이었는지를 생각하는 데 있어 이 책은 안보체제의 구조적 특징, 즉 '안보구조'의 형성, 지속과 변용이라는 시점에서 접근한다. 그리고 안보구조에 대해 논하는 데 있어서 상호 관련된 네 가지 요소를 주목하고자 한다.

첫 번째 요소는 '비대칭성'이다. 1960년 안보개정 이래, 안보체제는 '물량과 인력의 협력', 즉 일본은 기지를 제공할 의무를 지고, 미국은 군대를 제공하여 일본방위의무를 지게 됨으로써 '상호성'을 확보하는 '비대칭적 상호성'을 특징으로 삼아 왔다. 일본은 미국에 안보를 의존하고 있으며 안보체제는 '편무片務'적이라고 오해받는 경우가 있는데, 미일 쌍방이 이익을 누리고 있기에 '상호성'이 담보되고 있다.

하지만 안보개정 후에도 자위대의 대미협력을 확대시켜 미일 쌍방이 제공하는 자원과 청부 부담이 동질의 양이라는 의미에서 '대칭성'을 추구하며 '상호성'을 높여야 한다는 논의를 반복해 왔다. 안보체제의 걸음은 "서로를 위해 서로를 지킨다"는 의미에서 "상호성을 발전시켜 온 역사"라고 지적받는 경우도 있다(坂元 2016). 이 책에서는 '비대칭적 상호성'이 어떻게 형성되고 변용해 왔는지를 논하고자 한다.

두 번째는 미일지위협정이나 '대미추수追隨'라는 단어가 상징하는 일본의 국가주권이나 대미발언권이 충분히 존중받지 않아 일본국민이 불이익을 받는다는 '불평등성'이다. 역대 정권이 종종 미일'대등'을 내걸어 온 사실은 '불평등성'의 시정이 일본에 있어 얼마나 중요한 과제였는지를 보여준다.

유의해 두고 싶은 것은 아베 신조安倍晋三 수상이 "쌍무성雙務性을 높여야 기지문제와 함께 우리의 발언력이 현격히 증가한다"고 말했듯이(安倍 2013), 대미협력을 거듭하여 '대칭성'과 '상호성'을 높인다면 일본과 미국이 '대등'해 진다는 논리가 종종 사용되는 점이다. 이러한 논의의 타당성도 신중하게 검토할 필요가 있다.

세 번째는 안보체제에 관한 미일 양국 정부의 밀약으로 상징되는, 일본 정부가 국민에게 충분히 설명할 책임을 다 해오지 않은 '불투명성'이다. 일본의 안전보장면에서의 대미협력이나 주일미군의 권익 유지와 확대가 항상 헌법, 국민의 반전반핵감정이나 주권의식과의 정합성을 엄격히 추궁 받았기 때문에 야당이나 여론의 비판을 비하기 위해 미국과 일본 정부는 밀약을 거듭해 왔다. 외교와 방위에 비밀은 따르기 마련이지만, 외교를 민주적으로 통제하여 안보체제에 대한 국민의 이해를 얻는 데 있어서 정부가 충분히 설명하고자 하는 책임을 다하고, 그에 따른 정보를 공개하는 것은 매우 중요하다.

네 번째는 주일미군이 저지른 사건과 사고로 인해 국민의 생명과 재산, 기본적 인권이 위협받는 '위험성'이다. 국가안전보장을 위한 주일미군이 국민, 특히 기지 주변에 거주하는 주민의 안전을 위협하는 모순을 직시할 필요가 있다. 그리고 미군의 권익을 유지·확대시키기 위한 지위협정이나 밀약의 존재가 '위험성'을 증폭시킨다는 사실을 놓쳐서는 안 된다.

목차

제2부
미국의 '동등한 파트너'로서 1960-1972

제3부
미일'동맹'으로 가는 길 1972-1989

제4부
냉전 후의 과제 1990-2000

제5부
안보체제의 '글로벌화' 2001-2018

제1부

1945~1960
1960~1972
1972~1989
1990~2000
2001~2018

강화의 대가
- 미일안보체제의 형성

1945-1960

미국 샌프란시스코의 제6군 사령부에서 미일안
보조약에 조인하는 요시다 시게루 수석 전권. 후
방 오른편부터 애치슨 국무장관, 덜레스 전권
(1951년 9월 8일, ⓒ共同)

1장

미일안보체제의 성립

1. 미소냉전의 시작과 일본

냉전의 시작과 '관대한 강화'

1945년 8월15일 아시아태평양전쟁이 끝나고 연합군 최고 사령관 더글라스 맥아더Douglas MacArthur 원수가 지휘하는 연합 군 최고사령관 총사령부GHQ/SCAP는 일본점령 업무를 시작했 다. 미국은 연합국의 협의를 기조로 하는 국제질서구상을 전제 로 삼아 일본이 다시는 위협이 되지 않도록, 일본의 '비군사화 와 민주화'를 지향했다. 점령개혁의 핵심은 일본국헌법日本國憲 法의 제정이며 일본은 '평화헌법'을 갖춘 '평화국가'로 다시 태어 났다.

공산당의 노사카 산조野坂參三나 정치학자 난바라 시게루南原 繁는 국가가 당연히 자위권을 가져야 한다는 이유로 헌법 9조를 비판했다. 하지만 비참한 전쟁을 체험하고 허허벌판이 된 도시 에서 식량난에 허덕이며 필사적으로 사는 국민은 전시에 형성된 가치관이 붕괴하는 가운데 적극적으로 신헌법을 받아들였다.

1947년 3월 맥아더는 점령목적을 거의 달성했다는 이유로 강화조약을 조기에 체결하여 점령을 종결하자고 주장했다. 일 본 정부는 강화구상을 짜기 시작했으나 문제는 일본이 독립을 회복하고 점령군이 철수한 후의 안전보장이었다. 9월 외무성은 아시다 히토시芦田均 외무대신의 결재를 받고 미일 간 특별한 협

정을 체결하여 유사시에 미군이 일본에 주둔하는 구상을 기록한『아시다메모芦田メモ』를 로버트 아이켈버거Robert Eichelberger 미 극동군 제8군 사령관에게 제출했다. 아시다메모는 미군에 의한 안전보장을 처음으로 선택한 구상이었다. 같은 달에는 쇼와 천황昭和天皇이 오키나와沖縄를 군사기지로서 미국에 장기간 대여하자고 제안하는 '천황메시지天皇メッセージ'를 미국에 전했다(進藤 2003). 천황을 "국민통합의 상징"으로 평가한 신헌법 시행 후에도 천황은 정치나 외교에 계속 관여했다.

1947년 3월 해리 S. 트루먼Harry S. Truman 미국 대통령이「트루먼독트린Truman Doctrine」을 발표하여 냉전이 시작되자, 미국은 일본의 전략적 중요성을 강하게 인식하게 되었다. 우선 1948년 1월 케네스 C. 로이얄Kenneth C. Royall 육군장관이 일본을 반공의 '방벽'으로 삼겠다고 연설했다. 그리고 미국 정부는 "비군사화·민주화"를 지향하는 대일방침을 재검토하여 1948년 10월의 국가안전보장회의결정 제13/2호(NSC13/2)에서 일본의 경제부흥을 우선하고 대일강화를 연기하여 후일 새롭게 징벌이 아닌 성격의 강화, 다르게 말하자면 "관대한 강화"를 맺기로 결정했다. 냉전에서 미국에 있어 일본은 옛 적국에서 공산주의에 같이 맞서는 파트너로 변모했다.

오키나와 전투 이래 미군이 점령한 오키나와의 경우는 일본 영토로 인정하고 기지를 조차租借해야 한다고 생각한 국부무와, 영유나 유엔의 전략적 신탁통치를 추구하는 군부 사이에 의견의 차이가 있었으나 1949년 5월의 NSC13/3에서 기지를 장기간 보유하는 방침을 제시했다. 그리고 오키나와에서 기지 건설을 추진했다.

아시아냉전과 대일강화

유럽에서 시작된 냉전은 아시아에도 파급되어 1948년 대한민국(한국)과 조선민주주의인민공화국(북한)이 각각 미국과 소련의 지원 아래 성립했다. 1949년 10월에는 중국은 '향소일변도'(向蘇一邊倒, 군국주의자와 인민을 구분한다)를 내걸고 1950년 2월 일본과 그 동맹국을 가상의 적으로 삼는 중소우호동맹상호원조조약을 체결하자, 미국과 중국의 균열이 결정적으로 미중대립을 축으로 하는 아시아냉전의 틀이 형성되었다.

냉전의 진행은 대일강화에 큰 영향을 끼쳤다. 1949년 9월 대일강화에 대해 소련과 합의할 수 있는 가능성이 없다고 예상한 미국은 모든 교전국이 강화조약에 조인調印하는 '전면강화'를 포기하고, 소련을 배제한 '단독강화'를 추구하기로 결정했다.

미국 정부 내에서는 점령의 장기화로 일본 국민의 반미감정이 고조되는 상황을 두려워하여 일본의 조기독립을 주장하는 국무부와, 그에 반대하는 군부가 격렬히 대립했다. 점령이 종결되면 당연히 점령군은 철수하지만, 대소전략상, 일본에 계속 군대를 주둔시켜 일본 정부에 제약을 받지 않고 기지를 자유롭게 사용하고 싶은 미 군부는, 점령 유지가 바람직하다고 생각했다. 딘 애치슨Dean Acheson 국무장관의 입장에서 미 군부는 대일강화에 대한 "가장 성가신 장애물"이었다(細谷千博 1984). 물론 애치슨도 일본의 전략적 중요성은 충분히 인식하여 1950년 1월 일본을 아시아에서의 자유주의 진영의 중심으로 재건하여 알류샨, 일본, 오키나와, 필리핀을 연결하는 선을 '불후퇴방위선'으로 하겠다고 연설했다.

일본 국내에서도 대일강화에 대한 관심이 높아져 전면강화론이나 미국과 소련 어느 쪽에도 붙어서는 안 된다는 중립론을 주장하는 여론이 높아졌다. 1949년 12월 야당인 일본사회당日本社會黨은 단독강화나 군사협정은 냉전을 격화시켜 일본이 전쟁에 휘말릴 위험을 높인다는 이유로 전면강화중립견지군사기지반대의 '평화삼원칙'을 정했다. 또한 지식인으로 구성된 평화문제담화회平和問題談話會는 『세카이世界』 1950년 3월호에 게재되는 「강화문제에 대한 성명講和問題についての声明」 등에서 전면강화중립군사기지반대를 주장했다.

점령이 길어지면 '독립심'을 잃게 된다는 이유로 하루라도 빠른 강화를 간절히 소망하고, 대미협조의 필요성을 인정하던 요시다 시게루 수상의 입장에서 냉전이라는 현실에 입각한다면, 단독강화 이외의 길은 없었다. 요시다는 1949년 11월 11일 참의원 본회의에서 "설령 소수 국가와의 강화가 성립하더라도 없는 것보다는 낫다"라고 말하는 한편, 전면강화를 주장하는 난바라 시게루 도쿄대학 총장을 "곡학아세하는 무리"라고 비난했다.

또한 요시다는 강화를 추진하도록 미 정부와 교섭했다. 일본 주둔을 둘러싼 미 정부 내의 대립이 강화의 진전을 방해한다고 판단한 요시다는, 1950년 4월 25일 측근인 이케다 하야토池田勇人 대장대신을 워싱턴 D.C.로 파견하여 강화 후 기지제공에 대해 "만약 미국 측이 그러한 희망을 말하기 어렵다면 일본 정부는 일본 측에서 그것을 요청하는 방법을 연구해도 좋다"라고 육군부 고문 조지프 닷지Joseph Dodge에게 전했다(宮澤 1999).

이케다가 미국을 방문했을 때, 트루먼도 대일강화를 가속화시키는 조치를 취했다. 4월 6일 공화당의 거물인 존 포스터 덜레스를 국무부 고문으로 임명했다. 그리고 덜레스는 6월에 일본을 방문하여 대일강화로 향하는 돌파구를 열었다. 그때까지 일본의 중립과 비무장화를 고집하던 맥아더가 "일본의 전영역"을 미군의 "잠재적 기지"로서 미군은 "무제한 행동할 자유"를 확보하고 일본이 자위권을 가짐을 인정했다(細谷千博 1984). 단 덜레스와 요시다의 회담은 완전한 실패로 끝났다. 요시다는 안전보장문제에 대해 애매한 태도를 유지하여 덜레스를 화나게 했다.

한국전쟁의 충격

덜레스가 일본을 방문 중이던 1950년 6월 한국전쟁이 발발했다. 냉전의 '열전'화는 세계에 충격을 주었고, 북한의 한국침공을 소련의 세계정복의 서막으로 간주한 미국은 유엔군을 조직하여 개입했다. 한국전쟁은 일본에도 큰 영향을 끼쳤다. 우선 미군이 대량의 군수물자를 일본에서 조달하는 조선특수朝鮮特需 때문에 일본경제가 되살아났다. 또한 맥아더의 명령으로 한국전쟁에 출격한 점령군을 대신하여 국내치안유지를 담당하는 카빈총으로 무장한 7만 5천 명 규모의 경찰예비대警察予備隊가 8월에 발족했다. 재군비 개시는 '역코스逆ㄱㅡㅈ'라 불린 점령정책의 전환을 상징하는 사건이었다.

요시다는 경찰예비대가 치안유지 조직으로 재군비에 해당하지 않는다고 주장했고, 나중에 재군비에 강하게 반대할 사회당도 치안유지의 관점에서 경찰예비대 설치에 찬성했다. 여기서 GHQ가 야당에 의한 경찰예비대 비판을 금지한 사실을 유의해야 한다. 일본재군비는 국회에서의 자유로운 논의 없이 시작되었다. 한편 여론을 본다면, 1950년 12월 시점에서 6할 이상의 국민이 일본에도 군대가 필요하다고 생각했다[NHK放送世論調査所編(이하 NHK) 1982].

한국전쟁 발발 후, 덜레스는 대일강화에 관한 미 정부 내의 합의형성을 서둘렀고, 9월 NSC60/1이 대통령의 승인을 받았다. 그것은 ① 강화 후에도 미군이 일본에 주둔하고, ② 일본의 자위권과 자위력의 보유를 인정하며, ③ 오키나와에 관한 배타적전략적 지배를 확보한다는 방침을 내걸었다. 더욱이 강화 후에도 "일본의 필요하다고 생각되는 장소에, 필요하다고 생각되는 기간, 필요하다고 생각되는 규모의 군대를 보유할 권리"를 획득해야 한다고 되었다. 미 군부는 일본 국토 전체를 잠재적인 기지로 간주하는 "전토기지방식" 주둔을 조건으로 대일강화에 동의하였다(明田川 1999).

또한 미 군부는 미소전쟁의 위험이 있는 가운데 일본방위의무를 지기를 거부했다. 제2차 세계대전 후 동원해제를 대폭 추진하던 미군에 있어 일본방위의무는 '무거운 짐'이었다. 더욱이 10월 중국의 참전으로 한국전쟁이 미중전쟁으로 바뀌고 전황이 악화되자, 미 군부는 일본재군비를 한층 더 중시하게 되었다. 미 군부에 있어 강화조약은 일본재군비를 촉진하는 촉매였다.

이리하여 대일강화방침을 정한 미국은 1월 「대일강화7원칙」을 발표하여 일본에 대한 배상청구권을 기본적으로 포기하고, 일본의 재군비나 공업생산력에 제한을 설정하지 않는 "관대한 강화" 노선을 밝혔다.

미 정부에 있어서는 강화 후 일본 주둔의 방식으로 미일 두 나라 사이의 안전보장협정을 맺거나 미국, 일본, 필리핀, 오스트레일리아, 뉴질랜드 등으로 집단방위체제를 구축하는 '태평양협정'을 체결하는지도 중요한 논점이었다. 덜레스는 태평양

협정으로 인하여 군국주의 부활을 두려워하여 일본재군비에 반대하는 필리핀, 오스트레일리아, 뉴질랜드로부터 대일강화에 대한 동의를 받고, 또 국제적 안전보장의 틀 안에서 일본의 군대를 재건할 수 있다고 생각했다. 하지만 이 구상은 당사국이 제외된 영국의 반대나 오스트레일리아, 뉴질랜드 등이 소극적인 자세를 보였기 때문에 좌절했다(細谷千博 1984, 坂元 2000, 古關 2003).

　미국은 각국과의 개별 안전보장협정을 선택하고 1951년 미국필리핀상호방위조약과 ANZUS조약이 성립되었다. 두 조약은 공산주의를 봉쇄하고, 또 일본재군비에 반대하는 나라들을 안심시키는 "일본에 대한 안전보장" 장치였다. 그리고 미일안보체제도 공산주의뿐 아니라, 일본 군국주의에 대한 '이중의 봉쇄Double Containment'라는 역할을 부여받았다. 1990년 헨리 스택폴Henry Stackpole 주일 미해병대 사령관이 미군이 일본 군국주의를 억누르는 "병뚜껑"이라고 발언한 '병뚜껑론'도 이러한 상황의 연장선에 있다.

2. 대일강화와 안보조약

일본과 미국의 거래

강화에 대비하는 일본 정부에 있어 안전보장문제의 첫 번째 요점은 재군비 억제였다. 헌법과 국민의 반전감정, 재정상황, 군국주의 부활에 대한 국내외의 걱정 등에 비추면, 대규모 재군비는 적절하지 않았다. 더욱이 요시다는 제3차 세계대전이나 소련이 일본을 침공할 위험은 없다고 판단했다. 그렇다고 해서 요시다가 재군비나 개헌의 필요성을 부정하지는 않았다. 요시다는 일본경제가 부활하고 재군비가 진행될 때까지 잠정적으로 미군에 방위를 맡긴다고 생각했다.

하지만 점령종결 후의 미군 주둔은 국민으로부터 "점령의 연속"이라 비판받을 우려가 있었다. 그렇기 때문에 두 번째로 미군 주둔에 관한 미일협정을 주권국가의 체면이나 국민의 반전감정을 상처 입히지 않게 할 필요가 있었다. 그래서 외무성은 안전보장협정과 강화조약을 분리하려고 생각했다. 강화조약에 군대주둔이 규정되면, 전승국에 의한 대일경계조치로서의 강제적 주둔의 색채가 짙어지기 때문이다. 다음으로 미군의 주둔지점, 경비, 특권이나 주둔기간 등을 미일협정에 명기하여 점령의 계속이 아님을 명확히 하려고 했다. 더욱이 미일협정과 유엔헌장을 연결하여 주권국가의 체면을 지키고 헌법문제를 극복하려고 생각했다.

세 번째로 요시다는 미일이 "대등한 협력자"가 되기 위해 "협정 안에 일본의 안전보장에 관한 미국 측의 책임을 명시하는" 것이 "가장 중요"하다고 생각했다. 요시다는 "일본 측에 군대 주둔을 받아들일 의무가 있음에 대해, 상대방에 국토방위의 의무가 있음을 확실히 하고 싶었다(吉田茂 1957 3권)."

그리고 네 번째로 외무성은 오키나와에 대해 미국의 군사상의 필요성에는 충분히 배려하지만, 미 정부가 상정하는 유엔의 신탁통치를 회피하고 주권을 일본에 남기고 싶다고 생각했다.

1951년 1월 덜레스가 일본을 방문하여 본격적 미일교섭이 이루어졌다. 재군비를 강하게 요구하는 덜레스를 상대로 일본 측은 당면한 문제로서 재군비는 불가능하다고 주장했으나 결국 "재군비를 위한 당초의 조치"라는 제목의 문서에서 5만 명의 '보안부대'와 '국가치안성' 설치를 비밀리에 제의했다. 덜레스가 일본 측의 제안에 만족했다고 생각할 수 없지만, 요시다가 재군비를 향해 한 걸음 전진했다고 받아들였을 것이다.

미군주둔에 관한 미일협정을 강화조약과 별도로 체결하는 점은 일본 측의 요구가 통했다. 하지만 미국 측이 제시한 협정안은 특권을 요구하는 미군의 입장을 노골적으로 반영하였으며, 교섭을 담당한 니시무라 구마오 외무성 조약국장에게 "한 번 읽어보니 불쾌한 느낌을 금할 수 없었던" 내용이었다(西村 1971). 국민의 반발을 걱정한 일본 측이 협정 안에 미군의 권익을 열거하지 않도록 요청한 결과, 안전보장조약과 국회의 비준이 불필요한 행정협정안을 동시에 추진하기로 하고, 행정협정에서 미군주둔의 상세한 내용을 정했다.

또한 일본 측은 미일협정과 유엔헌장을 연결할 수 없었다. 일본 측은 미일이 유엔헌장을 근거로 하는 '집단자위集團自衛' 관계에 들어가기 위해 "일본은 합중국 군대의 일본 주둔에 동의한다"고 하도록 요구했다. 하지만 미국 측은 "자조自助 및 상호원조"하에서 지역적집단적 방위계약을 맺는다는 미 의회의 반덴버그 결의Vandenburg Resolution를 근거로 충분한 군비를 갖지 않고, 미국에 '상호원조'를 할 수 없는 일본과는 '집단자위' 관계에 들어갈 수 없다고 반론하고, 일본의 '희망'에 응하여 미군이 일본에 주둔하는 형식을 제안했다. 덜레스는 일본이 자신의 의무를 맡게 될 때까지는 미국은 "의무가 아닌 권리"를 요구한다는 입장이었다(坂元 2000).

오키나와에 대해 일본 측은 설령 오키나와를 조차지로 하더라도, 주권을 일본 측에 남기도록 요구했다. 하지만 덜레스는 오키나와문제는 해결되었다고 일축하여 일본 측은 충격을 받았다.

덜레스가 귀국한 후의 미일교섭에서는 일본유사시뿐 아니라, '극동'에서의 유사시에 미군이 대응할 수 있도록 '극동조항'이 삽입되었다. 극동조항은 조약비준을 둘러싼 국회논의에서 미국의 전쟁에 휘말릴 수 있다는 이유로 강한 비판을 받았다.

또한 미군을 일본방위를 위해 "사용할 수 있다"는 문장이 들어가 미군의 일본방위의무가 명료하지 않게 되었다. 니시무라 조약국장은 미군은 일본을 지킨다고 믿었지만, "확실성이 조약문면에 나오지 않은" 사실은 인정할 수밖에 없었다. 니시무라는 이러한 문장들에 "충분히 주의를 하지 않고 '동의할 수밖에 없다'는 결론을 총리에게 상신한" 사실은 "매우 부끄럽다"고 회상했다(西村 1971 및 1999).

그런데 요시다와 덜레스가 안보조약을 만들었다고 하지만, 쇼와 천황의 역할도 무시할 수 없었다. 안전보장에 강한 관심을 가졌던 천황은, 1947년 5월 일본의 안전보장을 위해 미국이 주도권을 잡도록 맥아더에게 요구했고, 앞서 말했듯 9월에는 오키나와에 관한 「천황메시지」를 미국 측에 전했다. 천황은 다시 1951년 2월의 덜레스와의 회담에서 미군의 일본주둔에 동의했으며 9월에는 안보조약의 성립을 지지한다는 생각을 매튜 B. 리지웨이Matthew B. Ridgway 연합군 최고사령관에게 제시했다. 이러한 천황의 안전보장관은 반공의식과 표리일체였다(豊下 1996·2008 및 2015, 吉次 2006).

천황은 안보조약과 오키나와의 미군기지로 일본을 공산주의의 위협에서 지킬 수 있다고 생각했고, 강화 후에도 미일협력이나 주일미군을 중시한다는 뜻을 미국과 일본의 정부 고관에게 계속 전달했다. 냉전기의 안보체제는 미국과 일본의 정부만 아니라, 알려지지 않은 안보체제의 '수호자'라고 해야 할 쇼와 천황에 의해서도 지탱되었다.

오층구조의 안보체제

1951년 9월 샌프란시스코의 전쟁기념오페라하우스에서 대일강화회의가 화려하게 개최되어 49개국이 샌프란시스코 강화조약에 조인調印했다. 미국과 영국 등이 배상을 포기했고 일본의 공업과 군비가 제한되지 않는 "관대한 강화"였다. 또한 전면강화를 주장한 소련이 중국과 소련에 창끝을 돌린 "군사블록에 들어갈 의무를 일본에 강요했다"는 이유로 조인하지 않았기 때문에[朝日新聞安全保障問題調査会編(이하 朝日) 1967], 단독강화가 되었다. 중국이나 한국 등의 불참, 동남아시아 국가들과의 배상문제의 보류 같은 문제도 있었으나 일본은 자유주의 진영의 일원으로서 국제사회에 복귀하게 되었다.

안전보장 문제에서 우선 제3조에서 오키나와가 유엔의 신탁통치를 받게 되는 일은 없었고 미국이 통치한 사실이 중요했다. 단, 미 정부가 일본에 형식만이라도 주권을 남긴 쪽이 득책이라 판단하기에 이르렀기 때문에 강화회의에 있어서 덜레스의 연설에서 오키나와에 대한 일본의 '잠재주권'을 인정했다.

또한 제5조(c)에서 일본이 자위권을 보유하고 "집단적 안전보장계약"을 체결함을 인정했고 또 제6조(a)에서 국제적 협정에 의한 외국 군대의 일본주둔이 가능하게 된 점에서 안보조약으로 가는 길이 열렸다.

강화회의 종료 후에는 프레시디오에서 안보조약을 체결했다. 안보조약 전문에는 일본이 "방위를 위한 잠정조치로서" 미군의 일본주둔을 '희망'하고, 미국은 일본에 미군을 주둔시키지만, 일본이 "자국의 방위를 위해 점증적으로 직접 책임을 지기를 희망한다"고 기록되었다. 요시다의 말에 따르면 이것으로 방위력 증강이 "조약상의 의무"가 되었다(吉田茂 1957 2권).

제1조는 주일미군은 "극동에 있어서 국제평화와 안전유지에 기여"하며 또한 내란진압이나 일본방위에 "사용할 수 있다"고 되었다. 제2조는 미국의 동의 없이 일본은 '제3국'의 군사주둔을 인정하면 안 되며, 제3조는 주일미군의 배치에 관한 조약은 행정협정으로 정해지며, 제4조는 조약의 실효, 제5조는 비준에 대해 규정했다. 안보조약은 '주둔군협정'이라고 해야 하며(西村 1999), '동맹'이라고 부르기에는 걸맞지 않은 내용이었다.

미일행정협정은 니시무라가 "매우 난삽難澁"하여 "다시 생각해 봐도 좋지 않은" 내용이었다고 회상하는 교섭을 거쳐(西村 1999) 1952년 2월 조인되었다. 행정협정의 첫 번째 특징은 미국이 다른 동맹국과 맺은 협정과 달리, 주둔한 미군의 규모, 주둔지점, 주둔기한에 대한 규정이 없으며 '전토기지방식'이 관철된 사실이었다.

두 번째로 기지의 건설과 유지를 위한 물자나 노무가 면세되어 미군군속과 그 가족의 범죄에 대해 미국 측이 재판권을 갖는 등, 미군의 다양한 특권을 인정했다. 또한 일본은 기지제공에 필요하다고 생각되는 경비 이외에 운수비, 통신비, 역무비 등을 포함한 정액부담으로서 매년 1억 5,500만 달러의 '방위분담금'을 미국 측에 지불하게 되었다. 미국 측은 "미군은 오로지 일본의 전 국토를 지키기 위해 주둔하기 때문에 그 경비는 일본이 당연히 부담해야 한다"고 주장했다(吉田茂 1957 3권).

다시 미일은 행정협정에 곤련해서 '지휘권밀약'을 교환했다. 미국 측은 일본유사시 미일의 통일사령부를 설치하여 미군 사령부가 지휘를 맡는 방침이었으나 일본 측은 그것을 행정협정에 명기하는 데 반대했다. 그래서 1952년 7월 요시다가 지휘권에 관한 미국 측의 방침을 비밀리에 승인했다(古關 2003, 植村 2013).

추가로 행정협정은 형사특별법, 민사특별법 등 미군에만 적용되는 많은 특별법을 낳았다. 훗날 헌법학자 하세가와 마사야스長谷川正安는 헌법에 적합한 '헌법체계'와 그에 모순하는 '안보체계'라는 "두 개의 법체계"가 형성되었다고 지적했다(長谷川正安 1962).

이리하여 강화조약, 안보조약, 행정협정, 행정협정에 관계된 특별법, 밀약이라는 오층구조로 구성된 미일안보체제가 성립했다.

안보체제의 구조적 특징

미국에 있어 미일안보체제는 일본을 미국의 반공전략에 편입하여 미군의 특권을 계속 보유하면서 강화 후에도 기지를 일본에 확보하고, 또 아시아 각국의 일본 군국주의 부활에 대한 걱정을 억제하면서 일본재군비를 촉구하는 구조였다.

한편 요시다의 말에 따르면 안보체제는 "전력이 없는 일본으로서는 그것 말고 방법이 없는 국방체제"로, "어디까지나 잠정적 조치"였다(吉田茂 1957 2권, 3권). 요시다는 강화조약으로 일본은 독립했고, 그 독립을 안보조약으로 지킨다는 의미에서 강화와 안보는 "일체불가분"이라 생각하였으나(吉田茂 1957 3권) 일본방위 의무나 미군의 특권, 재군비 등의 점에서 미국 측에 양보할 수밖에 없게 된 안보체제는 일본의 입장에서 보면 강화의 대가였다(細谷千博 1984, ダワ- 1991 下, 植村 2013).

외교에서 자신의 주장이 전면적으로 통하는 일은 있을 수 없으며, 미일의 입장과 국력 차이나 덜레스의 교섭술에 비춰보면, 일본 측이 일정한 양보를 할 수밖에 없게 된 것은 어찌할 수 없다. 그럼에도 외무성 조약국이 "일본이 미군에 주둔해 달라는 것이 진리인 것과 같이, 미국이 일본에 주둔하고 싶은 것도 진리이기" 때문에 미일의 입장은 "반반"이라 갈파했듯(豊下 1996), 미군의 특권 등에 대해 조금 더 일본 측의 주장을 반영시켰을 가능성도 있었다.

하지만 요시다의 좋은 감을 보여주었다고도 평가받는 1950년의 이케다 방미가 협상력Bargaining Power를 깎았을 우려가 있다. 외교에서는 "부탁하는 자"가 된 쪽이 지지만, 이케다가 미군주둔을 "부탁"하는 형태가 되었기 때문에 미국이 대기로 재군비나 미군의 특권을 일본에 요구할 수 있게 되었다. 미군주둔은 일본의 '희망'에 응한 것으로 "보호받는" 일본은 대가를 요구받게 된다는 논리가 안보교섭의 행방을 크게 좌우한 중요한 요인 중 하나였다. 그리고 일본의 '희망에 따라 미군이 주둔한다는 논리를 안보체제에 삽입한 사실은, 일본은 안전보장 측면에서 미국에 일방적으로 의존하여 경제적 이익을 누리고 있으면서도 응분의 부담을 지지 않는다는 대일비판, 즉 안보'편승'론으로 향하는 길을 여는 중대한 문제였다(宝山 1992 上, 豊下 1999, 吉次 2011, 植村 2013).

  그리고 당면한 재군비에 소극적인 일본과 미군 권익의 최대화를 노리는 미국이 만든 안보체제는, 다음과 같은 구조적 특징을 갖게 되었다. 첫 번째는 '비대칭성'이다. 안보체제는 일본은 기지를, 미국은 군대를 제공하는 "물량과 인력의 협력"이었다. 그리고 '비대칭성'은 '편무성'과 연결되었다. 즉 안보체제는 ① 일본은 미군에 기지를 제공하지만, 미군에 일본방위의무는 없고, ② 미국은 일본을 지키지만 일본은 미국의 영토를 지키지 않는다는 두 가지 의미에서 '편무적'이었다. 전자는 일본 측의 불만을 심화시켰고, 후자는 미국이 일본에 한층 더 노력을 요구하는 논리가 되었다.

  두 번째는 '불평등성'이다. 안보조약 제1조의 내란조항이나 제2조의 제3국 조항은 일본의 주권을 침해할 우려가 있었다.

또한 미국-필리핀, 미국-한국, ANZUS조약 등은 통고로부터 1년 후에 종료시킬 수 있었지만, 안보조약에는 기한 규정이 없었다. 독립국이 맺는 조약에 상응하지 않은 이러한 하자를 가진 안보조약은 냉전 후 주미 대사를 지낸 야나이 준지柳井俊二로 하여금 "구안보는 어떻게 봐도 이상한 조약입니다"라고 말하게 하였다(五百旗頭ほか編 2007a). 더욱이 미군의 다양한 특권을 인정한 행정협정도 점령의 그림자를 이었다.

그리고 세 번째는 '불투명성'이다. 미일 정부는 극비문서「재군비를 위한 당초 조치」나 지휘권협약처럼 일본 국내에서 정치 문제가 될지도 모르는 안건은 밀약으로 처리하였다.

이렇듯 안보체제는 '비대칭성', '불평등성', '불투명성'을 하나로 뭉친 '편무적'인 구조로 출발했다. 이 '안보구조'에 대한 불만이나 비판이 이 후의 안보체제의 역사를 움직이게 된다.

3. 안보조인의 파문

국내외의 반향

강화와 안보의 조인은 국내외에 큰 파문을 일으켰다. 우선 소련은 미일의 군사적 제휴를 인정할 수 없다며 반발했다. 미국을 '제국주의'로 간주하고, 미일 이간離間과 일본중립화를 노리는 중국은 "극동에 새로운 침략블록을 결성"하는 행위라고 강화와 안보를 비판했다(大嶽編 1992 2권). 안보체제의 형성은 미일과 중소의 대립을 격화시켜 아시아의 냉전구조를 고정화시켰다.

국내에서는 강화와 안보를 둘러싸고 격론이 오갔다. 개헌과 재군비를 내건 국민민주당은 일부 의원이 안보조약에 반대했지만, 최종적으로는 두 조약에 찬성하는 방침을 내놓았다. 1951년 1월 「평화3원칙」에 재군비 반대를 더한 「평화4원칙」을 밝히고, 일본노동조합총평의회(총평)와 보조를 맞추어 요시다 정권과 대치하던 사회당은 대혼란에 빠졌다. 냉전을 전제로 하여 자유주의 진영에 귀속되었음을 인정하는 우파는 강화찬성과 안보반대의 입장을 취했고, 좌파는 자유주의 진영 귀속을 부정하고 비무장중립을 관철하는 관점에서 두 조약에 반대하였다. 좌우대립이 격화된 결과, 1951년 10월 사회당은 마침내 분열했다.

국회에서 야당은 안보조약이나 행정협정의 '불평등성', 미국의 전쟁에 휘말릴 수밖에 없는 극동조항, 그리고 미군에 일본 방위의무가 없다는 '편무성'을 비판했다. 안보조약과 헌법의 정합성도 추궁했으나 정부는 헌법은 자위권을 부정하지 않았으며 안보조약이나 미군주둔은 합헌이라 주장했다. 안보조약 전문에 실린 점진적인 방위력 증가에 관한 규정도 문제시했지만, 1952년 3월 14일 참의원 예산위원회에서 기무라 도쿠타로木村

篤太郎 법무총재는 "헌법을 부정해서까지 재군비를 시키려는 의사가 없다"고 받아넘겼다.

학계에서는 국제법의 요코타 기사부로横田喜三郎나 헌법의 미야자와 도시요시宮澤俊義가 안보조약은 합헌이라 주장했다. 여론은 대체로 1951년 시점에서 단독강화와 안보조약을 긍정적으로 평가했으나(NHK 1982, 福永 2014) 뿌리 깊은 반발도 있었다. 1952년 4월 강화와 안보, 두 조약이 발효되어 일본은 독립국으로서 국제사회에 복귀했지만, 5월의 '피의 노동절血のメーデー'에서 강화안보, 재군비에 불만을 가진 시위대와 경찰이 충돌하여 사망자가 발생했다.

재군비의 진전

강화안보 조인 후, GHQ는 1952년 말까지 15~18만 명, 1953년 말까지 10개 사단과 약 30만 명을 정비하겠다며 급하게 대규모 재군비 계획을 수립했다. 요시다는 "일본의 국력이나 경제상태 등 국정에 맞추어 증강하면 되므로 32만 명이란 말도 안 된다"며 미국 측에 저항했지만, 재군비의 속도에 대해 양보할 수밖에 없게 되었다(吉次 2011).

요시다는 점령 종결 후인 1952년 8월 보안청保安廳을 설치하고 10월에는 직접침략에 대한 대처로 시야에 넣은 보안대保安隊와 경비대를 발족시켰다. 요시다의 입장에서 보면 보안대는 "새로운 국군을 건설할 토대"였고, 미국은 보안청을 "장래의 방위성의 토대"로 간주했다(吉次 2011). 국회에서는 "재군비는 안 한다"고 말하면서 보안대를 발족시키는 요시다 정권을 야당이 엄중히 비판했다. 국민민주당의 의원을 중심으로 2월에 결성된 개진당改進黨이 개헌과 재군비를 다그치는 한편, 좌우 양 사회당은 재군비를 비판했다. 보안대와 헌법의 정합성에 대해서 정부는 '전력'을 근대전쟁 수행에 도움 되는 수준의 장비와 편성을 갖춘 것이라 해석하고, '전력'이 아닌 보안대는 합헌이라 주장했다.

미국은 요시다의 신중한 재군비에 만족하지 않았다. 1952년 8월의 NSC125/2는 10개 사단 정비라는 목표를 내걸고, 일본의 군사력이 장래, 아시아태평양의 안전보장에 기여하는데 기대를 보였다. 1953년 발족한 드와이트 D. 아이젠하워Dwight D. Eisenhower 정권도 MSA원조라 불린 군사원조를 지렛대로 삼아 일본재군비를 독촉하려고 했다. 하지만 요시다가 30만 명 규모의 재군비에 간단히 동의하리라고 생각할 수 없었기 때문에 18만 명 체제의 조기실현에 초점을 맞췄다.

MSA교섭은 1953년 7월부터 시작되어 10월 이케다 하야토 자유당 정조회장이 미국을 방문하여 월터 S. 로버트슨Walter S. Robertson 국무차관보 등과 협의했다. 당분간 18만 명, 최종적으로는 30만 명 규모의 육상부대 창설을 요구하는 미국 측에 대해 이케다는 1956년도 말까지 육상병력을 18만 명으로 증원하는 「이케다사안池田私案」을 제시했다. 이케다가 30만 명 규모의 재군비에 저항하면서도 18만 명 체제의 정비를 약속한 점이야말로 중요했다. 그 후 도쿄에서의 교섭을 거쳐 1954년 3월 일본이 "자국의 방위력 및 자유세계의 방위력의 발전 및 유지에 기여"해야 함을 규정한 상호방위원조협정MSA협정을 조인調印했다.

또한 요시다는 여당인 자유당이 과반수를 차지하는 가운데, 개헌과 재군비를 내건 개진당의 협력을 얻기 위해서라도 재군비를 진행할 필요가 있었다. 1953년 9월 요시다와 시게미쓰 마모루重光葵 개진당 총재가 회담을 갖고 열려 자위대 창설을 결정했다. 그리고 1954년 7월 방위청과 자위대가 발족했다.

당연히 자위대에 대한 헌법의 정합성이 엄중히 추궁되었다. 좌파사회당이 자위대는 위헌이라고 주장하는 가운데, 정부는 '전력'을 갖지 않은 자위대는 합헌이라 반론했다. 또한 참의원은 1954년 6월 "자위대의 해외출동을 하지 않는 사항에 관한 결의"를 가결하여 자위대의 해외파견에 제동을 걸었다. 더욱이 하토야마 이치로鳩山一郎 정권 발족 후, 정부는 "자위를 위한 필요최소한도의 실력"인 자위대는 '전력戰力'에 해당하지 않는다는 해석을 제시하여 자위대는 '오로지 방위專守防衛'에 철저히 한다는 방침을 내걸었다. 정부는 자위대의 합헌성을 강조했지만, 여론의 반응은 복잡했다. 1953년 9월의 여론조사에서는 반수가까운 국민이 재군비의 필요성을 인정했으나 자위대 발족 후에는 재군비를 반대하는 목소리가 늘었다(NHK 1982). 자위대가 국민 사이에 정착하기에는 삼시 시간이 필요했다.

국제적 반향으로서는 미국이 자위대의 발족을 환영하는 한편, 일본재군비를 위협의 원천이라 생각하는 소련은 자위대를 날카롭게 비판했다.

이리하여 헌법 제9조, 미일안보체제, 자위대가 모순을 품으면서 정립하는 전후 일본의 안전보장정책의 골격이 확정되었다.

2장

'독립의 완성'을 목표

– 안보개정으로 가는 길

1. 하토야마 이치로 정권의 좌절

'대등'한 미일관계 모색

1954년 12월 요시다 내각이 총사직하자 요시다와 대립하여 자유당을 떠난 하토야마 이치로 등과 개진당이 합류하여 결성된 일본민주당을 여당으로 하여 하토야마 내각이 발족했다. 하토야마 정권은 '독립의 완성'을 위한 '자주외교'와 미일관계의 '대등'화를 목표로 삼고, 소일 국교회복과 유엔가입, 방위력 증강과 개헌, 미군철수, 안보개정을 주요 정책과제로 삼았다.

아이젠하워 정권은 '대미자주'외교를 내건 하토야마 정권에 불안을 느끼면서 대일정책을 재검토했다. 1955년 4월의 NSC5516/1에서 "정치적·경제적 안정을 저해해서까지 군사력을 증강하도록 일본 측에 압력을 가하는 것은 피하기로" 결정하여 급속한 재군비보다도 일본의 정치적·경제적 안정을 우선시키는 방침을 내놓았다. 이후 미국은 정권이 바뀌어도 이 방침을 유지했다. NSC5516/1은 미국의 대일정책의 전환점이었다.

재군비 압력의 경감은 군사비를 삭감하여 통상 병력을 축소하고 핵무기에 의존하는 한편, 정치·경제적 안정을 중시하는 아이젠하워 정권의 뉴룩New Look 전략을 일본에의 적용이자, 냉전의 '정치·경제전쟁'화에 대한 대응이었다. 스탈린Iosif Stalin 사후, 소련이 미국과의 '평화공존'을 외쳐서 1953년 7월의 한국전쟁 휴전, 1954년 7월의 인도차이나전쟁 휴전, 1955년 7월 미소 정상이 마주앉은 제네바회담에서 미소의 '긴장완화'가 진행되어, 미국과 소련은 군사보다도 정치경제면에서 경쟁하게 되었다. 더욱이 1954년 3월 제5후쿠류마루第五福龍丸가 태평양에서 미국의 수소폭탄 실험에 조우하여 피폭된 사실이나 미군기지 문제로 일본 국내에서 중립주의가 확산되어 사회당의 세력이 신장한 사실도 미국의 정책전환을 재촉했다.

시게미쓰 방미와 안보개정의 좌절

1955년 8월 시게미쓰 마모루 외무대신이 미국을 방문하여 덜레스 국무장관에게 안보개정을 타진했다. 시게미쓰는 육상 자위대를 18만 명으로 증원하는 등의 항목을 삽입한 「방위6개년계획」을 책정하고 안보조약의 "전문前文에 표명된 미국의 기대에 응하도록 항상 노력해 왔음"을 강조하여 주일미군의 '차례대로 철수'와 "현재의 일방적 안전보장조약을 대신하는 쌍호双互적 기초에 선 새로운 방위조약" 체결을 요구했다. 덜레스는 안보개정은 "충분한 자위력이 생길 때 고려하면 된다"고 거절했지만, 시게미쓰는 "지금의 조약은 대등하지 않으며 미국에 의존하고 있다. 우리는 평등한 입장에서 미국과 파트너가 되기를 바란다"고 주장했다(吉次 2011).

하지만 안보개정요구는 신조약에서 주일미군기지의 사용이 제한될까 두려워한 덜레스에게 일축되었다. 또한 "대등한 안보조약을 체결하자고 하는데, 일본에 그런 힘은 없지 않은가?"라는 덜레스의 "냉랭하고 퉁명스러운 태도"는 일본 측에 재군비의 필요성을 통감하게 했다(原編 2003).

시게미쓰 방미에 관해서 특필할 사항은 쇼와 천황의 움직임이었다. 당초 시게미쓰는 주일미군의 최종적인 전면철수를 미국에 제안할 작정이었으나, 미국을 방문하기 전, 내주內奏를 하러 온 시게미쓰에게 천황은 "일본과 미국이 협력하여 반공을 할 필요가 있으니 주둔군의 철수는 불가하다"라고 말했다(重光 1988). 시게미쓰는 덜레스와의 회담에서 미군의 전면철수를 언급하지 않았는데, 외무성의 자세가 소극적인데다가 천황의 의향이 작용했을 가능성이 있다.

천황은 이후에도 미일관계의 안정화에 노력했다. 천황은 다니 마사유키谷正之 주미 대사에게 미국의 지원에 "깊이 감사"하며, "일미관계가 긴밀하기를 바라며 양국 관계가 갖는 의의를 충분히 인식하고" 있음을 미 정부 요인에게 전달하도록 명했다. 다니로부터 천황의 메시지를 들은 덜레스는 대통령에게 전달하겠다고 확약하고 "장래의 일본과 양호한 두 나라 사이의 관계에서 천황의 영향력은 중요하다"고 대답했다(吉次 2006).

하토야마 정권은 안보개정에서는 좌절했으나 소일국교회복과 유엔가맹이라는 중요한 외교성과를 거두었다. 스탈린 사후, 소련의 새로운 지도부는 장기적으로는 미일 이간을 지향하면서 일본과의 외교관계의 부재는 미국을 이롭게 할 뿐이라고 생각하여 미일안보체제를 용인한 뒤 관계개선을 추구하게 되었다. 소일관계의 개선을 걱정한 미국의 견제도 있었으나 1956년 10월 국교회복과 평화조약 체결 후에 하보마이齒舞와 시코탄色丹섬을 인도하고, 소련이 일본의 유엔 가입을 지지한다는 약속을 삽입한 소일공동선언을 조인했다. 그리고 12월 일본의 유엔 가맹이 실현되었다.

55년체제의 성립

진무경기神武景氣로 일본경제가 전쟁 전의 수준을 회복하여 1956년 경제백서經濟白書가 "이제 '전후'가 아니다"라고 표명한 1950년대 중반은 일본정치의 전환기이기도 했다. 우선 미소 '화해'의 흐름을 타서 분열된 사회당이 1955년 10월 통일되었다. 그리고 '보수합동'에 의한 정치 안정을 원하던 미 정부의 후원도 있어서 사회당의 공세에 대항하고자 자유당과 일본민주당이 합류하여 11월 자유민주당이 성립했다. 이리하여 자민당이 장기간 정권을 잡고, 사회당이 '만년야당'으로 계속 있는 '55년체제'가 성립했다.

55년체제하에서의 가장 중요한 쟁점 중 하나는 헌법이었다. 자민당은 개헌을 당시로 내걸었으나 국민 사이에 헌법이 정착하고 사회당 등의 호헌 세력이 국회의석의 3분의 1을 확보했기 때문에 개헌을 요구하는 기운이 높아지지 않았다.

안보체제와 자위대도 중요한 논점이었다. "독립체제의 정비"

를 지향하는 자민당은 결낭대회에서 안보체세를 유지하면서 "주둔 중인 외국 군대가 차례대로 철수함을 대비하여 방위연차계획을 수립, 실행"하여 "국력에 맞는 소수정예"인 자위대를 유지하는 방침을 제시했다. 한편 비무장중립을 내건 사회당은 안보조약과 재군비에 강하게 반대하며 자민당과 첨예하게 대립했다.

2. 안보개정의 모색

안보개정을 향한 포석

하토야마 퇴진 후, 단명으로 끝난 이시바시 단잔石橋湛山 정권을 사이에 두고 1957년 2월 기시 노부스케岸信介 내각이 발족했다. 도조 히데키東條英機 내각의 각료를 지낸 기시는 전후, A급 전범용의자로서 스가모巢鴨 형무소에 수감되었다. 석방 후, 반요시다의 급선봉으로서 정계에 복귀하여 단숨에 권력의 계단을 달음질쳐 올라간 기시는 "쇼와의 요괴昭和の妖怪"라 불렸다.

기시 정권은 유엔중심주의, 자유주의 국가들과의 협조, 아시아의 일원으로서의 입장을 견지한다는 '외교삼원칙'을 제시했다. 외교청서外交靑書 1957년판에 따르면, 그것은 유엔의 이상을 회구希求하면서 안전을 확보하는 "현실적인 조치"로서 자유주의 국가들과 협조하고, 또 아시아의 평화를 추구한다는 취지였다.

기시의 입장에서 봤을 때, '외교삼원칙' 중에서 가장 중요한 것은 자유주의 국가들, 특히 미국과의 협조로, 대일외교의 가장 중요한 과제는 안보개정이었다. 예전부터 개헌과 재군비에 의한 "민족의 완전독립의 달성"을 지향한 기시는 미일의 '대등관계'를 만들어야 하며, 또한 "일본과 미국이 대등한 의미에서의 진정한 상호방위조약을, 즉 쌍무적 의무를 일본이 이행하려고 한다면 지금의 헌법은 적당하지 않으며 개정해야 한다"고 생각했다(岸 1983, 原編 2003).

1957년 6월 16일 기시는 두 개의 포석을 깔은 다음 미국을 방문했다. 첫 번째 포석은 재군비를 향한 적극자세를 보이는 것이었다. 기시 정권은 5월 「국방의 기본 방침」을 정하고, 6월 14일에는 육상자위대 18만 명, 해상자위대 12만 4천 톤, 항공자위대 1,300기의 정비를 지향하는 「방위력정비계획」을 책정했다. 기시의 입장에서 이러한 방침들은 안보개정을 미국에 승낙시킬 "중요한 패"였다(原編 2003). 두 번째 포석은 5월 기시의 동남아시아 순방이었다. 기시는 "아시아의 중심은 일본임을 돋보이게 해야 아이크Ike와 만나 일미관계를 대등하게 바꾸고자 교섭하려는 나의 입장을 강화할 수 있다"고 생각했다(岸 1983).

미국을 방문한 기시는 아이젠하워와의 회담에서 일본의 방위노력을 강조하고 안보조약에는 재검토해야 할 점이 있다고 말하면서도, 상호방위조약으로의 개정을 끄집어내지 않았다. 시게미쓰 방미에 동행한 경험 때문에 안보개정은 쉽지 않다고 인식한 기시는 신중하게 행동했다. 아이젠하워는 경제적, 군사적으로 일본이 충분한 실력을 갖추었을 때, 미일은 "진짜 파트너"가 될 수 있다고 대답했고, 덜레스도 방위력 증강을 강하게 요구했다(苦次 2011). 안보개정을 향한 구체적인 성과는 없었으나 공동성명에서 '미일신시대'를 주장하여 기시는 '대등'한 미일관계를 향한 첫 걸음을 내디뎠다.

미국 측의 움직임

기시가 안보개정에 신중히 대처하는 가운데. 안보개정을 향한 주도권을 쥔 사람은 더글라스 맥아더 2세Douglas MacArthur II 주일 대사였다(坂元 2000). 일본중립화, 즉 사회당 정권 탄생이라는 악몽이 맥아더 대사를 움직였다. 우선 1957년 1월 군마현群馬縣 소마가하라相馬ヶ原 연습장에서 탄피를 줍던 일본인 여성을 윌리엄 S. 지라드William S. Girard 이등병이 사살한, 지라드사건이 일본 국민을 격노하게 만들었다. 다음으로 10월에 소련이 인류 첫 인공위성 발사에 성공한 스푸트니크 충격Sputnik Shock 때문에 소련의 위신이 높아졌다. 그리고 1958년 1월 나하那覇시장선거에서 반미라 생각되는 가네시 사이치兼次佐一가 당선되었다.

안보체제에 대한 일본 국민의 불만에 입각하여 1958년 2월 맥아더 대사는 안보개정의 필요성을 덜레스에게 호소했다. 그는 일본중립화를 저지하고 미일관계를 안정시키기 위해 안보조약을 개정하여 미국이 일본을 '평등'한 파트너로 다뤄야 한다고 생각했다.

하지만 미 군부는 미국에 유리한 안보조약의 재검토에 소극적이었다. 또한 지금까지 미 정부는 안보조약을 '상호적'인 조약으로 바꾸는 데는 자위대의 해외파견이 필요하다는 입장이었다. 워싱턴 D.C.를 설득하고자 맥아더 대사는 '상호성'을 확보하기 위해 일본이 해야 할 군사적 공헌은 자위대의 해외파견이 아닌, 미군기지 제공이라는 논리를 고안했다(明田川 1999, 坂元 2000). 맥아더 대사의 진언을 받아들여 워싱턴 D.C.는 일본중립화를 저지하고 미일관계를 안정시켜 주일미군기지를 유지하는 쪽이 득책이라 판단하기에 이르렀고, 안보개정으로 방향을 틀었다.

교섭의 행방

1958년 8월 기시는 맥아더 대사에게 신조약을 체결하겠다는 의향을 전했다. 기시가 안보조약의 조정이 아닌 신조약 체결을 결단한 이유는 미국의 일본방위의무를 조약에 명기하고, 또 일본 국민의 방위의식을 환기喚起 계발하기 위해서였다. 일본 측은 ① 미국의 일본방위의무와 헌법이 허용하는 범위에서의 일본의 의무를 삽입한 상호방위조약으로 이행, ② 미국의 전쟁에 휘말릴 수 있는 점이나, 미군이 일본에 핵무기를 반입하는 점에 대한 국민의 걱정에 부응하기 위한 주일미군의 지역외 출동이나 핵무기 운용에 관한 '사전협의제도' 도입을 미국 측에 요구했다. 내란조항이나 제3국 소항의 삭세, 안보조약과 유엔헌 장의 관계의 명확화도 중요했다.

안보개정교섭은 10월부터 본격화했다. 미국 측 초안은 우선 신조약이 단순한 군사조약이 아닌 정치경제적 협력을 포함함 을 보여주었다. 또한 "단독 및 공동으로 자조 및 상호원조에 의 해 무력공격에 대항하기 위한 개별적 및 집단적 능력을 유지하 고 발전시킨다"는 「반덴버그 조항」이 미국이 조인한 다른 조약 과 마찬가지로 삽입되었다. 조약구역과 공동방위에 대해서는 '태평양'에서 미일에 대한 무력공격이 있을 때 "자국의 헌법상 의 수속에 따라 공통의 위기에 대처한다"고 되었다. 10년의 고 정기간 경과 후에는 1년 전의 폐기예고라는 형식으로 조약기한 이 설정되며 제3국 조항이나 내란 조항은 제외했다. 사전협의 제도는 조약 본체와 별개로 맺는 방침을 제시했다.

일본 측은 신조약이 집단자위권 행사로 연결되는 상황을 우 려했다. 일본 정부는 1954년 처음으로 집단자위권 행사는 헌 법상 인정할 수 없다는 인식을 보였고, 다양한 논의를 거쳐 1981년 일본은 집단자위권을 보유하지만, 헌법이 허용하는 자 위권 행사는 "우리나라를 방위하기 위해 필요최소한도의 범위 에 머물러야 한다고 해석하며, 집단자위권 행사는 그 범위를 넘는 행위로 헌법상 허용되지 않는다"는 견해를 표명한다. 안 보개정교섭에서 일본 측은 집단자위권에 대해 신중히 대응하 여 반덴버그 조항은 "개별적 및 상호협력"해서 "각각의 능력"을

"헌법상의 규정에 따를 것을 조건으로 해서" 유지하고 발전시킨다고 바뀌었다.

또한 일본 측의 입장에서 '태평양'이라는 조약구역은 받아들이기 힘들었다. '극동'보다도 지리적 범위가 광대할 뿐 아니라, '태평양'의 미국 영토에 대한 공격에 일본이 대처하면 집단자위권 행사가 되기 때문이다. 최종적으로는 "일본국의 시정하에 있는 영역"으로 낙착되어 미국의 영역은 제외했다. 또한 미국의 통치를 받는 오키나와와 오가사와라小笠原는 일본에 시정권을 반환한 후, 조약구역에 포함했다.

한편 1960년 3월 일본 정부는 독도는 조약구역에 포함된다는 입장을 보였다. 하지만 한국이 독도를 실효지배하고 있기 때문에 지금은 포함되지 않는다는 지적도 있다. 센카쿠 제도尖角諸島는 2014년 4월 버락 H. 오바마Barack H. Obama 대통령이 안보조약의 대상이 된다고 분명히 말하여 조약구역에 포함된다고 할 수 있게 되었다(朝日 1967, 坂元 2016).

주일미군의 행동범위가 "일본국의 시정하에 있는 영역"에 제한되면, 미국의 입장에서 주일미군기지의 가치가 저하된다. 그래서 신조약에서도 극동조항이 유지되어 '극동'이 주일미군의 '주둔목적지역'이 되었다. 조약구역 밖을 방위하기 위해 주둔미군의 사용을 인정한 점은 다른 조약에는 없는, 안보조약의 특징이다(朝日 1967). 극동조항은 미국이 일본을 지키지만, 일본은 미국 영토를 방위하지 않는다는 '비대칭성'을 채우기 위함이라

할 수 있을 것이다.

ANZUS조약이나 한미조약 등과 공통인 "자국의 헌법상의 수속"에 따라 "공통의 위기"에 대처한다는 문구에 대해서도 일본 측은 헌법 제9조에 입각하여 "헌법상의 규정 및 수속에 따라서"로 수정하도록 요구했고, 미국 측도 이를 받아들였다. 다시 일본 측은 "공통의 위기"라는 문장이 집단자위권을 전제로 삼고 있다는 이유로 난색을 보였으나, 미국 측은 ANZUS조약 등에도 삽입되어 있는 이 문장이 없다면, 조약에 "혼이 실리지 않는다"고 주장했다(原 1991).

1959년에 들어서자 일본 측은 행정협정 개정을 제기했다. 행정협정에는 수를 대지 않을 작정이었던 맥아더 대사는 "이야기가 전혀 다르다"며 격노했다. 하지만 미 정부는 "장래의 마찰범위를 최소한으로 줄여 기지를 받아들이는 나라의 만족도를 높이고 싶다"고 생각하여 개정에 응했다(原 1991). 일본 측은 1959년 8월 서독과 미국 등이 체결한 NATO군지위협정을 보충하는 협정(본보충협정)에 입각하며 "NATO처럼"을 목표로 교섭에 임했다.

3. 신안보조약의 체결

신안보조약과 지위협정

1960년 1월 워싱턴 D.C.에서 「일본국과 미합중국 사이의 상호협력 및 안전보장조약(신안보조약)」과 미일지위협정이 체결되었다. 기시 정권은 일본의 안정보장의 '기간基幹'인 안보조약이, 미일이 "진정 대등한 입장"에 서는 형태로 바뀌었다고 강조했다(外交青書 1959년판, 1960년판). 미국의 일본방위의무와 일본의 기지제공 의무를 삽입하여 일본 및 극동의 평화와 안전을 지킬 것을 기본적 틀로 삼은 신新 안보조약의 요점Point은 다음과 같았다.

① 제1조, 제5조와 제7조에서 안보조약이 유엔 헌장의 틀 안에서 만들어졌음을 제시했다.
② 제2조에서 미일이 "자유로운 각 제도를 강화" 하여 "경제적 협력을 촉진"할 것, 즉 정치적·경제적 협력을 주장했다.
③ 제3조에서 헌법의 테두리 안에서의 일본의 방위력 유지발전을 의무로 규정했다.
④ 제5조에서 미국의 일본방위의무와 일본의 시정하에서 일본이 미국(즉 주일미군)을 지킬 의무를 명확화했다.

⑤ 제6조에서 일본 및 극동의 평화와 안전을 위해 미군이 일본의 기지를 사용할 수 있음을 규정했다.

⑥ 제10조에서 10년의 고정기간이 경과한 후에는 미일 어느 한 쪽의 통고에 의해 1년 후에 효력을 잃는다는 조약기간을 설정했다.

⑦ 구안보조약에 삽입된 제3국 조항과 내란조항을 삭제했다.

더욱이 조약과 별개로 「기시허터Christian Herter 교환공문」으로 미군 배치의 중요한 변경, 미군 장비의 중요한 변경, 그리고 미군이 '전투작전행동'을 위해 기지를 사용할 경우, 미 정부가 일본 정부와 사전협의한다는 사전협의제도가 도입되었다. 일본 측에 거부권이 있음은 기시와 아이젠하워의 공동성명에서 확인되었다.

지위협정에서는 민사재판권과 청구권이 NATO와 같은 수준이 되는 등의 개선이 보였다. 방위분담금도 폐지되어 일본 측은 기지와 기지 출입에 필요한 노선권, 그리고 그에 따른 보상만 부담하게 되었다.

안보구조의 변용

안보개정은 안보구조를 변용시켰다. 우선 신안보조약과 지위협정 성립, 사전협의제도의 도입으로 '불평등성'이 일정 수준 시정되어 안보조약은 예전보다도 '대등'한 형식이 되었다.

또한 미군이 일본방위의무를 지고, 일본은 미군기지 제공과 방위 의무를 지는 특이한 형태였지만, '상호성'이 담보되었다. 한편 미국 영토가 공격받아도 자위대가 지원하지 않는 점에 변함은 없었고, "물자와 인력의 협력"이라는 '비대칭성'은 계승되어 안보체제는 "비대칭인 상호성"을 갖추게 되었다(坂元 2000). 하지만 일본이 미국 영토를 방위하지 않기 때문에 일본은 안전보장면에서 미국에 일방적으로 의존하고 있으며 안보체제는 '편무적'이라는 이해도 뿌리깊게 남았다.

"비대칭인 상호성"은 미국이 체결한 다른 방위조약에는 볼 수 없는 미일안보체제의 특징이다. NATO는 가맹국들이 미 본토의 방위의무를 지고, 태평양 지역을 조약 대상 구역으로 하는 미국-필리핀, 한국-미국 조약과, 서태평양 지역이 조약 대상 구역인 미국-타이완(대만)조약은 구역 내에 있는 미국의 섬들을 방위해야 할 의무가 있다고 규정했다.

중요한 변화가 있었다지만, 신안보조약은 구조약의 '수정'에 불과하며, 미군의 권익을 최우선한다는 강화의 대가였던 구안보체제의 핵심은 바뀌지 않았다(植村 2013). 우선 지위협정은 형사재판권을 비롯하여 미군에 다양한 특권을 인정하여 '불평등성'이 강했다.

사전협의제도에 대해서도 밀약에서 기지의 자유사용이라는

미군의 요청이 관철되었다. 첫 번째 밀약은 사전협의의 대상이 되는 미군 장비의 중요한 변경, 즉 핵무기 '반입'에 관한 내용이었다. 일본 정부는 겉으로는 미군의 핵무기 탑재 함선의 일본 기항은 사전협의 대상이라고 설명했다. 하지만 1960년 1월 후지야마 아이이치로藤山愛一郎 외상과 맥아더 대사가 서명한 「기밀토의기록」에서 미군의 핵탑재 합선의 기항을 사전협의 대상에서 제외한다는 합의가 성립한 것으로 보인다. 미국 측에 있어 '반입Introduction'은 핵무기의 지상배치로 핵탑재 함선의 일시적인 일본기항은 '통과Transit'에 불과했다. 핵무기에 관한 기밀과 핵억지력 보유를 위해 핵무기 배치에 대해 긍정도 부정도 하지 않는 'NCNDNeither Confirm Nort Deny 정책'을 취하는 미국에 있어 일본에 기항하는 미군 함정의 핵무기 탑재 상황을 밝히는 것 따위 논외였다(石井修 2010, 菅 2010, 太田 2011).

　두 번째 밀약은 「기밀토의기록」과 같은 날, 후지야마와 맥아더가 서명한 「조선의사록」이다. 일본 측은 사전협의제도를 관철하려 했지만, 결국 한반도 유사시 주일미군의 출격에 대해서는 사전협의를 생략하게 되었다(波多野 2010, 信夫 2014).

　이러한 밀약들은 미일 정부에 있어서 '대등성'을 추구하는 일본 측과 기지의 자유사용을 요구하는 미국 측의 입장을 조정하기 위한 "불투명한 궁리(坂元 2000)"였다. 하지만 국민의 입장에서 본 밀약은 '대미추종'이나 '불평등성'에 대한 국민의 반발을 피하며 일본 정부가 미국의 요청에 응하기 위한 "불투명한 술책"에 불과하며, 안보체제의 어둠이라고 해야 할 존재였다.

행동의 자유를 잃는 상황을 싫어하는 미 군부가 사전협의제도 도입에 동의한 이유는 밀약과 미국 통치하의 오키나와라는 빠져나갈 구멍이 있었기 때문이다. 주일미군이 일단 오키나와로 이동한 후 출격하는 경우는 사전협의의 대상이 아니며, 오키나와 미군기지의 자유사용은 사전협의제도의 전제였다. 또한 사전협의는 실제 수속이 정해지지 않아 실효성이 결여되었다. 미일 '대등'의 중점이었던 사전협의제도는 형태만 남게 되었다.

더욱이 신안보조약에서 변하지 않은 점을 하나 더 들면, 안보체제가 "공통의 적을 상대로 군사적인 힘을 결집시킨다"는 의미에서의 '동맹'이 된 것이 아니었다. 자위대와 미군의 협력체제가 구축되어 안보체제가 '동맹'이라 부르게 되기 위해서는 시간이 더 필요했다.

안보투쟁의 폭풍

일본에서는 신안보조약의 시비에 대해 격론이 오갔다. 사회당은 신조약에 대한 대응을 둘러싸고 다시 분열했다. 사회당을 떠난 우파의 니시오 스에히로西尾末廣 등은 1960년 1월 민주사회당(민사당)을 결성하여 전투적인 파업이나 대중행동에 반대하고, 미국과의 안전보장상의 결합을 교섭으로 서서히 완화시켜야 한다고 주장했다.

신조약 비준국회는 난장판이 되었다. 사회낭이 엄중히 추궁한 논점 중 하나는 '극동'의 범위였다. '극동'의 범위가 넓을수록 일본과 관계가 없는 미국의 전쟁에 휘말릴 수 있는 위험도가 높아지기 때문이다. 1958년 제2차 대만해협위기에서 중국과 대만이 충돌한 금문金門마조馬祖 섬의 취급 등에 대해서 정부의 답변이 뒤죽박죽이었기 때문에 야당은 이 점을 거듭 지적했다.

정부는 1960년 2월 '극동'은 "필리핀 이북 및 일본 및 그 주변 지역"이며 "한국 및 중화민국의 지배하에 있는 지역"도 포함된다는 통일견해를 보였다. 단 '극동'의 안전을 지키기 위한 미군의 행동범위는 '극동'에 국한되지 않았다. 즉 주일미군의 '주둔 목적지역'은 '극동'이었지만, '출동지역'은 '극동'에 그치지 않았다(朝日 1967).

또 하나의 논점은 사전협의제도였다. 야당은 사전협의가 필요하게 될 미군의 일본으로부터의 '전투작전행동'이란 무엇인지를 물었으나 아카기 무네노리赤城宗德 방위청 장관의 말에 따르면, 전투임무를 부여받은 부대가 발진기지로서 일본을 사용하는 경우에만 해당되었다. 또한 사회당은 일본이 주일미군에 대한 핵장비조사권을 갖지 않은 이상, 미군이 일본에 핵무기를 반입할 우려가 있다고 추궁했지만, 기시는 "일본과 미국의 신뢰, 협력 관계와 사전협의로 충분하다"고 대답했다(多田 1990).

기시 정권은 6월 하순으로 예정된 아이젠하워의 일본 방문까지 신안보조약 비준을 끝내려고 중의원안보특별위원회에서의 심의를 중단하고, 5월 19일부터 이튿날 해가 떠오르기까지 본회의에서 야당과 자민당 반주류파가 결석한 채로 타결을 강행했다. 기시의 강인한 국회운영은 야당이나 대부분의 국민의 반발을 초래하여 격렬한 '안보투쟁安保鬪爭'을 야기했다.

5월 20일 이후, 신문이 자민당의 '폭거'를 엄중히 비판하고 의회제 민주주의의 위기를 호소하자, 일반 시민도 시위에 참가하게 되었다. 시위대는 안보반대뿐 아니라 "민주주의를 지켜라"라고 부르짖으며 기시의 퇴진을 요구했다. 반대운동은 6월 10일 일본을 방문한 제임스 C. 헤거티James C. Hagerty 공보수석이 탄 차가 시위대에 포위당한 헤거티 사건, 15일 국회로 돌입한 전일본학생자치회총연합회全日本學生自治會總聯合會(전학련)와 경찰의 충돌로 인해 도쿄대생 간바 미치코樺美智子가 사망한 간바 사건으로 확대되었다. 기시 정권은 아이젠하워의 안전확보에 불안이 있다는 이유로 대통령 방일 중지의 결단을 내릴 수밖에 없었다. 23일의 비준서 교환과 조약발효를 지켜보고 기시는 퇴진을 표명했다.

대통령의 방일중지로 미국의 일본에 대한 신뢰는 흔들렸으며 일본중립화에 대한 불안은 계속 풀리지 않았다. 안보개정의 의의가 "조약의 불비, 불평등성의 시정도 물론이거니와, 일본은 자유주의 진영의 일원임을 스스로의 의지로 세계에 선언한 부분이다"는 기시의 생각에 비추어 본다면(岸 1983), 얄궂은 결과였다. 신안보조약은 구안보조약에 대한 국민의 반발을 누그러뜨리고, 장기적으로는 미일 관계를 안정시켰다고 할 수 있다. 하지만 단기적으로는 안보투쟁으로 안보체제는 중대한 위기에 직면했다.

미일 관계가 흔들리는 가운데, 중국과 소련은 신안보조약을 강하게 비판했다. "일본으로부터 미군을 추방하여 독립과 중립국가로 만들면, 이 지역에서의 미국의 군사와 정치적 발판은 치명적 타격을 받을 것이다"라고 생각하여 안보투쟁에 관여한 소련은(コワレンコ 1996), 신조약은 "일본을 새로운 전쟁으로 끌어들일 위험을 초래한다. 만약 전쟁이 일어나면 일본 전역은 맨 처음 순간에 히로시마廣島와 나가사키長崎의 비극적 운명에 처할 것이다"라고 경고했다. 또한 소련은 일본에서 미군이 철수하지 않으면 하보마이와 시코탄을 넘기지 않겠다고 판을 흔들었다.

안보체제와 대만문제의 관계에 걱정을 품은 중국은 소련보다도 격렬히 안보체제를 비판했다. 중국은 신新안보조약의 조인調印은 일본 군국주의가 부활하여 미국의 "침략적 군사블록"에 일본이 참가한 증거라고 주장하였다(田中明彦 1991).

3장

안보체제의 '위험성'

– 미군기지 문제의 시작

1. 안보체제의 성립과 미군기지 문제

반기지운동의 고양

미일안보체제의 또 하나의 구조적 특징은 주일미군이 저지른 사건과 사고 등으로 국민의 생명이나 재산이 위협받고, 기본적 인권이 침해당하는 '위험성'이었다. 독립 후 현재화한 미군기지 문제는 강화의 대가인 안보체제의 '위험성'과 '불평등성'을 국민에게 실감하게 하여 내셔널리즘을 자극하여 하토야마나 기시가 안보개정을 지향하는 하나의 동인動因이 되었다.

미군기지 문제의 기원은 점령군이 저지른 사건과 사고로 약 9,000명의 국민이 죽거나 다친 점령기에 있다. 하지만 점령군의 절대적 권위 아래, 점령군이 저지른 사건과 사고는 보도되지 않았으며 피해자에 대한 구제조치는 불충분하였다. 점령군이 저지른 사건과 사고의 피해자에 대한 구제조치가 법제화된 것은 1961년의 일이었다(防衛施設庁史編さん委員会編 2007).

또한 반기지운동이 시작된 것도 점령기였다. 1948년 미군이 접수한 지바현 구주구리하마九十九里浜의 도요미豊海연습장(1952년 가타카이片貝고사포사격훈련장으로 명칭 변경) 주변에서는 미군이 저지른 사건과 문란한 풍속, 미군의 훈련으로 인한 어업에 대한 심각한 타격 때문에 반기지운동이 고조되어 훈련장은 1958년 반환되었다.

안보조약이 발효된 1952년 4월, 조약에 근거하여 주일미군을 원인으로 하는 '미군기지 문제'가 시작되었다. 1952년의 미군기지는 2,824건, 1,352평방미터였고, 1953년의 병력수는 18만 5,829명이었다. 점령이 끝났음에도 불구하고 광대한 미군기지가 존재하고 안보조약이나 행정협정이 '불평등'한 사실에 많은 국민은 불만을 가졌다. 1953년 6월 22일의 『아사히신문』의 여론조사에 따르면 미군이 주둔하면 좋겠다는 응답은 27%, 미국으로 돌아가길 바란다는 응답은 47%에 달했다.

독립 후 반기지운동의 대부분은 기지 신규 접수나 확장으로 인한 농지산림어업 수탈로 인해 농어민의 생활이나 생활기반이 손상당한 사실에 대한 저항이었다. 반기지운동이 전국으로 확산되는 효시가 된 사건은 1952년 가을부터 시작된 이시카와현의 우치나다內灘 연습장의 접수반대운동, 즉 우치나다 투쟁이었다. 정부가 미군의 시험 사격장 사용을 기한부로 허용하고, 위로금과 보상금을 지불하여 일단은 해결되었다고 생각되었으나 1953년에 들어 미군의 훈련 개시에 따른 어획고 감소와 정부의 시험 사격장 장기사용결정에 주민의 반발이 거세져 "돈은 1년, 토지는 만년"이라는 슬로건 아래 격렬한 반대운동이 전개되었다. 그 결과, 시험 사격장은 1957년 반환되었다.

나가노현長野縣과 군마현에서는 1953년 4월 미군이 산악전 훈련기지로서 묘기妙義·아사마淺間 일대를 접수하기로 결정하자, 보수계 정치가를 포함하여 주민이 격렬히 반발했다. 미군

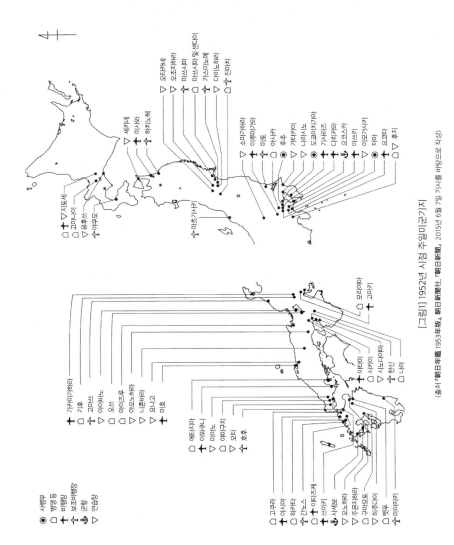

[그림1] 1952년 시점 주일미군기지

(출처: 『朝日年鑑』1953年版, 朝日新聞社, 『朝日新聞』, 2015년 6월 7일 기사를 바탕으로 작성)

은 1953년 7월 아사마 접수 중지를 발표했고, 묘기에 대해서는 1955년 접수를 단념했다. 이외에 1950년대 중반에는 기타후지北富士 연습장이나 야마가타현山形縣의 오타카네大高根 사격장 등에서도 반기지운동이 전개되었다.

정부가 미군기지 문제를 방치하지는 않았다. 요시다 수상은 안보조약을 탄생시킨 사람이면서 독립 후에는 미국 측에 미군 축소를 요구했다(吉次 1999). 또한 정부는 1953년 특별손실보상법을 제정하여 불충분하지만 농업, 어업, 임업이 미군기지로 인해 입은 피해 보상에 나섰다.

1954년 미국 측이 항공기 제트엔진화나 대형화에 대한 대응으로서 기사라즈木更津, 니이가타新潟, 고마키小牧, 요코타橫田, 이타미伊丹(나중에 다른 비행장과 별도로 검토하게 된다), 다치카와 각 비행장의 확장을 요구하자, 반기지운동은 더욱 격렬해졌다. 미국 측에 지불할 방위분담금 감액의 대가로서 일본 정부는 확장에 필요한 토지의 제공을 약속했으나 대부분의 장소에서 지역 주민의 반대에 직면했다. 그리고 니이가타, 고마키, 기사라즈 각 비행장은 50년대 후반 일본 측에 반환했다.

특히 다치카와에서 1955년 개시된 스나가와 투쟁砂川鬪爭은 반대파 주민과 경찰이 충돌하는 유혈소동으로 발전하여 1959년 3월, 도쿄지방재판소(다테 아키오伊達秋雄 재판장)는 전원 무죄를 선고하고, 미군 주둔을 위헌이라 규정한 판결을 내렸다.

'다테판결伊達判決'에 당황한 국가는 최고재판소에 비약상고를 하여 1959년 12월 최고재판소(재판장 다나카 고타로田中耕太郎 최고재판관)는 통치행위론으로 다테판결을 파기, 원심으로 되돌렸다. 이 재판에는 미국 측도 강한 관심을 가졌다. 미군기지가 위헌이 되는 상황을 우려한 맥아더 대사는 후지야마 외상이나 다나카 장관과 교섭했고, 다나카도 미국 측에 재판의 전망을 이야기했다(布川·新原編 2013, 吉田敏浩 외 2014). '스나가와판결'은 일본의 사법 독립이 침해당할 우려가 강한, 매우 문제가 있는 판결이었다.

다발하는 사건과 사고

환락가에서의 풍기문란이나 미군의 사건과 사고로 인한 '위험성'도 독립 후의 국민의 반기지 감정을 고조시켰다. 1952년에는 5,985건의 사건과 사고가 발생하여 114명의 사망자가 발생했다. 그리고 행정협정에 관한 '불평등성'과 '불투명성'이 미군기지의 '위험성'으로부터 국민을 지키는데 있어서의 장애물이 되었다.

1952년 조인된 시점에서 행정협정의 형사재판권에 관한 규정은 일본 측에 있어서 매우 불리하였다. 그래서 1953년 9월, 그 규정은 NATO군지위협정과 같은 내용으로 변경되어 공무 외의 미군의 범죄에 대해서는 일본 측이 1차 재판권을 행사할 수 있게 되었다. 하지만 미국과 일본 정부는 중요한 사건 이외, 일본이 재판권을 포기하는 밀약을 교환했다. 그리고 일본 측은 실제로 그 후 5년 동안 발생한 사건의 97%의 1차 재판권을 포기했다. 미국은 다른 동맹국에도 재판권 포기를 강요했으며 일본도 예외가 아니었다(林 2011, 明田川 2017).

놀라운 빈도로 발생하는 미군기 추락도 심각한 피해를 가져다주었다. 1952년 4월부터 1959년 말까지 사이에 도쿄, 아이치愛知, 사이타마埼玉, 후쿠오카福岡 등에서 주민의 희생을 동반한 사고가 수십 건 발생하였고, 주민 사망자는 20명 전후에 달했다(河口 1981, 吉次 2015a). 이 이외에도 부상자가 나온 경우나 주민이 가까스로 위기를 벗어난 추락사고도 많았다.

미군기로 인한 피해는 추락사고만이 아니었다. 1957년 8월 이바라키현茨城縣 나카미나토那珂湊시에서 초저공으로 비행하던 미군기가 자전거를 탄 모녀와 접촉하여 어머니의 신체가 절단되어 즉사하는 믿기 어려운 사건이 발생했다. 미군 측은 "이상기상의 열기류로 인한 불가항력적 사고"로 발표했으나 시의회는 조종사의 장난이라 판단했다(吉田敏浩 외 2014).

1956년 전국군사기지반대연락회의가 결성되는 등 일본 각지에서 반기지운동이 드높았는데, 50년대 후반이 되어서도 미군의 사건과 사고는 연간 1만 건을 넘겨 매년 50명 가까운 사망자가 발생하는 상태였다. 특히 앞서 말한 1957년 1월의 지라드 사건에서는 누가 재판권을 행사하느냐를 둘러싸고 일본과 미국 정부가 대립하여 중대한 정치문제가 됨과 동시에, 행정규정의 '불평등성'을 부각시켰다. 결국 일본 측으로부터 지라드를 가능한 가벼운 죄로 처벌하겠다는 밀약을 받고 나서 미국 측은

재판권을 포기했다. 일본 측이 1차 재판권을 행사했으나 징역 3년, 집행유예 4년이라는 가벼운 형에 그쳤으며 지라드는 귀국했다. 그럼에도 미국 내에서는 아이젠하워가 일본 정부에 영합하여 재판권을 포기했다고 비난하는 의견이 있었다. 미국의 정치가나 미디어는 지라드는 법적 권리를 박탈당한 피해자로서 미국의 군법회의에서 재판을 받도록 주장하였다(シャラ- 2014).

1958년 9월에는 피터 E. 롱프리Peter E. Longpre 상병이 사이타마현의 캠프 존슨Camp Johnson에서 세이부선西武線 전철을 향해 발포하여 전철에 타고 있던 대학생을 사망하게 했다. 이 사건에서 롱프리는 '공무 외'였다는 이유로 미국 측이 1차 재판권을 포기했기 때문에 일본 측이 재판권을 행사했으나 형량은 겨우 금고 10개월이었다.

미군 사이에서는 일본의 형이 가볍다는 사실이 상식이 되어 일본에서 재판을 희망하는 미군도 나오는 판국이었다. 미 국방부가 미 의회 상원에 제출한 보고서에서 "일본의 취급이 너무 관대하여 도덕상, 규율상의 문제가 되고 있다"라고 쓸 정도로 미군에 대한 일본의 사법판단은 엄하지 않았다(毎日新聞社編 1969).

2. 주일미군의 축소

해병대의 오키나와 이주

50년대 후반 정권을 맡은 하토야마 이치로, 기시 노부스케 두 수상은 '독립의 완성', '일미대등對等'을 위해 개헌, 재군비, 안보개정과 함께 미군삭감이 필요하다고 생각했다. 또한 뉴룩 전략을 내세운 아이젠하워 정권도 군사비를 삭감하기 위해 해외 주둔 미군의 축소를 지향하여 50년대 후반에 주일미군의 재편을 진행했다.

우선 50년대 중반, 미 해병대 제3사단의 일부가 일본 본토를 떠났다. 제3해병사단이 일보 본토에 주둔하게 된 것은 한국전쟁 휴전이 실현된 1953년의 일이었다. 미국은 필요한 경우 한반도에 출격할 수 있도록 캠프 기후, 캠프 후지와 맥네이어(시즈오카와 야마나시), 캠프 나라 등에 제3해병사단을 배치했다.

하지만 타이 정세의 악화나 일본에서의 반反기지감정의 고조를 맞이하여 미국은 제3해병사단의 배치를 재검토했다. 기후노동자협동조합 사무국장을 지낸 와타나베 요시조渡邊嘉藏의 말에 따르면 해병대가 주둔했던 기후岐阜나 야마나시에서는 "술에 취해서 오사誤謝, 발포사건은 항상 있었다. 여성이 있는 직장에서는 미군으로부터 여성을 지키기 위해 남성이 경호를 위해 같이 출퇴근을 했다"고 한다(吉次 2015a).

제3해병사단 휘하 각 부대의 움직임은 복잡하지만, 기존 연구에 따르면 1955년 캠프나라의 제4연대가 하와이에 배치되고, 오사카의 캠프사카이의 부대 등이 오키나와로 이동했다. 1956년에는 제3해병사단 사령부가 캠프기후에서 오키나와의 캠프코트니로 이동했다(屋良朝博 외 2016, 山本 2017).

주일 지상부대의 철수

지라드사건으로 일본 국민의 반기지 감정이 높아지는 가운데 일본 정부는 1957년 5월, 주일 미군 지상부대, 즉 육군과 해병대를 일본 본토에서 철수시킬 것을 미국 정부에 요구했다. 그리고 6월의 기시아이젠하워회담에서 주일 미군 지상부대의 철수를 합의했다.

8월 미 육군 제1기병사단이 철수를 개시하였고, 캠프후지와 맥네이어의 해병대가 오키나와로 이동했다. 미군 지상부대의 철수에 응하여 외무성은 8월 2일 "일본정부는 이를 기뻐한다"는 견해를 발표했으나 오키나와가 본토의 '위험성' 저감의 여파를 받는 사실에 대한 언급은 없었다.

신문이나 국회에서는 6만 명에 달하는 기지종업원의 해고가 중대문제로 다루어지는 한편, 억지력 저하 등을 이유로 하는 미군 지상부대 철수에 대한 반대론은 볼 수 없었다. 일본 정부나 본토의 국민에게 있어서 미군 지상부대 철수는 군사문제가 아니라 기지피해 경감이나 '독립의 완성'이라는 정치문제였으며, 또한 기지종업원의 해고라는 경제문제였다.

미군 지상부대는 1958년 2월 일본 본토에서 철수를 완료했다. 1956년 14만 1,372명이었던 주일 미군은 1959년에는 5만 2,452명으로 감소했고, 미군기지도 272건, 494평방킬로미터로 축소되었다. 50년대 후반의 지상부대 철수로, 주일 미군기지는 미 해·공군의 병참과 보급거점으로 바뀌었다(山本 2017).

한편 해병대의 오키나와 이동으로 본토의 부담경감과 반비례하여 오키나와의 부담이 늘어남과 동시에 미군의 출격거점으로서의 오키나와의 중요성이 높아졌다. 그리고 1953년 2만 3,325명이었던 오키나와 주둔 미군은 1960년에는 3만 7,142명으로 증가했고, 기지면적도 1951년의 123평방킬로미터에서 1960년에는 209평방킬로미터로 확대되었다. 기지를 확대할 때 미군은 "총검과 불도저"로 오키나와 주민의 토지를 강권적으로 접수했다. 미국 통치에 대한 오키나와 주민의 불만은 높아졌으며 1956년에는 섬 전체 규모의 '섬전체투쟁島ぐるみ鬪争'이 전개되었다.

오키나와 주민의 부담은 토지수탈만이 아니었다. 1955년 9월 발생한 6세 여자아이에 대한 부녀자폭행살해사건(유미코쨩사건由美子ちゃん事件) 등의 흉악 범죄나, 1959년 6월 미야모리宮森 소학교에 미군기가 추락하여 사망자 17명을 낸 사건 등, 미군이 저지른 사건과 사고에 오키나와 주민은 격노했다.

50년대의 오키나와 주둔 미군기지에 대해 더 지적해야 할 사항은 오키나와가 미국의 핵전략 거점이 된 사실이다. 아이젠히 워 정권기, 미 군부는 일본 본토에 핵배치를 검토했지만, 일본 국민의 반핵 감정이 강했기 때문에 보류했다. 한편 제1차 대만 해협위기가 발생한 1954년 말부터 1955년 초에 걸쳐 오키나와에 핵무기를 반입했다. 1959년에 지대공핵미사일인 나이키 허큘리스, 1961년에는 중거리핵미사일인 메스B를 배치하는 등, 오키나와에 1,000발을 넘는 핵무기를 배치했다. 전후 초기 비행장을 중심으로 하는 공군기지로서 개발된 오키나와는 50년 대를 통틀어 해병대와 핵무기 거점으로 바뀌었다(太田 2011, 平良 2012).

제2부

1945~1960
1960~1972
1972~1989
1990~2000
2001~2018

미국의 '동등한 파트너'로서

1960-1972

백악관의 대통령집무실에서 닉슨 대통령과 회담하는 사토 에이사
쿠 수상(1969년 11월 18일, ⓒ共同)

1장

'동등한 파트너 관계'의 형성

1. 안보체제의 전환점

동등한 파트너 관계

1960년 7월 발족한 이케다 하야토池田勇人 정권은 안보투쟁으로 흔들리던 자민당 지배를 재확립하고자 '관용과 인내'의 '저자세'를 내걸고 개헌이나 방위정책의 쟁점화를 피하면서 '국민소득배증계획國民所得倍增計畵'을 내세워 국민의 관심을 정치에서 경제로 옮겼다. 이케다 정권기인 1964년의 신칸센新幹線 개통이나 도쿄올림픽 등에 볼 수 있듯, 일본은 고도경제성장기를 맞이했다.

이케다 정권은 안보투쟁으로 상처 입은 미일 관계의 수복을 최우선 외교과제로 평가하고, 중립주의를 배제하고 "자유주의 진영의 일원"으로서 안보체제를 견지하는 자세를 선명히 했다. 또한 안보체제에 대한 국민의 지지를 얻고자, 이케다 정권은 "안보조약의 결과로서 일본은 비생산적인 군사지출을 최소한으로 그치고, 오로지 경제발전에 노력할 수 있었다"는 '안보효용론'을 고안하여(宮澤 1965), 경제 측면에서 안보체제를 정당화했다.

또 하나의 중요한 외교과제는 "자유주의 진영의 유력한 일원"으로서의 국제적 지위의 확립이었다. 이케다에게 있어 일본은 '대국'이며 '독립의 완성'을 추구하는 '패전국·피점령국'이어서는 안 되었다. '독립의 완성'이 뒷배경으로 물러나고, 일본이

'대국'을 향해 걷기 시작한 이케다 정권기는 전후 일본 외교사상의 신기원을 열었다.

한편 일본중립화에 대한 걱정이 남은 가운데, 존 F. 케네디John F. Kennedy 정권은 일본을 자유주의 진영으로 끌어두기 위해 일본과 인연이 깊은 에드윈 O. 라이샤워Edwin O. Reischauer 하버드 대학 교수를 주일 대사로 지명했다. 그리고 케네디 정권은 "방위에서는 미국의 지출에 '편승'하고 국제정치에서는 책임을 분담하고 싶어 하지 않는(Reischauer, 1986)" 일본에 대한 불만과 미국의 국제수지 악화를 배경으로 하여 일본에 한층 '부담분담'을 요구했다.

일본 국민이 미일관계를 '불평등'하다고 느끼는 사실을 문제로 본 라이샤워는 미일의 "완전한 평등"이 불가결하다고 생각하여 '동등한 파트너 관계'를 대일 정책의 중심으로 삼았다(Reischauer 1986). 그것은 일본을 '동업자'로 다룸으로서 미일 관계를 강화하고, 또 "점령심리를 불식하여 일본인에게 대등한 자로서의 의식을 갖게 하여 자유세계에서 보다 중요한 역할을 맡도록 촉구"하기 위해서였다.

1961년 6월 워싱턴 D.C.에서 열린 정상회담에서 이케다와 케네디는 미일관계의 중요성을 확인했다. 또한 케네디가 이케다를 환대하는 한편, 이케다는 아시아에 있어서 어울리는 역할을 다할 결의를 표명했다. 미일에 있어서 '동등한 파트너 관계'를 연출한 이케다 방미는 대성공이었다. 국민도 자유주의 진영에의 귀속을 긍정하게 되었다. 1959년의 여론조사에서는 50%의 국민이 중립을 지향했고, 자유주의 진영의 지향은 26%에 불과했지만, 1961년에는 중립지향이 34%로 저하했고 자유주의 진영이 41%가 되었다(NHK 1982).

1962년 10월 '동등한 파트너 관계'의 진가를 묻게 되는 사건이 발생했다. 쿠바 미사일위기가 발생하자 갑자기 이케다는 핵전쟁의 위기에 직면해서도 아직도 대미협조를 관철하느냐는 엄중한 질문을 받게 되었다.

미국이 일본의 지지를 강하게 요구하는 가운데, 이케다는 서둘러 구로가네 야스미黑金泰美 관방장관, 미야자와 기이치宮澤喜一 기획청 장관, 이토 마사야伊藤昌哉 비서관, 외무성 간부를 총리관저에 모아 대응을 협의했다. 나카가와 도루中川融 외무성 조약국장이나 미야자와는 미국에 얽매일 필요 없이, 일본은 자주적으로 행동해야 한다고 의견을 말했다. 숨가쁜 공기가 그 자리를 지배하는 가운데, 고통스러운 표정으로 잠시 천장 한구석을 노려보던 이케다는 "국제조약이나 관례도 중요하지만, 지금은 그것이 통용되지 않는 상황이 아닌가? 케네디의 생각을 인정해야 하겠지"라고 미국 지지를 결단했다(伊藤 1985).

쿠바위기를 둘러싸고 쇼와 천황도 미일 관계의 강화에 한몫했다. 일단 위기가 종식된 직후인 10월 30일 열린 원유회園遊會에서 천황은 제이콥 E. 스마트Jacob E. Smart 주일미군 사령관에게 "일본에서의 미군의 존재와 일본의 안전보장에 대한 미국

의 공헌에 개인적인 감사를 보인" 다음, "미국와 힘과 (쿠바위기에
서) 미국이 그 힘을 평화에 쓴 사실에 대해 개인적으로 크게 칭
찬하며 존경한다"라고 말했다. 스마트는 물론, 라이샤워도 "미
국의 확고한 대소 정책을 책임있는 일본인이 강하게 지지하는"
사실을 중시했다(吉次 2006).

조약의 확인과 원잠 기항

아시아 정세도 긴박해졌다. 1962년 10월의 중인국경분쟁,
중국의 핵개발, 남베트남 정세의 악화 등으로 인해 중국의 위
협을 중대시하게 된 미국은 일본에 한층 더 부담분담을 요구했
다. 이케다 정권은 1961년 「제2차 방위력 정비계획(2차방)」을 결
정했지만, 미국은 2차방을 뛰어넘는 속도로 군비를 증강할 것
을 일본에 요구했다. 미국만큼 중국의 직접적 위협을 느끼지
않았던 이케다 정권은, 재정 및 국내정치상의 배려에서 2차방
의 상향수정에는 응하지 않고, 정치적으로 가능한 한도의 방위
력 증강에 노력하는 자세를 보임으로서 미국의 이해를 얻으려
고 했다.

한편 이케다 정권은 주일 미군기지의 자유로운 사용을 촉구
했다. 1963년 1월 미국은 잠수함발사탄도미사일SLBM인 폴라리
스 미사일을 탑재할 수 없는 노틸러스급 원자력 잠수함의 기항
을 인정하도록 일본에 요청했다. 미국 정부가 공개한 기항 목
적은 승조원의 휴양과 자재 보급이었으나 진정한 목적은 미국

의 핵전략의 족쇄가 된 일본 국민의 반핵 감정의 완화였다.

원잠의 안전성을 문제시하고 미국의 핵전략에 일본이 편입되는 사실을 두려워 한 사회당은, 미국 원잠 기항에 강하게 반대했다. 하지만 이케다는 폴라리스 탑재형 원잠의 기항은 거부했지만, 그 이외의 원잠 기항은 용인해야 한다고 반론했다. 폴라리스 탑재형 원잠의 기항 거부라는 이케다의 발언을 안보개정 때의 밀약에 반한다는 이유로 미국은 문제시했다. 이케다가 기시로부터 밀약에 대해 아무 것도 듣지 못했다고 생각한 미국 측은 밀약 확인을 일본 측에 요구했다. 1963년 4월 오히라 마사요시大平正芳 외무대신과 만난 라이샤워는 "반입Introduction"이 "일본의 영토 안에 핵을 반입, 장비를 배치는 행위"를 의미한다는 뜻을 강조하였고, 오히라도 라이샤워의 해석을 받아들였다(太田 2004).

국내의 반대를 무릅쓰고 이케다 정권은 1964년 8월 미 원잠의 기항을 인정했다. 일본의 입장에서 보면 그것은 자위대가 대미 공헌을 할 수 없다는 사실의 벌충이었다. 1963년 4월 오히라는 케네스 갤브레이스Kenneth Galbraith 주인도 대사에게 "슬프게도 일본은 미국이 아시아방위를 위해 다대하며 희생이 큰Costly 노력을 한 사실은 충분히 이해하고 감사하지만, 일본으로서 이를 도울 수 없는 점을 우리는 안타깝게 여긴다. 현재 일본이 가능한 일은 미국의 주둔군의 행동을 자유롭게 해주는 것이며, 또 이를 촉진Facilitate하는 일이다"라고 말했다(吉次 2011).

1964년 11월 SLBM를 탑재하지 않는 미 원잠 시드래곤USS Seadragon이 사세보佐世保에 입항했다. 주일 미대사관은 이를 주일미군기지 사용의 "자유를 증대"시키는 행위라고 평가했다(吉次 2011).

대외원조의 확충

이케다 정권에 의한 부담분담으로서 보다 중요한 것은 대아시아경제원조였다. 미국은 방위비가 적은 일본은 동서대립이 격화될 위험이 높은 지역을 "경제적 메리트가 없더라도 정치적 견지에서" 원조해야 한다고 주장했다. 중국의 간접적 위협을 경계하는 이케다는 경제발전이 공산주의에 대항할 유효한 수단이라는 신념 아래, "일본의 아시아에서의 지위는 중요하며 일본은 아시아에서의 공산주의의 확대를 저지하기 위해 선두에 서서 싸울" 결의로 아시아에 대한 경제원조를 실시했다(吉次 2009).

동남아시아에 관해서는 베트남을 중시하는 미국과 달리, 이케다 정권은 중립주의를 견지하는 버마(현재의 미얀마)를 중요지역으로 평가했다. 중국의 버마에 침투를 저지하고, 잘 되면 버마를 자유주의 진영으로 끌어들이자고 생각한 이케다 정권은 1963년 일본-버마(미얀마) 경제기술협력협정을 체결했다. 더욱이 이케다 정권은 한국과의 청구권문제, 타이나 인도네시아에 대한 원조 등에도 몰두했다. 종종 일본 외교는 "대미추종"이라 비판을 받지만, '버마중시노선'을 취한 이케다 정권의 아시아외교는 미국과 구별되었다. 일본은 가능하면 냉전을 직접적으로 치르려고 하지 않았다고 지적받는 경우가 많았지만, 미국과 다른 방식이었을 뿐 일본도 냉전을 치렀다.

이케다 정권은 베트남 정세의 악화에 대한 대응도 강요받았다. 1964년 8월 통킹만사건을 계기로 하여 린든 B. 존슨Lyndon B. Johnson 정권은 북폭이나 지상병력 투입을 단행하여 베트남전쟁이 본격화되었다. 일본의 입장에서 보더라도 베트남전쟁은 남의 일이 아니었다. 베트남이 공산화되면 아시아 전체가 위태롭게 된다는 '도미노 이론'에 사로잡힌 미국에 있어 '슈퍼 도미노패'인 일본을 지키기 위해서라도 베트남을 굳게 지킬 필요가 있었다(シャラ- 2004).

존슨 정권이 베트남 문제에서의 협력을 요구해 왔기 때문에, 이케다 정권은 국내에서 강한 반발을 초래하는 상황을 우려하면서도 미국에 대한 '의리'로서 남베트남을 지원했다. 외무성 내에는 "미국이 곤란해하고 있음에도 일본이 외면함으로 인해 일미안보체제에 금이 가는(오가와 헤이시로小川平四郎 국제자료부장)" 상황에 대한 우려가 있었다. 국내 여론에 대한 배려 때문에 남베트남에 대한 원조는 의료지원을 중심으로 하는 '인도적' 지원이라 설명했으나 프로파간다에 활용하는 라디오도 원조물자 명단에 들어 있었다(吉次 2009).

경제력이 향상된 일본이 대미협력을 확대시킨 이케다 정권기는 안보체제의 중요한 전환점이었다. 우선 신안보체제가 궤도에 올라서 1964년의 외교청서에서 안보체제는 "일미관계의 근간 중 하나"로 평가받기에 이르렀다. 또한 미일 '대등'이나 '독립완성'을 위해 대미협력을 진행한다는 50년대의 이론을 대신하여 일본은 미국의 "동등한 파트너로서 응분의 부담을 분담해야 한다"는 새로운 이론이 형성되었다.

2. 베트남전쟁과 안보체제

'핵우산'의존의 정착

병으로 쓰러진 이케다 대신, 1964년 11월 기시 노부스케의 친동생이자 요시다를 스승으로 받드는 사토 에이사쿠佐藤榮昨가 수상이 되었다. 7년 8개월에 걸친 사토 정권기, 이자나기경기いざなぎ景氣의 도움을 받아 일본은 자타공인 '경제대국'이 되었다. 국민에게 '중류의식中流意識'이 퍼졌고 1968년에는 국민총생산GNP에서 세계 제2위로 올라섰다.

사토 정권이 거둔 최초의 외교성과는 1965년 6월의 한일국교정상화였다. 역사문제는 애매하게 결착을 봤지만, 식민지지배의 평가나 청구권 등을 둘러싸고 시끄러워진 한일교섭이 전후 20년째로서 겨우 타결되었다. 하지만 사회당 등은 한일기본조약은 한반도의 분단을 고착화하여 한일 군사농맹으로 이어진다고 비판했다.

사토에게 있어서 최대의 외교과제는 오키나와 반환과 1970년에 안보조약의 고정기간이 종료되는 사실에 대한 대처, 즉 '70년 안보'였다. 미일관계에서의 최대 현안사항이라고 해야 할 오키나와문제의 해결은 전후처리나 국권회복뿐 아니라, 70년 안보를 넘기기 위해서도 불가결했다. 1965년의 외교청서가 미일관계는 "전후 일본의 부흥 및 국제사회 복귀에 대한 미국의 원조시대"에서 "양국이 책임을 나누면서 같이 적극적인 공헌을 하는 새로운 시대"로 이행했다는 인식을 보이는 가운데, 사토 정권은 오키나와 반환과 70년 안보에 몰두했다.

하지만 오키나와 반환에 이르는 길은 평탄하지 않아서 사토는 험난한 아시아 정세에 대처해야 했다. 우선 1964년 10월 중국이 핵실험에 성공했다. 중국의 핵개발을 중대한 위협으로 간주하지 않았던 이케다와 달리, 중국의 핵을 매우 강하게 경계하던 사토는 1965년 1월 미국을 방문했을 때, 존슨에게 미국의 '핵우산'의 확실성에 대해 질문했다. 존슨은 "일본이 우리의 핵억지력을 필요로 한다면, 미국은 의무를 지킬 것이며 방위력을 제공하겠다"고 회답하여 일본이 미국의 '핵우산', 즉 '핵확산억지'에 의존함을 명확하게 했다(太田 2011).

사토는 오키나와 반환이 큰 화제가 된 1967년 11월의 존슨과의 회담에서도 "이번 미국 방문 전에 천황 폐하를 배알했더

니, 폐하께서도 일본의 안전 확보라는 문제를 걱정하셨다"고 천황의 의향을 언급하면서 새삼스럽게 미국의 '핵우산'을 확인했다(楠田 2001). 천황은 오키나와 반환으로 때문에 일본방위에 대한 미국의 관여가 저해되는 상황을 우려했을 것이다.

미국의 '핵우산'을 확실하게 한 사토는 1967년 12월 11일의 중의원 예산위원회에서 "핵은 보유하지 않고, 제조도 하지 않고, 반입하지 않는다"고 말하여 '비핵삼원칙'을 밝혔다. 그리고 1968년 1월 사토는 ① 비핵삼원칙을 지키고, ② 핵무기의 폐절廢絶을 염원하며 당분간 실행가능한 핵군축에 힘을 쏟고, ③ 통상 무기에 의한 침략에는 자위력을 견지하고, 핵위협에 대해서는 미국의 핵억지력에 의존할 것이며, ④ 핵에너지의 평화적 이용을 최중점 국책으로 삼겠다는 '핵사정책核四政策'을 표명했다. 이로 인하여 미국의 '핵우산'에 대한 의존이 일본 정부의 공식 정책으로 정착했다(黒崎 2006, 太田 2011).

1968년 9월 "차라리 핵무장을 해야 한다고 말하고 그만둘까?"라고 측근에게 말하고, 1969년 1월의 U. 알렉시스 존슨 주일 미국대사와의 회담에서 비핵삼원칙은 '난센스'라고 말했듯(楠田 2001, 黒崎 2006), 사토는 본래 핵무장론자였다. 그러한 사토가 미국의 '핵우산'에 대한 의존을 결정한 이유는 국민의 반핵 감정이 강하고, 또 핵불확산정책을 취하는 미국이 일본의 핵무장에 부정적이었기 때문이었다.

미국의 '핵우산'과 비핵삼원칙의 모순을 안으면서 일본은

1967년 핵무기비확산조약NTP를 비준했다. 그리고 일본은 지금까지 그럭저럭 비핵삼원칙을 유지하고 있다.

미국의 베트남 정책지지

사토 정권이 직면한 가장 중대한 국제위기는 베트남전쟁이었다. 자유주의 진영들이 베트남전쟁에 대해 일치된 자세를 보이지 않았으나, 1966년 5월 31일의 참의원 외무위원회에서 시이나 에쓰사부로椎名悅三郎 외상이 안보조약을 체결한 일본은 "중립적 입장을 취하는 것이 아니다"라고 말했듯, 사토 정권은 미국을 지지했다. 사토는 미국의 아시아정책을 지지하여 아시아에서의 일본의 역할을 확대시킴으로써 오키나와 반환을 실현시킬 작정이었다(河野康子 1994).

사토는 동남아시아 전략상 베트남을 중시했지만, 국내정치적 배려 때문에 대남베트남 원조에는 신중해질 수밖에 없었다. 하지만 오키나와 반환을 지향하는데 있어서 미국의 협력요청을 무시할 수는 없었다. 그래서 사토는 안전보장문제는 군사력만으로 해결하지 못하며 경제발전이 공산주의의 진출을 막을 수 있다는 생각 아래, 대미협력의 일환으로서 동남아시아 각국을 적극적으로 지원했다. 우선 일본은 1965년 4월 미국이 내놓은 아시아의 경제개발을 위한 「존슨구상」에 입각하여 1966년 4월 도쿄에서 동남아시아개발각료회의를 개최했다. 또한 일본은 1966년 11월의 아시아개발은행ADB 설립에도 깊이 관여하여 자본금 10억 달러 중 2억 달러를 부담했다.

더욱이 사토는 1967년 10월의 동남아시아 순방에서 국내의 반대를 무릅쓰고 남베트남을 방문했다. 수상비서관인 구스노다 미노루楠田實의 말에 따르면 "보통의 경우였다면 베트남은 피해가는 게 당연"하였으나 남베트남 방문의 "목적은 어디까지나 오키나와"로 "그런 측면에서 말하자면 크게 도움"이 되었다(楠田 1975 및 2001).

일본 정부의 베트남전쟁 지지를 미 정부는 환영하였고, 베트남특수로 인해 일본경제는 윤택해졌지만 베트남전쟁은 미일관계를 심하게 손상시켰다. 많은 일본 국민이 미국에 정의는 없다고 생각하였으며 세계적으로 확산되던 베트남반전의 움직임이 일본에도 파급되었다. 총평 등의 노조에다가, 오다 미노루小田實 등의 지식인과 문화인이나 일반 시민이 참가한 「베트남에 평화를! 시민연합(베평련)」이 활발한 반전운동을 전개했다. 일본에서의 반미감정의 고조에 초조해진 라이샤워가 베트남전쟁비판을 거듭하는 일본 신문을 비난하는 일막도 있었다.

극동의 '지주'로

베트남전쟁을 수행하는 미군에 있어서 일본은 중요한 전략 거점이었다. 통킹만사건이 발생하자, 사세보와 요코스카에서 제7함대가 출동하였고 요코타 기지의 F105전투기 등의 주일 미공군도 북베트남을 폭격했다. U. 알렉시스 존슨 국무차관이

1970년 미 의회에서 말했듯, 주일 미군은 극동을 방위하기 위한 군대로 일본방위에 직접 관계하는 미군 병력은 일본에는 존재하지 않았다(Havens 1987).

주일 미군의 베트남 출격에는 두 가지 장애물이 있었다. 첫 번째 장애물은 극동조항이었다. 1965년 4월 21일의 참의원 본회의에서 사회당 의원이 '극동'에 베트남이 포함되는지를 질문했을 때, 시이나 외상은 '극동'의 "주변에서 일어난 사건이 극동의 평화와 안전을 위협할" 경우, 미군은 "그 주변에 나가서 이러한 위협을 배제할 수 있다"고 답변하여 미군의 베트남 출격을 시인했다. 1966년 3월 24일의 참의원 예산위원회에서 시이나가 베트남 같은 '극동'의 '주변'도 안보조약의 적용범위라고 대답하자, 사회당은 안보조약의 확대해석이라며 반발했다.

또 하나의 장애물은 미군이 일본의 기지에서 '전투작전행동'을 위해 직접 출격할 때의 사전협의였다. 1964년 8월 10일의 중의원 외무위원회에서 베트남에 제7함대의 출동은 사전협의 대상이 아니냐는 질문을 받은 시이나는, 제7함대는 "초계를 위해" 출항했기 때문에 사전협의는 필요없다고 대답했다. 1972년 봄에 이와쿠니岩國의 F4 전투기와 해병대가 베트남에 파견되었을 때도 후쿠다 다케오福田赳夫 외무대신은 5월 12일의 참의원 본회의에서 미군은 베트남에 '이동'했을 뿐이기 때문에 사전협의는 필요없다고 주장했다. 하지만 야당은 정부의 답변이 사전협의제도를 사문화시키는 행위라고 반발했다.

1972년 6월 7일의 중의원 오키나와북방특별위원회에서 정부는 '전투작전행동'이란 "직접 전투에 종사하는 것을 목적으로 한 군사행동"이며 "보급, 이동, 정찰 등 직접 전투에 종사하는 것을 목적으로 하지 않는 군사행동을 위한" 미군기지 사용은 사전협의 대상이 되지 않는다는 통일된 견해를 보였다. 이러한 통일견해에 대해『요미우리신문』은 6월 9일 사설에서 "국민의 불안에 답하기에는 걸맞지 않으며 도리어 당면한 문제의 핵심인 전투작전행동을 극도로 한정함으로써 지금까지 들어온 '사전협의제도의 공동화空洞化'를 증명했다"고 비판했다.

또한 주일미군기지는 오키나와, 필리핀 등의 미군기지와 연동하면서 병참보급, 보양의료거점으로서 중요한 역할을 다했다. 제7함대에 있어서 특히 기술적으로 고도의 수리를 필요로 하는 경우, 요코스카, 사세보 두 기지의 가치는 매우 컸다. 보양시설인 자마의 R&R 센터, 아사카朝霞나 오지王子의 육군종합병원, 요코타나 다치카와의 공군병원 등도 풀가동했다.

베트남전쟁은 안보체제의 평가를 바꾸었다. 오키나와 반환을 응시한 사토는 베트남전쟁 같은 지역분쟁은 일본의 안전보장과 불가분하다는 인식에서 안보체제가 아시아의 방위에 도움이 된다는 관점을 명확히 내놓았다(曽 2002). 또한 60년대 중엽의 외교청서는 안보조약을 미일 관계나 일본의 안전보장의 '기간'이라고 평가했지만, 1969년의 외교청서는 안보조약은 "극동의 평화와 안전"의 "중요한 지주 중 하나"이며, 일본뿐 아니라 "극동의 안전에 중요한 역할을 다하고 있다"고 주장했다. 외무성은 안보조약을 "극동의 안전"의 '지주'로 평가함으로써 국민에게 안보조약의 필요성을 호소하여 70년 안보에 대비하려고 생각했을 것이다.

한편 1965년 12월 그랜드 샤프Grant Sharp Jr 미태평양군 사령관이 "오키나와 없이 베트남전쟁을 계속할 수 없다"고 말했듯 (シャラ- 2004), 오키나와 주둔 미군기지는 베트남전쟁에서 매우 중요한 역할을 맡았다. 미군 통치하의 오키나와에는 안보조약이나 사전협의제도가 적용되지 않아 미군은 기지를 자유롭게 사용할 수 있었기 때문이다. 1965년 4월 21일의 참의원 본회의에서 시이나가 인정했듯 주일 미군이 오키나와에 '이동'한 후에 베트남에 출격해도 사전협의의 대상이 되지 않았다.

1965년 3월 오키나와에 주둔한 제3해병사단의 부대가 다낭에 상륙하여 지상전이 본격화되었다. 7월에는 태풍을 피하기 위해 괌에서 가테나 기지로 날아온 B52전략폭격기가 가테나에서 직접 베트남으로 출격하여 오키나와뿐 아니라 본토에서도 엄중히 비판을 받았다. 1968년 2월 이래, B52는 가테나에 상주하게 되어 매달 약 350회나 출격했다(藤本 2003, 島川 2011). 오키나와는 보급과 병참거점으로서도 중요하였으며 나하 군항이나 마키미나토 보급지구는 미군 물자가 흘러넘쳤다.

2장

오키나와 반환과 70년 안보

1. '전후는 끝나지 않았다'

사토의 결의

복귀감정이 높아지던 오키나와에서는 1960년 4월 오키나와 교직원회, 오키나와현 청년단협의회, 오키나와관공청노동조합 협의회를 중심으로 하는 오키나와현 조국복귀협의회(복귀협)가 결성되었다. 복귀협은 '섬이 하나된' 운동을 지향했으나 미국과 일본 정부와의 협조를 지향하는 오키나와 자민당은 복귀'투쟁'을 피하고 '거듭하는 방식'으로 본토와의 '일체화'를 추진해야 한다는 이유로 복귀협에 참가하기를 거부했다. 미국 통치하의 오키나와에서는 미군에 협력하여 이익을 얻어내려고 하는 친미보수 세력이 존재하여 미군기지에 대한 '저항'과 소극적인 '수용'이 엉켜있었다.

오키나와 자민당의 참가를 얻어내지 못한 복귀협은 서서히 혁신색을 강하게 띠고 '기지반대'를 명확해 내세워 복귀운동을 추진했다. 하지만 1963년 폴 캐러웨이Paul Caraway 고등판무관이 오키나와에서는 "자치권은 신화"라고 발언하는 등, 미국 측의 태도는 바뀌지 않았다.

오키나와에서 복귀운동이 활발해지는 가운데, 사토는 1965년 1월 존슨과의 회담에서 오키나와 반환을 향한 첫 걸음을 내디뎠다. 그는 일본의 국제적 역할의 확대와 극동에서의 오키나와 주둔 미군기지의 중요성을 언급하면서 오키나와 주민과 국민이 오키나와 반환을 열망하고 있다는 뜻을 존슨에게 설명했다. 공동성명에서는 오키나와 미군기지의 중요성이 강조되는 한편, 사토가 "가능한 빠른 기회"의 오키나와 반환에 대한 소망을 표명하고, 존슨이 그 발언에 이해를 보인 점을 분명히 했다.

1965년 8월 사토는 수상으로서 전후 처음으로 오키나와를 방문했다. 그리고 나하 공항에서 매우 중요한 연설을 했다. 그는 "오키나와가 조국에 돌아오지 않는 한, 우리나라에 있어서 '전후'가 끝나지 않았다는 사실을 잘 알고 있습니다"라고 말하여 오키나와 반환에 대한 강한 결의를 표명했다. 이리하여 오키나와 반환을 향한 수레바퀴가 돌아가기 시작했다.

"기다림의 정치가"라고 불리던 사토가 곤란한 과제인 오키나와 반환에 노력한 이유는 사토의 내셔널리즘이나 오키나와의 복귀감정에 대한 배려에 추가로 ① 자민당 총선거에서 주목을 받고, ② 미일관계상의 최대의 현안사항을 해결해서 70년 안보를 넘기고, 또 ③ 사회당의 힘을 축소시키기 위해서였다. 더욱이 사토의 사적 자문기관인 오키나와 문제 등 간담회의 하부 조직인 오키나와기지문제연구회의 말에 따르면, 오키나와 반환은 미국과 일본의 '동등한 파트너 관계'를 달성하기 위한 중요한 계기였다(崔 2014).

베트남전쟁하에서 오키나와의 전략적 가치를 중시하는 미국이 오키나와를 포기하리라 생각할 수 없있기 때문에, 자민딩 유력자나 외무성은 오키나와 반환에 소극적이었으며 오키나와 반환 착수는 사토의 정치적 '분신자살'이라는 말을 들었다(楠田 1975). 하지만 사토는 오키나와의 "반환과 극동의 안전문제는 양립한다. 이것이 나의 정치적 사명이다"라고 생각하여(楠田 2001), 미국에 있어서 오키나와의 전략적 가치를 손상시키지 않고, 오키나와 반환을 실현시키려고 했다. 그리고 그는 오키나와 반환 때문에 발생한 미일 관계의 진전과 일본의 국제적 역할의 확대를 지렛대로 삼아 미국에 오키나와 반환을 요구하게 된다.

'2, 3년 내'의 합의

베트남전쟁을 수행하던 미 군부는 오키나와 통치를 계속하기를 희망했다. 하지만 1965년 7월 오키나와 문제의 '폭발'로 미군의 오키나와 주둔이 불가능해지고, 미일 관계가 악화되는 상황을 두려워한 라이샤워가 대오키나와 정책의 재검토를 워싱턴 D.C.에 보고하자, 미 정부는 오키나와 반환을 검토하기 시작했다. 국무부와 국방부의 의견대립도 있었으나 미 정부 내의 논의는 오키나와 주둔 미군기지의 자유사용과 일본의 국제적 역할 확대를 조건으로 오키나와 반환에 응하는 방향으로 수렴되어 갔다. 미 정부 내에는 오키나와 문제가 70년 안보의 장애물이 되는 상황에 대한 우려, 경제성장을 맞이한 일본의 부담분담에 대한 기대가 있었다(河野康子 1994, 我部 2000, 宮里 2000, 中

島琢磨 2013).

사토는 오키나와 반환을 향한 포석을 착착 두었다. 우선 동남아시아개발각료회의의 개최, ADB설립, 대만 방문, 남베트남을 포함한 동남아시아 순방에서 지역적 역할 확대에 대한 의욕을 보였다. 또한 1966년 11월 결정된 「제3차 방위력 정비계획(3차방)」은 대잠능력과 방공능력 향상에 중점을 두는 점에서 미국의 의향을 따랐다.

그리고 사토는 1967년 11월 미국을 방문했다. 정상회담에서 사토는 대외원조를 확대시킬 의향을 보인 다음, 오키나와 문제를 "어설프게 다루면 미일 간에 엄청난 문제가 발생하기" 때문에 "무언가 해결방법이 반드시 필요"하며, 오키나와 반환을 "전략적 안전보장을 저해하지 않고 할 수 없을까?"라고 말했다. 존슨은 오키나와 반환에 응한다는 생각을 보이는 한편, 방위력 증강이나 국제적 역할 확대를 사토에게 요구했다(楠田 2001). 공동성명에서는 사토가 "2, 3년 내"에 오키나와를 반환하는 시기를 정해야 함을 강조함과 함께 미일 정상이 극동에서의 오키나와 주둔 미군기지의 중요성을 확인했음을 천명했다.

또한 이 정상회담에서 일본과 미국은 전후 미국이 지배해 온 오가사와라 제도의 시정권 반환을 합의했다. 반환교섭에서는 1956년부터 1965년까지 오가사와라에 핵무기를 배치한 미국 측이, 유사시 핵 저장권을 인정하도록 일본 측에 요구했다. 미키 다케오三木武夫 외상은 미국의 요구를 명확히 인정하지 않았

으나 미국 측은 비공개 '구두성명'으로 핵 서상권을 확보했다고 해석했다(エルドリッヂ 2008, 太田 2011, 眞崎 2017). 그리고 1968년 6월 미국은 오가사와라를 일본에 반환했다.

2. '핵 없이 본토처럼'을 둘러싼 상극

'핵 없이 본토처럼'의 모색

베트남전쟁이 장기화되고 베트남반전운동이 세계적으로 확산되는 가운데, 1969년 1월 발족한 리처드 M.닉슨Richard M.Nixon 정권은 베트남에서 "명예로운 철수"를 내걸고 대소, 대중 관계 개선을 위해 노력했다. 그리고 동맹국에 대한 미국의 관계를 지키면서, 미국의 과잉개입의 축소와 동맹국의 부담분담을 촉구하는 새로운 아시아 전략인 「닉슨 독트린Nixon Doctrine」을 내놓았다.

닉슨 독트린을 발표한 1970년의 외교교서에서 닉슨은 동맹국에 의한 '책임분담'의 중요성을 지적한 다음, "큰 책임을 지는 입장"이 된 일본과의 관계는 "아시아에 있어서 닉슨 독트린의 성공의 열쇠가 된다"고 말하여 '경제대국'이 된 일본에 대한 기대를 보였다. 그것은 미 의회 등에 퍼진 안보편승론에 볼 수 있는 일본에 대한 불만을 배경으로 삼았다.

닉슨 정권은 오키나와 반환을 추진하는 방침을 유지했으나 그것은 첫 번째로 오키나와 반환이 일본의 부담분담을 확대시키는 지렛대가 되기 때문이었다. 두 번째로 오키나와 주민의 반미감정의 고조로 미국의 오키나와 통치는 한계를 맞이했으며, 문제를 방치하면 미일 관계가 손상될 우려가 있었다. 오키나와에서 미군이 저지른 사건과 사고는 심각하여 예를 들면 1964년부터 1968년 사이에 미군 관계자가 저지른 5,367건의 범죄가 발생하였으며, 그 중 살인, 강도, 부녀자 폭행 등 흉악범죄는 504건에 달했다(琉球新報 2011.3.23.). 1968년 11월에는 오키나와 주민이 "검은 살인청부업자"라고 부르며 꺼렸던 B52가 가테나 기지에 추락하여 B52철거투쟁이 격화되었다. 오키나와 주민의 불만은 1970년 12월 미군이 오키나와 주민에게 부상을 입힌 교통사건을 계기로 하여 오키나와 주민이 미군기지나 차량에 불을 지른 코자사건コザ事件이라는 형태로 폭발하게 되었다. 닉슨 정권에 있어서 오키나와 반환은 안보조약을 유지하는 '대가'였다(Habens 1987).

미국 측에 있어서 오키나와 반환 후의 미군기지의 모습이 매우 중요했다. 1969년 5월의 국가안전보장결정각서NSDM 제13호는 ① 한국, 대만, 베트남과의 관계에서 오키나와 주둔 미군기지를 가능한 자유롭게 사용하고, ② 시정권 반환시 핵무기는 철거하지만, 긴급할 때 핵 재반입 권리를 확보한다는 방침을 제시했다. 미국이 오키나와에서 핵 철거를 결정한 배경으로서 미국의 핵전략에서 지상배치형 핵무기에서 잠수함 탑재형 핵무기로 중심이 이동한 사실이 있었다. 또한 일본 국민의 반핵 감정이나 나중에 말할 사토 정권의 '핵 없이 본토처럼' 방침도 고려했다고 여겨진다.

한편 일본 정부에 있어서도 최대의 문제는 반환 후의 미군기지의 상태였는데, 미 정부가 어떻게 나올지 읽을 수 없었기 때문에, 사토는 명확한 태도 표명을 피했다. 사회당은 사토가 몰래 오키나와에 핵무기 배치를 용인하지 않았냐고 비판하고, 미군기지의 전면철거를 주장했다. 사토의 라이벌이었던 미키 다케오 등 자민당 유력자도 '본토처럼' 반환받으라고 요구했다. 오키나와에서는 "즉시 무조건 전면반환"을 내걸고 1968년 11월의 류큐정부 주석선거에 승리한 야라 조뵤屋良朝苗가 미군기지에 반대하는 자세를 명확히 하였다. 1969년 3월 10일의 참의원 예산위원회에서 마침내 사토는 비핵삼원칙에 입각하여 교섭하겠다고 말하여 '핵 없이 본토처럼' 반환을 지향하겠다는 매우 중요한 결단을 밝혔다. "핵 없이"는 오키나와로부터 핵무기 철거를 의미하며, "본토처럼"은 안보조약이나 지위협정 등을 오키나와의 미군기지에도 본토와 마찬가지로 적용하겠다는 의미였다.

닉슨 정권이 요구하는 부담분담의 확대도 논점이었지만, 사토 정권으로서는 일본의 국제적 역할의 확대에 이의는 없었다. 또한 이 시기, 미 정부는 동맹국에 협력을 구할 때, "책임분담Responsbility Sharing"이나 "부담분담Burden Sharing"이라는 용어를 썼는데, 일본의 국회심의나 신문에서는 '책임분담'이라는 단어를 썼다. 구리야마 쇼이치栗山尙一 전 외무사무차관은 '부담분담'에는 "우선 미국이 정책을 정하고, 그 후 비용 청구를 일방적으로 동맹국에게 돌린다"는 어감이 있었기 때문에, 미국과 동맹국이 협의해서 "비용을 공정하게 분담한다"는 의미에서 '책임분담'이 적절하다고 생각했다고 하는데(栗山 1987), '책임분담'과 '부담분담'에 본질적인 차이는 없다고 봐도 좋을 것이다.

반환합의와 밀약

1969년 11월 사토닉슨회담이 개최되어 1972년 '핵 없이 본토처럼'의 조건으로 오키나와 반환을 결정했다. 공동성명에서는 제7항에서 "시정권을 반환할 때, 미일안보조약 및 이에 관한 약속들을 변경하지 않고 오키나와에 적용하는" 점, 그리고 제8항에서 대통령이 일본 국민의 반핵 감정과 그에 기반한 일본 정부의 정책에 "깊은 이해"를 보이고, 오키나와 반환을 "일본 정부의 정책에 배치하지 않도록 실시하는" 점을 천명했다. 단 "사전협의제도에 관한 미국 정부의 입장을 해치는 일 없이"라는 문장을 삽입하여 유사시 일본이 미국의 핵무기 반입에 동의할 가능성도 제시했다.

핵무기 문제 이상으로 미국 측이 중시한 미군기지의 자유로운 사용이라는 점에서는 제4항에 "한국의 안전은 일본 자신의 안전에 있어 중요"하다는 '한국조항'과 "대만 지역에서의 평화와 안선 유시도 일본의 안진에 있이 매우 중요한 요소"라고 하는 '대만조항'을 삽입했다. 한반도에 중점을 둔 표현으로, 무력충돌이 발생할 가능성의 차이에다가, 대만해협 분쟁에 일본이 휘말려 중국과 싸울 가능성에 대한 일본 측의 강한 우려가 반영된 것이었다(栗山 2010). 또한 베트남전쟁이 종결되지 않을 경우, 베트남에서의 "미국의 노력에 영향을 끼치는 일 없이" 오키나와 반환을 실시한다고 명기했다.

일본 측은 남베트남 출격에 관해서는 명확한 언질을 주지 않았지만, 한국조항, 대만조항과 한반도 유사시에는 "사전협의에 대해 전향적으로, 또한 신속히 태도를 결정하는" 점 등을 밝힌 사토의 내셔널프레스클럽 연설에서, 한반도 및 대만해협 유사시의 미군기지의 사용을 인정했다. 한국조항과 대만조항은 미국으로부터 "얼마나 책임을 질 수 있고, 분담할 수 있습니까?"라는 질문에 대해, 일본이 "미국과 함께 행동한다는 사실을 정치적으로 약속"한 것으로(栗山 2010), 오키나와 반환의 대가였다.

오키나와 반환의 대가는 한국조항과 대만조항에 그치지 않았다. 사토의 밀사였던 와카이즈미 게이若泉敬 교토산업대학 교수가 헨리 A. 키신저Henry A. Kissinger 대통령 보좌관 등과 조정한 결과, 사토와 닉슨은 긴급시 오키나와 핵 재반입에 대한 밀약, 이른바「오키나와핵밀약」을 나누었다.

미국 측은 미군기지의 자유사용을 고집하여 오키나와 반환에 소극적인 군부를 설득하기 위해 밀약이 필요했다(波多野 2010,

[그림2] 오키나와 반환 시점의 오키나와 주둔 미군기지
(출처 『沖縄年鑑 昭和4849年合併版』沖縄タイムス社를 바탕으로 작성)

中島琢磨 2013). 사토는 당초 밀약을 피하고 싶었지만 교섭 좌절을 두려워했기에 결국 밀약을 받아들였다. 사토로서는 비핵삼원칙이나 국민의 반핵 감정을 무시할 수 없는 한편, 오키나와 주둔 미군기지의 전략적 가치를 중시하고, 또 미국의 '핵우산'에 의존하는 이상, 핵문제는 밀약으로 처리할 수밖에 없었다.

사토에게 있어서 오키나와 핵밀약은 오키나와 반환을 위해 어쩔 수 없이 지불할 대가였지만, 밀약이 없었어도 사토닉슨회담은 성공했을 것이라는 지적도 있다(北岡 2011). 한편 국민에게 있어서 오키나와 핵밀약은 여론의 반발을 피하면서 미군에 행동의 자유를 주기 위한 "불투명한 술책"에 불과하였고, 안보조약의 '불투명성'을 높였다.

또한 사토와 닉슨 사이에서는 핵 밀약 이외에도 "실과 밧줄의 거래糸と縄の取引"라고 불리는 섬유제품의 대미수출량을 제한하는 뒷거래도 있었다. 또한 사토닉슨회담 직후, 미일은 오키나와 반환에 따른 재정부담에 관한 비밀각서를 교환했다(我部 2007). 재정부담에 관한 밀약에 대해 당시부터 그 존재에 대해 지적하고 있었다. 니시야마 다키치西山太吉 마이니치신문 기자가 입수한 외무성의 전보에 근거해서 사회당 의원이 이 밀약에 대해 국회에서 추궁했다. 하지만 정부는 밀약의 존재를 부정했다. 그리고 니시야마와 정보제공자인 외무성의 사무관은 국가공무원법위반으로 유죄를 선고받았다.

그런데 정상회담 후, 사토는 내셔널프레스클럽에서 전쟁으로 잃은 영토를 평화적으로 회복하는 것은 "세계사에서 유례가 드문 일"이라며 오키나와 반환의 성과를 자랑하고, 안보체제의 견지, 자위력 강화나 대아시아 경제원조의 확충에 대한 결의를 이야기하고 "태평양 신시대라고도 해야 할 새로운 일미 관계"가 도래했다고 말했다. 사토가 1970년 2월 18일 중의원 본회의에서 말한 바로는 '태평양 신시대'란 오키나와 반환 합의상에 성립한 "대등한 협력관계"를 가리켰다. 사토는 오키나와 반환

합의를 자화자찬하여 일기에 "대성공", "120점"이라고 썼다(佐藤栄作 1998 3권).

오키나와 반환 합의는 70년 안보를 향한 포석으로서도 큰 의의를 가졌다. 1969년 12월의 총선거에서 자민당이 대승을 거두었고 사회당이 대패했다. 사토는 오키나와 반환 합의를 순풍으로 삼아 총선거에서 승리를 거두고, 70년 안보를 맞이한다는 각본대로 일을 추진하였다고 할 수 있다.

한편 미 정부도 오키나와 반환교섭의 목적을 충분히 달성했다. 오키나와 핵밀약이나 한국조항, 대만조항에서 기지기능을 유지하고, 일본의 부담분담을 가속시켰기 때문이다. 미국이 지금가지 오키나와에 대규모 기지군을 보유하고 있는 점에 비추어도, 오키나와 반환은 미국에 있어 '성공'이었다고 할 수 있다.

본토복귀 실현

1971년 6월 오키나와 반환협정을 조인調印했는데, 국회에서는 '핵 없이 본토처럼'은 기만이라고 주장하는 사회당, 공명당, 민사당 등이 협정에 반대하며 오키나와 반환교섭을 다시 하도록 요구했다. 오키나와 반환협정반대시위가 각지에서 벌어져서 오키나와와 도쿄에서 각각 경찰 1명이 사망할 정도로 격렬했다.

11월 17일 중의원 오키나와 반환협정특별위원회에서 자민당이 강행타결을 단행했기 때문에, 야당은 그 후의 심의를 거부하여 국회는 공전空轉했다. 본회의에서의 자민당 단독타결을 피하고자 자민당이 야당과 협의한 결과, 사토(佐藤)내각은 비핵삼원칙과 오키나와 주둔 미군기지의 축소에 관한 국회결의 채택을 조건으로 양보하였고 민사당도 그에 동조했다. 11월 24일 사회당과 공산당이 결석한 상태로 중의원에서 오키나와 반환협정이 가결되었고, 중의원에서도 12월 22일 가결, 성립했다.

1972년 5월 15일 마침내 오키나와 반환이 실현되었다. 기념식전에서 눈물을 흘리는 사토에게 있어서 '전후'는 끝났을 것이다. 본토복귀는 오키나와에 있어서도 경하해야할 일이며, 현민은 "가슴 속에서 뜨거운 것이 복받쳐 올라왔다. 만감이 교차한다는 말은 이를 가리킨다"라고 말하며 기뻐했다(屋良朝苗 1985).

하지만 27년이나 미국의 지배를 받은 오키나와에 있어서는 "너무 늦은 복귀"였다. 그리고 야라의 말을 빌리자면, "오키나와에 있어서 복귀는 종착역이 아닌, 새로운 가시밭길로의 재출발"이었다(屋良朝苗 21985). 우선 오키나와 전투의 경험 때문에 군대에 대한 뿌리 깊은 불신감을 가진 많은 현민의 반대를 무릅쓰고 자위대를 배치했다. 또한 복귀 후에도 미군기지 축소는 진행되지 않아 현민을 실망시켰다. 반환교섭 과정에서 일본 정부는 나하군항이나 나하공항 등의 반환으로 3할 정도의 기지를 축소하도록 요구했지만, 기지기능 유지를 중시하는 미국 측은 소극적이었다(野添 2016). 복귀 후, 핵무기가 철거된 오키나와는 공군과 해병대의 거점으로서 기능하게 되었다.

1969년부터 '기지철거'를 내건 복귀협은 오키나와 반환은 '오

키나와처분'이며, '5.15'는 "굴욕의 날"이라는 입장에서 항의대회를 열었다. 야라도 기지문제를 비롯한 여러 과제를 해결하지 않고 "오키나와의 전후는 끝나지 않는다"고 생각했다(沖縄タイムス 1975.5.15.). 오키나와 반환을 둘러싼 본토와 오키나와의 온도차는 매우 컸다.

오키나와 반환은 일본, 미국, 오키나와뿐 아니라 아시아 전체에 관련된 사건이기도 했다. 오키나와 주둔 미군기지 기능이 유지된 배경에는 한국이나 대만이 그것을 원했던 사실이 있었다(チャ 2003, 小林 2011, 吉次 2011). 닉슨 독트린을 따라서 일본 본토나 아시아 각국의 미군이 대폭 삭감된 가운데, 오키나와 주둔 미군이 거의 유지된 사실에 비춘다면, 오키나와 반환은 일본 본토뿐 아니라 아시아의 자유주의 국가들이 안전보장 측면에서 오키나와에 깊이 의존하는 과정이었다고 할 수 있다.

한편 1969년 국경에서 무력충돌이 발생할 만큼 격렬히 대립하게 된 중국과 소련도 오키나와 반환을 주시했다. 소련은 일본의 대만에 대한 관심이나 자위대 증강으로 군사균형이 변화하는 사실에 우려를 표명했다(産經 2011.2.18.). 사토닉슨 공동성명의 대만조항에 반발하고 일본의 경제대국화와 부담분담의 확대를 경계하던 중국은 "미 제국주의자"와 "일본의 반동주의자"가 새로운 전쟁계획에 착수했다며 비난하였으며 1970년부터는 "일본 군국주의 부활"비판 캠페인을 시작하였다(シャラ- 2004, 川島 2011).

3. 70년 안보라는 장애물

국정연정인가 자동연장인가?

사토 정권에 있어서 오키나와 반환에 필적할 중요성을 가진 사안은 70년 안보였다. 신안보조약은 조약기간으로서 10년 간을 상정하였고, 그 후, 즉 1970년 6월 23일 이후에는 일본과 미국 어느 한 쪽의 종료통고를 받고 1년 후에 실효한다고 규정했다. 당연히 안보반대를 부르짖는 사회당이나 공산당은 70년 안보를 목표로 고정했다.

정부여당에 있어 안보체제를 1970년 이후에도 존속시키기는 것은 당연했으나 방법은 자명하지 않았다. 자민당 내에서는 1962년 발족한 안보조사회가 70년 안보대책에 적극적으로 몰두했다. 조약기간을 정한 제10조를 개정하여 조약을 더 일정기간 고정하는 '고정연장'인지, 현행조약 그대로의 '자동연장'인지가 쟁점이었다.

안보조사회는 1966년 6월 「우리나라의 안전보장에 관한 중간보고」를 발표하여 자동연장은 조약개정에 의한 '정치분쟁'을 피하고, "외부에서 혁명공작을 하도록 기회를 주지 않는다"는 이점이 있는 한편, 항상 1년 후에 실효할 리스크를 안게 되어 안보조약을 "매우 불안정한 존재로 만드는 결점"이 있다고 주장했다. 그리고 미국의 동의와 국회승인이라는 장애물이 있지만, 안보조약을 "더 안정된 기초 위에 두기" 위해, 유효기한을 10년 더 연장하는 "10년 고정연장"을 제안했다.

하지만 미국 측은 안보조약 개정일이 일본에서 정치적 혼란을 유발한다는 우려 때문에 자동연장을 희망했다. 안보편승론이 미국 내에 확산되는 가운데, 미정부 내에서는 안보조약의 재개정안이 미 의회의 찬동을 얻을 수 있는지 모르겠다는 부담도 있었다(渡辺·岡倉編 1968).

자민당 내에서도 고사카 젠타로小坂善太郎나 오히라 마사요시 등의 외무대신 경험자가 "1960년의 대소동을 반복해서라도 다시 한번 조약을 손보자는 것이 고정연장론이다. 자동연장이라도 조약의 효력에 변함은 없으니까 정치적 에너지를 낭비하지 않는다"며 강경하게 고정연장을 반대했다. 결국 자동연장론이 자민당 내에서 널리 지지받게 되어 자민당은 1969년 10월 자동연장을 당의에서 결정한 사항으로 공표했다(池井 1980). 이리하여 일본 정부는 국회승인 수속이 필요 없고 반안보세력의 공격을 피하기 쉬운 자동연장을 선택하였다.

자민당의 자동연장론에는 비판도 있었다. 10월 15일 『요미우리신문』은 현시점에서는 조약연장 이외의 선택은 없다는 입장에서 자민당에 이해를 보이면서도 "극동의 긴장"을 이유로 안보조약을 유지하던 자민당은 "냉전적 감각"에 사로잡혀 있다고 비판했다. 그리고 일본의 평화와 안전은 극동의 긴장완화에 관계되어 있으며, 안보조약의 장기적 유지는 "중국을 둘러싼 냉전을 질질 끌게 만들어 긴장완화에 역행할 우려가 있기에 그대로 지지할 수 없다"고 주장했다.

70년 안보

1969년의 여론조사에서 49%의 국민이 안보조약으로 인해 일본이 전쟁에 휘말릴 수 있는 불안감이 있다고 회답한 가운데(NHK 1982), 사회당 등의 야당은 일본을 전쟁에 휘말리게 할 위험이 있다며 안보조약을 비판하며 정부와 여당을 공격했다.

70년 안보는 대학분쟁이나 베트남반전운동과 연동하면서 전개되었다. 사회당, 공산당과 거리를 둔 '신좌익'에 의한 1969년 10월 10일의 통일행동, 10월 21일의 국제반전의 날, 11월의 사토방미항의투쟁 등의 운동에 1969년 1년 사이 약 695만 명이 참가했다. 1970년에 들어선 뒤에도 3월에 개막한 일본만국박람회(오사카박람회)를 무시하고, 사회당, 공산당, 신좌익 등이 일으키는 시위가 계속 벌어졌다. 또한 베평련은 6월 1일부터 7월 3일까지 매일 시위를 하였다. 1970년 1월부터 6월 사이에 약 280만 명이 시위에 참가했다(『朝日年鑑』1969년판, 1970년판. 이후 朝日年鑑 69 등으로 줄여서 표기).

본토복귀를 앞둔 야라 류큐정부 행정주석도 자동연장에 반대했다. 야라는 "오키나와 기지를 가장 큰 요석으로 삼는 발상 하에 유지해 온 안보조약에는 반대하며, 정부의 자동연장 방침에 반대할 수밖에 없다"는 담화를 발표하였다(朝日年鑑 71).

사토 정권은 6월 22일 안보조약의 자동연장을 발표하였고 이튿날 23일 안보체제는 새로운 "자동연장의 시대"를 맞이했다. 미국 측도 안보조약 연기를 환영했다. 70년 안보는 60년과 비교하면 평온하였으며 안보조약 폐기는 말할 것도 없고, 사토 정권을 흔드는 지경에도 이르지 않았다. 정부와 여당은 "예상 이상으로 평온하게 '70년의 위기'를 넘긴" 사실에 가슴을 쓸어내렸다. 사토는 22일 임시각의에서 "조약 자동계속으로 인하여 안보문제는 끝났다"고 발언하여(朝日年鑑 71) 안보조약의 시비를 둘러싼 논쟁에 결착을 지었다는 인식을 보였다.

1960년과 비교하여 반대운동이 고조되지 않은 이유로서 조약연장이 국회의 승인을 필요로 하지 않았던 사실이나 신조약 체결의 시비를 물었던 1960년에 비하면, 조약계속의 가부可否라는 1970년의 쟁점이 충격이 결여되었던 사실 등을 들 수 있을 것이다.

반대운동을 이끄는 측에도 문제가 있었다. 1969년의 총선거에서 사회당이 대패한데다가 예전에 안보조약의 '단계적 해소'를 내건 민사당이 1966년 이래 "주둔 없는 안보"로 입장을 전환하는 한편, 안보조약의 '단계적 해소'를 외치던 공명당이 1969년 '실질적 폐기'론으로 결정하는 등, 각 야당의 안보조약에 대한 대응이 다양화되어 야당공투가 늦어졌다. 신좌익에도 내부대립이 있어서 항상적인 공투를 조직할 수 없었다.

여론으로 눈을 돌리면 1960년대 후반은 베트남전쟁으로 미국의 호감도가 저하되었지만, 안보찬성이 반대를 상회하는 상황이 이어졌다(NHK 1982). 또한 베트남전쟁의 종결을 내긴 닉슨의 대통령 취임, 오키나와 반환 합의, 그리고 다음 절에서 볼 미군기지 삭감이 안보체제에 대한 국민감정을 호전시켰다. 논단에서는 고사카 마사타카高坂正堯나 나가이 요노스케永井陽之助 등의 '현실주의자'가 대두하였고, 1969년에는 분게이 슌주文藝春秋사에서 보수계열 잡지인 『쇼쿤諸君』을 간행하는 등, 안보체제를 긍정하는 논조가 늘어났다.

자동연장 후, 각 여당은 안보체제의 해소를 지향하는 '70년대 투쟁'에 나설 자세를 보였다. 또한 1970년 6월 23일의 『아사히신문』이 70년 안보로 아시아 각국이 일본에 대한 경계를 강화하고 있기 때문에 안보조약 해소를 지향해야 한다고 주장하는 등, 자동연장에 대한 비판도 뿌리 깊었다. 하지만 반안보운동은 6월 24일 이래 급속히 사그라들었고 이후 정체되었다. 70년 안보는 많은 국민이 헌법 제9조, 자위대, 안보체제라는 안전보장의 틀을 받아들이는 하나의 중요한 시점이었다고 할 수 있을 것이다.

한국이나 대만의 미디어는 안보조약 연장을 호의적으로 보도했다. 한편 중국의 인민일보人民日報나 신화사통신新華社通信은 안보조약은 미 제국주의와 일본 군국주의를 한층 굳게 연결했다고 비판했다. 소련의 프라우다와 이즈베스챠도 안보조약은 아시아 평화를 위협하고, 아시아에서의 미국의 모함에 일본을 끌어들일 위험한 도구라고 주장했다(朝日年鑑 71). 격심한 중소대립에도 불구하고, 중국과 소련의 미디어는 모두 안보조약 연장을 비판했다.

3장

국민적 '십자가'로서의
미군기지 문제

1. '기지공해'에 대한 비판

도시문제로서의 미군기지

1961년 가을, 크리스천이며 나중에 수상이 되는 오히라 마사요시 관방장관은 미군기지 문제에 대해서 "민족 전체가 공통의 십자가를 짊어진" 듯한 문제라고 말했다(朝日 61.9.5.). 60년대를 맞이해서도 미군기지 문제는 일본 전체에 있어 무거운 문제로 계속 존재하였다. 우선 1964년 7월 술에 취해 시즈오카의 캠프 후지에 들어간 여성을 미군이 사살했고, 한 달 뒤에는 이와쿠니 기지에서 일본인 직원이 술에 취한 미군에게 살해당하는 등, 미군 관계자가 저지른 범죄가 끊이지 않았다.

미군기로 인한 피해도 중대했다. 특히 주목받은 것은 50년대 중반에 미군이 제트기를 도입하여 심각해진 소음문제였다. 아쓰키 기지에서는 60년대 주변 자치체가 제트기 소음대책을 정부에 요구함과 동시에, 주변 농가를 중심으로 집단이전이 시작되었다. 요코타 기지에서는 90폰으로 청력을 잃을 우려가 있다고 판단되는 가운데, 120폰을 상회하는 제트기의 소음이 주변주민을 괴롭혀서 보수 계열의 주민을 포함한 많은 사람이 "왜 우리만 패전의 희생양이 되어야 하느냐"고 분노했다(朝日 64.7.23.). 너무 소음피해가 심했기 때문에 1968년 3월 요코타 기지 주변 주민의 집단이전이 시작되었다.

미군기 사고도 계속 발생했다. 1964년 4월 도쿄도 마치다시町田市에 미군기가 추락한 사고로 인해 시민 4명이 사망했을 때, 심한 위기감을 갖게 된 존슨 대통령이 "유감의 뜻"을 표명했다. 그럼에도 불구하고 9월에 가나가와현 야마토시大和市의 철공소에 미군기가 추락하여 주민 5명이 사망했다.

1964년 여름에 베트남전쟁이 본격화되자 미군기지 문제는 더욱 심각해졌다. 1965년 7월 요코스카에서 미군이 저지른 살인사건이 발생하는 등, 베트남에서 돌아온 미군이 저지른 범죄가 연이었다. 또한 주일미군의 연습과 활동이 활발해졌고, 사건과 사고가 증가했다.

60년대 후반에는 기지 주변의 도시화나 주민의식의 변화로 미군기지 문제는 도시문제의 일환으로서 제기되게 되었고, '안보공해', '기지공해'에 대한 비판이 거세졌다. 1967년 공해대책기본법이 제정되었듯, 이 시기 공해가 심각한 사회문제가 되었다. 또한 도시 지역의 미군기지가 경제발전을 저해하는 요인이라 생각하게 되어 미군기지는 "환경 측면뿐 아니라, 경제적으로도 성가시기 짝이 없는 존재"라는 의식이 확산되었다(読売 1970.6.23.). 1968년 시점에서 본에 있는 146개 미군기지 중 52개소에서 주민과의 분쟁이 발생했는데, "도시지역 생활인의 감각"에 기인하는 문제가 늘어났다(朝日 68.6.4.).

규슈대학 팬텀 추락사건

'기지공해'에 대한 비판이 높아지던 1968년 6월, 미군의 "극동 전략의 십자로"이자, 한반도 유사시에는 '제1선 기지'가 된다고 하던 이타즈케板付 기지가 있는 후쿠오카시에서 중대사건이 발생했다. 2일 밤에 규슈대학에 건설 중이던 대형 전산기 센터 빌딩에 이타즈케 기지 소속 RF4C팬텀 정찰기가 추락하여 불탔다. 이타즈케 기지는 후쿠오카 중심부에 가깝고 주택가에 인접했으며 1968년까지 미군기로 인한 108건의 사고가 발생했고 20명의 사망자가 발생했다(西日本新聞新聞 68.6.4.). 그리고 1968년 1월 미 구축함 푸에블로호가 북한에 나포되는 사건 이래, 이타즈케 기지에 상주하던 팬텀은 굉음을 내며 이착륙훈련을 실시하고, 저공비행이나 야간비행을 반복하여 부근 주민들에게 불만을 샀다.

이 사건으로 인한 인명피해는 없었지만, 규슈대학 관계자와 학생은 물론, 많은 후쿠오카 시민이 격노했다. 6월 7일에는 규슈대 학생 시위대와 경찰이 충돌하여 유혈사태가 벌어졌다. 또한 규슈대 측은 추락한 기체를 미국 측에 인도하는 데 저항했으나 최종적으로는 이듬해 1969년 10월에 약 4,000명의 기동대가 학생을 몰아내고 사고기를 대학에서 반출했다.

이 사건을 계기로 이타즈케기지반환운동이 고조되어 6월 5일에는 예전에 자민당 참의원 의원이었던 가메이 히카루龜井光 후쿠오카 현지사가, 그리고 10일에는 아베 겐조阿部源藏 후쿠오카 시장이 정부에 이타즈케 기지 이전을 요구했다. 지금까지는 미군기지 주변 주민의 민생안정을 주로 요구해 온 지방자치체가 기지 반환을 정부에 강하게 요구하게 된 사실은 새로운 움직임이었다.

"후쿠오카 시민은 혁신을 묻지 않고 이전을 강하게 희망한다"고 생각하는 나카소네 야스히로中曾根康弘 운수대신의 주도도 있어(朝日 68.6.13.) 정부는 이타즈케 기지를 이전하는 방침을 굳혔다. 또한 팬텀 대신 1968년 가을 쯤부터 이타즈케에 주둔한 RF101정찰기 부대가 1969년 4월 미 본토로 철수했다.

이타즈케반환운동으로 대표되는 60년대 후반부터 70년대 초기의 반기지운동은 베트남반전과 연결되어 있었다. 베평련의 오다 미노루는 1969년 6월『주간안포週刊アンポ』에서 베트남 반전을 주장하면서 "안보를 부수자"고 부르짖으며 규슈대 팬텀 추락사건을 비판했다.

도시의 인구급증이나 생활환경 악화에 대한 주민의 불만을 추진력으로 삼아 복지나 공해문제 해결을 내걸고 탄생한 혁신 자치체의 확산도 반기지운동의 기세를 오르게 했다. 아스카다 이치오飛鳥田一雄 요코하마 시장은 1972년 8월 베트남행 수송선으로 향하던 미 전차 대열을, 시내에 있는 무라사메바시村雨橋 위에서 저지했다. 도쿄도의 미노베 료키치美濃部亮吉 지사도 9월에 요코타 기지 내 도유지 반환 소송을 단행했다.

물론 이타즈케 기지의 사례에 볼 수 있듯 혁신 자치체만이 반기지운동을 전개하지 않았다. 야마나시에서도 자민당 중의원 의원도 지낸 다나베 구니오田邊國男 지사가 1972년 5월 기타

후지 연습장 내의 현유지와 민유지의 전면 반환을 요구했다. 소음피해에 대해서는 "보수도 혁신도 없다"고 요코타 주변 주민이 말했듯(読売 68.6.3.), 미군기지에 대한 반발은 보수와 혁신의 경계를 넘었다.

단 기지 주변 지역이 반기지 일색이었던 것은 아니다. 베트남 전쟁하에 많은 미군이 들려 불상사가 많이 발생하던 요코스카에서는 미군의 경제효과에 대한 배려 때문에 많은 시의원은 '저자세'였다(朝日 65.10.8.). 이와쿠니에서는 이와쿠니국제공항건설촉진기성동맹회가 1만 5,000세대의 서명을 모아 "이타즈케 기지를 유치하고 싶다. 기지를 확장하여 장래 국제공항으로 만들고 싶다"고 방위청에 진정하였고, 역 앞에는 "기지반대파는 국적國賊이다"라는 현수막이 걸렸다(毎日新聞社編 1969). 본토에서도 기지 주변 자치체에서는 미군기지에 대한 '수용'과 '저항'이 교착하고 있었다.

2. 핵을 둘러싼 불안

상태화하는 원잠기항

60년대에는 핵을 둘러싼 국민의 불안감도 커졌다. 1963년 1월에 미국이 원자력잠수함의 기항을 일본 정부에 요청하자, 뿌리 깊은 반핵 감정 때문에 일본 국내에서는 원잠기항에 대한 비판이 높아졌다. 3월 2일에는 유가와 히데키湯川秀樹를 포함한 많은 과학자가 일본은 "자주적인 입장"에서 원잠의 안전성을 충분히 확인해야 한다는 성명을 발표했다.

미국과 일본 정부는 미 제7함대의 거점인 요코스카가 아니라, 사세보를 기항지로 골랐다. 일본 정부는 도쿄에 가까운 요코스카에 원잠이 기항하는 것은 "정치적으로 너무 자극한다"라고 생각한 듯하다(読売 64.8.27.). 정부는 요코스카를 기항지로 삼을 경우, 수도권에서 대규모 저항시위가 발생하는 상황을 두려워했을 것이다.

요코스카 기항을 피했어도 시위를 막을 수 없었다. 1964년 11월 미 원잠 시드래곤이 사세보에 기항하자, 현지에서는 8,000명 이상이 참가하는 반대시위가 전개되어 시위대와 기동대가 격렬히 충돌했다. 또한 요코스카를 비롯한 전국 각지에서 항의집회가 열렸다.

1968년 5월에는 5만 명 이상이 반대시위에 참가한 가운데, 미 원잠 스누크USS Snook가 요코스카에 기항하여 그 후 미 원잠은 요코스카와 사세보 양쪽에 기항을 반복하게 되었다. 이리하여 미 원잠의 일본기항은 상태화되었는데, 문제가 안 일어날 리가 없었다. 1968년 5월 6일 미 원잠 소드피시USS Swordfish가 사세보에 입항할 때, 방사능 측정치가 이상치를 보여 국민에게 충격을 줬다. 당초 국민의 비판을 두려워한 과학기술청이 허위보고를 했기 때문에 국민의 불신감은 커졌다. 국회에서도 이

문제를 다루었기 때문에 과학기술청은 전문가검토회를 조직하고 조사를 실시했다. 5월 29일 원자력위원회는 소드피시가 원인이라는 의심은 강하지만, 미국 측이 군사기밀에 해당한다는 이유로 정보를 제공하지 않았기 때문에 단정에는 이르지 못했다는 최종 견해를 발표했다.

이 사건 후, 일시적으로 미 원잠의 일본기항은 중단되었다. 하지만 9월에 미국과 일본 정부 사이에서 긴급할 경우를 제외하고 미 원잠은 냉각수를 배출하지 않는다는 합의가 성립하여 12월에는 기항을 재개했다. 물론 미 원잠의 방사능 누출 위험이 사라지지 않았다. 2006년 7월부터 2008년 4월까지 사세보, 요코스카, 오키나와에 기항한 미 원잠 휴스턴USS Houston이 방사능 누출사고를 일으켜 관계 자치체, 그중에서도 피폭지인 나가사키현 사세보시로부터 맹렬한 항의를 받았다.

원자력 항모의 기항

1967년 9월 미 정부는 "움직이는 핵기지"라 불린 원자력 항모 엔터프라이즈USS Enterprise의 일본기항을 정식으로 일본 정부에 요청했다. 미국 측은 승조원의 휴양, 보급이 기항 목적이라고 설명했으나 일본 국민의 '핵알레르기' 완화가 진정한 목적이었다. 당초 2만 명 가까웠던 사세보원잠기항반대시위 참가자는, 1967년에는 반수 이하로 줄었다(読売 68.1.17.). 미군은 사세보의 '원잠알레르기'는 진정되고 있다고 보고, 원자력 항모라는 다음 단계로 진입하여 주일미군기지를 보다 자유롭게 써서 태평양에서 원자력 함정의 기동성을 높이려고 생각했을 것이다.

각 야당은 70년 안보를 시야에 넣으면서 원자력 항모의 안전성이나 핵무기 반입에 대한 우려, 그리고 베트남반전 등의 관점에서 "베트남전쟁의 피로 더럽혀진" 엔터프라이즈의 일본 기항에 강하게 반발했다(読売 68.1.24.).

하지만 일본 정부는 안보조약상의 의무라는 이유로 엔터프라이즈 기항에 동의했다. 사토는 베트남전쟁을 지지하고 오키나와를 되찾고, 또 국민의 핵알레르기를 완화시키기 위해 엔터프라이즈를 받아들이기로 결정했다(Havens 1987, 曹 2005). 미키 다케오 외상은 원자력 항모의 안전성에 문제는 없으며 또한 미국 측이 엔터프라이즈에 핵무기를 탑재하지 않았다고 설명했음을 강조했다. 더욱이 정부와 자민당은 "따뜻하게 맞이하자, 엔터프라이즈"라는 제목의 전단을 배포하는 등, 선전에도 힘을 쏟았다(朝日 68.1.15, 読売 68.1.18.).

기항지인 사세보는 찬성과 반대로 흔들렸다. 보수 계열 단체로 구성된 찬성파는 항모의 안전성과 안보체제의 필요성을 호소했지만, 사회당, 공산당, 총평, 전학련은 기항저지투쟁을 활발히 전개했다. 공명당도 사세보 시내에서 집회를 열고 첫 원외행동을 단행했다. 6만 명 이상이 참가한 사세보에서의 항의활동에서는 시위대와 경찰이 충돌하여 많은 부상자가 발생했다. 또한 전국 325개소에서 21만 명을 동원한 항의활동이 벌어졌고, 492명의 체포자와 627명의 부상자를 냈다(朝日年鑑 69).

1968년 1월 19일 격렬한 반대운동 속에 엔터프라이즈는 사세보에 기항했다. 미국 정부는 기항 실적을 높이 평가했지만, 『요미우리신문』이 1월 24일 사설에서 논했듯 엔터프라이즈 기항은 미일관계에 있어 "큰 정치적 손해"가 되었다.

3. 기지문제의 '폭풍신호'

정부의 기지대책

일본 정부가 미군기지 문제를 손 놓고 보고만 있지는 않았다. 정부는 1961년 5월에 기지문제 등 관계 각료간담회를 설치하기로 결정하여 기지문제의 '정치투쟁화'를 피하려고 했다(朝日 61.11.27.). 1962년에는 미군기지가 있는 자치체가 섭외관계 주요도 도현지사연락회涉外關係主要都道縣知事連絡協議會를 설립하여 지방자치체도 정부에 기지문제에 대한 대처 강화를 요구했다.

1966년 6월 미군기지에 원인이 있는 장애의 방지와 경감, 완화를 목표로 한 주변정비법이 성립하여 정부는 손실보상뿐 아니라, 주변 주민의 민생안정조치와 씨름하게 되었다. 이 법률로 기지피해의 방지와 경감을 위해 학교나 병원의 방음공사, 도로 건설, 하천 개수 등을 시행했다. 오바타 히사오小幡九男 방위시설청 장관이 "큰 문제를 정리하고 깔끔한 상태로 70년 안보개정을 맞이하고 싶다"고 말했듯(朝日 65.10.12), 주변정비법은 70년 안보를 넘기기 위한 포석이었다.

하지만 기지 주변 자치체의 불만은 해소되지 않았다. 많은 보수 계열 시장이나 의장을 포함하여 군사기지를 가진 269개 시정촌의 대표가 모인 1968년 12월의 「기지대책촉진전국대회」에서 이시카와현 고마쓰시小松市의 사타케 고조佐竹弘造 시장은 "이 이상 정부가 돌봐주지 않으면 이젠 참을 수 없다. 기지를 돌려받아야 하지 않겠는가?"라고 주장했다. 또한 가나가와현 야마토시의 이시이 마사오石井正雄 시장은 "정부에는 인간적인 시책이 없다. 민생안정이 아닌 '기지안정'이다"라며 정부를 통렬히 비판하였다(每日新聞社 1969).

진행되는 기지 축소

엔터프라이즈 기항, 소드피시사건, 그리고 규슈대팬텀추락사건이 연달아 발생한 1968년은 주일미군기지 문제사의 전기가 되었다. 우선 6월에 주일 미대사관이 국무부에 「미군기지 문제에 관한 폭풍신호」라는 제목의 전보를 보내는 등, 미 정부 내에서 기지문제에 대한 관심이 높아졌다(小山 2008).

일본 정부도 기지문제를 진지하게 다루게 되었다. 사토는 1968년 8월 6일의 참의원 본회의에서 도시화가 급격히 진행되는 가운데, 대도시 주변에 많은 미군기지가 있는 사실을 문제로 보고 기지 주변 주민에게 불안이나 걱정을 끼치게 하지 않도록 충분히 배려하겠다고 답변했다. 미군기지 문제로 인해 미일관계가 얼어붙는 가운데, 일본 정부는 문제를 방치한다면 안보체제가 흔들린다는 위기감을 가졌다.

일본 측은 9월에 열린 미일안전보장사무수준협의에서 특히 도시 지역에서 미군기지가 공해의 원인이 되고, 또 경제발전의 저해요인이 되기 때문에 군사적 관점뿐 아니라 정치적 관점에서 기지문제를 검토해야 한다고 주장했다(朝日年鑑 69). 그리고 12월의 제9회 미일안보협의위원회에서 미국 측은 조후調布비행장, 기사라즈비행장, 기타후지연습장 등 약 50개 기지의 반환, 공동사용, 이전안을 제시했다. 미국 측으로서도 70년 안보를 넘기기 위해, 기지문제에 대처할 필요가 있었다. 70년 안보가 1960년의 재연이 되지 않은 배경에는 위기감이 커진 미일 양정부가 본토에서의 미군기지 삭감에 대처한 사실이 있었다.

더욱이 닉슨 정권의 발족이 미군기지 축소를 도왔다. 1970년 12월의 제12회 미일안보협의위원회에서 닉슨 독트린을 따르는 형식으로 미군기지의 대폭 축소가 합의되었다. 그 결과, 미사와三澤의 F4가 미국과 한국으로, 요코타의 F4가 오키나와에 이동하게 되어 오키나와나 한국이 일본 본토의 '위험성' 저감의 영향을 받게 되었다. 또한 1971년 아쓰키 기지의 일부를 해상자위대로 이관했고, 1972년에는 규슈대팬텀추락사건으로 인해 반환운동이 거세지던 이타즈케 기지의 대부분을 반환했다.

제3부

1945~1960
1960~1972
1972~1989
1990~2000
2001~2018

미일'동맹'으로 가는 길

1972-1989

일본을 방문한 레이건 대통령과 정상회담을 하여 미일의
긴밀한 관계를 과시하는 나카소네 야스히로 수상(1983년
11월 10일, ⓒ共同)

1장

미일'동맹'으로 향하는 기점

1. '기본적 틀'로서의 안보체제

중일국교정상화와 안보체제

1970년대 냉전구조는 크게 바뀌었다. 중소대립의 격화, 1971년 7월의 키신저의 극비 방중과 1972년 2월의 닉슨 방중으로 인한 갑작스러운 미국과 중국의 접근, 일본과 유럽의 경제발전 등으로 세계는 다극화로 향했다.

일본에 있어 '닉슨 독트린'이라 불린 자국을 무시한 미중접근은 악몽에 불과했다. 구스노다 미노루의 말에 따르면, "안타깝게도… 그 점에 대한 명확한 예견이 들어가지 않았기" 때문에 닉슨쇼크는 일본에 "큰 혼란을 일으켰다(楠田 1975)". 국제정치에서 동맹국과 우호국에 대한 배려보다도 자국의 이익을 우선하는 경우는 드물지 않지만, 일본 정부 내에는 미국에 대한 불신과 불만이 확산되어 미일관계는 흔들렸다.

닉슨쇼크는 쇼와 천황에게도 불안감을 준 듯했다. 1972년 3월의 회견에서 아민 H. 마이어Armin H. Meyer 주일 미국 대사가 "미중접근과 세계의 긴장완화에도 불구하고, 미 정부는 아시아의 평화에 있어 미일관계만큼 중요한 사항은 없다고 생각한다"고 발언하자, 천황은 "눈에 띄게 감동"하며 감사의 뜻을 표했다. 미일관계가 동요하는 가운데, 미국의 일본에 대한 관여를 확인하고 천황은 안도했을 것이다(吉次 2006).

1972년 7월 사토의 후계자를 결정하는 자민당 총재선거가 시행되어 "결단과 실행"을 내건 다나카 가쿠에이田中角榮가 승리했다. 다나카는 '열도개조列島改造'에 착수하는 한편, 외교에서는 중일국교정상화로 돌진했다. 다나카의 말에 따르면 그것은 전후처리라는 이유뿐 아니라, 중국의 위협을 줄이게 하고, 미국으로부터의 방위력증강요구를 피하여 방위비를 억제하기 위한 '진짜 안보裏安保'였다(服部 2016, 佐藤晋 2016).

중일국교정상화에다가 1973년 동독이나 북베트남과의 국교수립, 다나카의 소련 방문 등 다나카 정권은 다각적인 외교를 전개했다. 또한 다나카 정권은 1973년 석유파동이 발생했을 때 이스라엘 지지를 요구하는 미국의 의향에 반하여, 석유를 확보하고자 아랍 국가들과 접근했다. 이러한 다나카 정권의 외교를 '자주외교'로 보는 경향도 있으나 다나카는 한정적인 자위력과 안보체제로 공산주의를 억누른다는 안보관安保觀을 가졌으며, 미일협조를 "최상의 선택"이라 생각하는 등, 미일관계의 중요성을 충분히 이해했다(早坂 1993, 佐藤晋 2016). 외무성도 1973년의 외교청서에서 안보조약을 축으로 하는 미일관계는 일본외교의 '기축'이며 다각적 외교의 '기반'이라는 인식을 보였다.

하지만 미일관계와 중일관계의 조정은 간단하지 않았다. 미국은 중일접근이 1969년의 사토닉슨공동성명에 들어간 대만조항에 악영향을 끼칠 것을 우려했다. 대만조항에 중국이 반발했기 때문에, 일본 정부 내에서도 대만조항의 재검토를 논의한

적이 있었는데, 다나카나 오히라 마사요시 외상은 "안보조약의 구조에 대해 중국이 불평한다면 일중국교정상화교섭은 실패"라고 생각하여 대만조항을 견지하는 방침을 취했다(栗山 2010).

1972년 8월 말부터 열린 미일정상회담에서 다나카는 중일국교정상화는 안보체제에 있어서 대만의 지위에 변경을 가하는 행위가 아니라고 강조하여 닉슨의 이해를 얻었다. 미국은 불안감을 품으면서도 안보체제의 견지를 조건으로 중일국교정상화를 인정할 수밖에 없었다.

다나카는 1972년 9월 북경에 도착했다. 다나카를 맞이한 주은래周恩來는 안보조약에 대한 '불만'을 표명하면서 "국교정상화를 할 때 미일안보조약을 건드릴 필요는 없다. 미일관계는 그대로 계속하면 된다"고 말했고, 대만조항을 포함한 1969년의 사토닉슨공동성명에 대해서도 "문제로 삼을 생각은 없다"는 자세를 보였다(石井明ほか編 2003). 냉엄한 중소대립을 배경으로 중국은 소련을 견제하고, 일본 군국주의 부활을 억누를 '뚜껑'으로서 안보체제를 용인하는 방향으로 전환했다. 이리하여 안보체제를 견지한 채로 중일국교정상화를 실현했다.

아시아의 '기본적 틀'로

미중접근만이 미일관계를 뒤흔들지 않았다. 1972년 5월 제1차 전략병기제한교섭 타결이 상징하는 미소데탕트나 1968년에는 80만 명을 넘은 아시아태평양 지역의 미군이 닉슨 독트린 발표 후인 1972년에는 약 25만 명으로까지 축소되어 일본 정부는 '핵우산'을 포함한 미국의 관여에 불안을 가졌다.

또한 일본 정부는 미중, 미소관계의 호전으로 인한 국제긴장의 완화나 닉슨쇼크로 인한 대미불신으로 국민이 안보체제에 의문을 갖는 상황을 두려워했다. 사실 1971년 10월 19일 『요미우리신문』의 여론조사에서는 여차할 때 미국은 일본을 지키지 않는다는 회답이 4할 가까이 달하는 한편, 미일중소의 불가침조약 체결이 바람직하다는 회답이 5할을 넘었다. 국민의 안보체제에 대한 지지가 흔들리는 가운데, 1972년 3월 사토는 마이어 대사와 가진 회담에서 「미일안보조약 불필요론」을 "가장 걱정하고 있다"고 발언했다(長 2014). 6월의 미일정책기획협의에서 일본 측은 "닉슨 정권이 공산권과의 대화로 자세를 전환하여 군사동맹의 의의에 국내에서 큰 의문이 생긴" 사실에 우려를 표명하고, 12월의 협의에서도 일본 측은 "안보조약의 중요성은 감소하고 있다"는 견해를 보였다(朝日 2018.7.3.).

일본 정부 내에서는 안보체제 재건을 모색하는 움직임이 있었다. 구보 다쿠야久保卓也 방위청 방위국장은 1972년 6월 「일미안보조약을 재검토한다」는 논고를 써서 안보체제가 "당초 갖고 있던 공산권 봉쇄의 역할은 후퇴했으며, 이 지역(극동)에 있어서 전쟁의 억지, 따라서 현상의 고정화(군사력에 의한 현상 변경을 인정하지 않는다)를 목표로 하게 되었다"고 주장하여 안보체제의 새로운 방향을 제시하려고 했다.

다나카 정권 발족 후, 중일국교정상화나 1973년 1월의 베트남화평으로 인해 국제긴장은 한층 완화되었고, 1973년의 여론조사에서는 34%의 국민이 중립을 지지하여 신자유주의 진영 지지를 약간이지만 웃돌았다(NHK 1982). 안보불필요론을 없애고자 다나카 정권은 안보체제에 아시아에서의 국제정치의 "기본적 틀"이라는 새로운 의의를 부여했다. 1973년의 외교청서는 미일관계를 "우리 외교의 기축"이라 평가하고, 안보체제는 미일의 '유대'임과 동시에 "아시아에 있어서 국제정치의 기본적 틀의 중요한 기둥"이라 논했다. 다나카도 1973년 11월 안보체제는 "일본뿐 아니라 아시아 전체에 있어서의 안정의 기본적 틀"이라 말했다(長 2014).

한편 닉슨 정권은 일본을 무시하고 중국과 접근했기 때문에 일본을 경시했다는 말을 듣는 경우가 많다. 또한 닉슨 정권은 새로운 미일중관계에서 일본의 역할을 정하는 데 이르지 않았다. 하지만 미국의 힘의 한계를 인식한 닉슨 정권의 입장에서 일본의 미국 이탈을 저지하고, 부담분담을 촉진함은 중요 과제였다.

데탕트 하의 안보체제의 모습은 1973년 7월말부터의 다나카 방미로 확인되었다. 닉슨은 환영식전에서 "태평양뿐 아니라 세계에서의 대등한 파트너"라고 일본을 추켜올리고, "세계적 시야에 선 미일관계"를 표방한 다나카도 정상회담에서 "국제사회에의 역할을 책임지고 수행"할 자세를 보였다(朝日 73.8.3, 外務省外

交記錄 A444). 공동성명에서 안보체제는 "아시아의 안정 유지를 위한 중요한 요소"로 평가받았다. 미일은 안보체제가 아시아의 기본적 틀임을 확인하고, 미국의 "대등한 파트너"인 일본이 세계적 시야에서 부담분담을 확대시키기로 일치하였다.

다나카 정권의 대미협력

부담분담의 거점 중 하나인 방위문제에 대해서 다나카는 개헌의 필요성을 인식하면서(服部 2016) 헌법 제9조 하에 방위비를 억제해 온 사실이 고도경제성장을 가능하게 하였으며, "우리나라는 군사대국의 길을 추구해서는 안 되며, 일본국 헌법 제9조를 대외정책의 근간으로 둬야"한다고 생각했다(田中角榮 1973, 早坂 1993).

한편 다나카는 일본의 방위노력에 대한 미국의 강한 불만에 "진지하게 응해야 한다"는 마음에서 "헌법이 허용하는 가장 아슬아슬한 범위"에서 방위력을 증강하여 "경제대국인 일본이 힘에 걸맞게 방위력을 정비하여 아시아나 세계의 평화를 지키기 위해 노력한다"고 서구 각국에 인정시키려고 생각했다(早坂 1993). 그는 "세계적 시야에 선 일미관계"라는 관점에서 방위정책을 인식하였다고 할 수 있을 것이다.

다나카 정권은 1972년 10월 안보체제의 견지와 미국의 핵억지력 의존을 전제로, "간접침략 및 소규모 직접침략에 대해서는 우리나라가 독자적 힘으로, 그 이상 규모의 무력침략에 대해서는 미국의 협력을 얻어 이를 배제한다"는 미일의 역할분담을 정한 「제4차방위력정비계획(4차방)」을 결정했다. 미일협력을 중시하는 4차방의 결정은 사토 정권 말기에 나카소네 야스히로 방위청 장관이 추구한 '자주방위'론이 후퇴했음을 의미했다.

더욱이 다나카 정권은 1972년 11월 항모 미드웨이USS Midway의 요코스카 모항화에 동의했다. 미국이 세계에 예가 없는 항모의 해외모항화를 구상한 이유는 함정의 효과적 운용과 승조원 사기의 유지, 그리고 아라비아해에 항모를 장기간 전개하기 위해서였다. 한편 외무성은 항모의 전방전개는 제7함대에 있어서도, 또한 일본의 '책임분담'의 관점에서도 중요하다고 생각했다. 국회에서는 많은 국민이 우려하던 미드웨이에 의한 핵무기 반입에 대한 논의가 오갔지만, 정부는 비핵삼원칙 준수와 핵반입을 거부한다는 답변을 되풀이하여 야당의 추궁을 피했다.

미군에 있어서 미드웨이의 핵운용 제한은 의논할 가치가 없었다. 멜빈 레어드Melvin Laird 국방장관은 "일본 모항의 항모의 핵임무를 부인하는 것은 그 군사적 유용성을 본질적으로 손상시킨"다고 생각했다. 또한 미국 측은 핵탑재 함선의 일본 기항에 관한 밀약이 있기 때문에, 미드웨이의 핵도 문제없다고 판단했다(梅林 2003, 小谷 2005, 島川 2011).

요코스카에서 찬성을 둘러싸고 격렬한 논의가 오가는 한편, 대략 3만 3,000명을 동원한 「미드웨이모항화반대투쟁」이 펼쳐졌다(警察白書 1974년판). 1973년 10월 수천 명의 시위대가 몰려드는 가운데, 미드웨이는 요코스카에 입항했다. 미국 측은 항모의 요코스카 모항화를 미군의 행동의 자유를 보장한다는 이유로 높이 평가했다. 하지만 미 항모의 핵반입에 대한 국민의 불신은 마쓰나가 노부오松永信雄 외무성 조약국장이 "일미안보체제의 파괴마저 초래할지도 모를 가능성이 크다"는 위기감을 가질 정도로 높았다(島川 2011).

한편 다나카는 아시아에서의 국제적 역할의 확대라는 점에서는 실패했다. 1974년 1월 다나카가 동남아시아를 순방했을 때, 인도네시아, 말레이시아에서 일본의 '경제침략'에 대한 반발 때문에 반일폭동이 발생했고 자카르타에서는 대사관의 일장기가 끌어내려지고 일본차가 불탔다.

2. '미일방위협력을 위한 지침'의 책정 – '동맹'으로 향하는 기점

미일관계의 호전

1974년 8월 워터게이트사건 때문에 닉슨이 사임하자, 제럴드 R. 포드Gerald R. Ford 부통령이 대통령으로 승격되었다. 소련의 군사력 강화와 아시아, 아프리카, 라틴아메리카 등 제3세계에서의 공세를 받고, 포드 정권은 미일관계의 중요성을 재인식하고 닉슨쇼크로 흔들리던 미일관계 수복을 시도했다. 우선 11월 포드가 현직 대통령으로서 처음으로 일본에 왔다. 키신 저 국무장관은 일본 방문을 "보다 대등한 파트너 관계로 향하는 문을 열었다"고 평가했다(톳 2014). 또한 포드 정권은 1975년 12월 발표한 「신태평양 독트린」에서 일본과의 '파트너 관계'는 "미국의 전략의 버팀목"이라고 명백히 말했다.

'광란물가'나 석유파동으로 인한 경제 악화, 금맥문제로 인해 퇴진으로 몰린 다나카 대신, 1974년 12월 미키 다케오가 수상이 되었다. 미키는 록히드 사건의 해명에 노력하면서 미일관계 개선에 노력했다. 기시의 강경자세에 대한 반발 때문에 신안보조약이 타결되었을 때 의장에서 떠났다고 하지만, 미키는 미일관계의 중요성을 이해했다. 그는 1974년 12월 14일의 소신표명 연설에서 미일관계는 "일본외교의 기축이다"라고 말했고, 1976년 6월 미국 타임지에 기고한 논고에서는 안보체제는 일본외교의 "요석"이며, "아시아태평양 지역의 평화와 안정 유지에 불가결"하다고 주장했다(読売 76.6.7.).

미키는 1975년 8월 미국을 방문하여 4월의 사이공함락 후의 동남아시아 정세, 긴장이 높아지던 한반도 정세 등에 대해 포드와 의견을 나눴다. 회담 후 공동신문발표에서는 미국의 아시아에 대한 관여를 재확인하고 한반도의 평화가 일본을 포함한 동아시아의 평화와 안전을 위해 필요하다는 「신한국조항」을 삽입했다. 또한 안보체제를 "아시아에서의 국제정치의 기본적 구조의 불가결한 요소"로 평가했다.

1975년 9월부터의 천황의 미국 방문도 미일관계의 호전에 기여했다. 천황에게 있어 미국 방문은 "내가 매우 슬퍼하는 그 불행한 전쟁"이 끝난 후의 미국의 "따뜻한 호의와 원조"에 감사의 뜻을 표명하는 "순례여행"이었다. 키신저의 말에 따르면 천황의 미국 방문은 "미일관계가 점령에서 긴밀한 파트너로 변화한 그 정점을 이룬다"는 "고도의 정치적인 함의"를 가졌다(吉次 2006).

가이드라인 결정

데탕트의 도래를 맞이하여 미키 정권은 방위정책을 재검토했다. 사카타 도타坂田道太 방위청 장관은 유식자有識者로 구성된 「방위를 생각하는 모임」을 만들어 가상적국의 군사력에 맞추어 방위력을 정비하는 '소요적 방위력'이라는 종래의 발상을 바꾸어 '기반적 방위력' 구상을 내놓았다. 1976년의 방위백서에 따르면, 기반적 방위력이란 "평화시의 방위력"이며 "절박한 침략의 위협에 대응한다기보다도 전체로서 균형이 잡힌 틈이 없는 힘"으로 하고, 자위대의 규모보다도 질을 중시하였다.

1976년 10월 "한정적이자 소규모인 침략에 대해서는 원칙상 혼자 힘으로 배제"하고, 그것이 곤란할 경우 "미국의 협력을 기다렸다가 이를 배제한다"는 방침 아래, 기반적 방위력 정비를 지향하는 「방위계획의 대강(76대강)」을 책정했다. 방위력 규모를 한정하는 한편, 안보체제의 "신뢰성 유지 및 원활한 운용태세

정비"를 중시하는 76대강은 방위정책에 있어서의 일본의 대미 의존도를 높임과 동시에, 미국이 일본에 한층 방위부담을 요구 하기 알맞은 발판이 되었다(村田 1997, 瀨端 1998, 豊田 2009).

1976년 11월 미키 정권은 방위비가 GNP의 1%를 "넘지 않음 을 목적"으로 하는 이른바 'GNP 1% 틀'을 각의에서 결정했다. 사카타가 국회에서 여러 차례 말한 바로는, 방위비를 GNP의 1% 정도로 억지하는 목적은 민생을 압박하지 않고, 타국에 위 협을 가하지 않는 점이었다.

방위정책 재검토를 추진하는 한편, 사카타는 유사시의 작 전협력에 대해 미일이 "아무런 대화도 없이, 또 거기에 걸맞은 기관도 없는" 상황에 놀라(坂田 1977) 「일미방위협력을 위한 지 침」 책정에 착수했다. 방위력 억제를 지향하는 일본 정부는 닉 슨 독트린 후, 특히 사이공함락 후의 미국의 "아시아 이탈" 우 려 때문에 "버림받을 수도 있는 공포"를 느끼고, 미국의 관여를 보다 확실히 하려고 생각했다. 또한 베트남전쟁 종결로 미국 의 전쟁에 "휘말릴 수 있는 공포"가 누그러진 점이 미일협력 추 진의 추진력이 되었다. 한편 미국의 입장에서도 미일방위협력 강화는 아시아에서 축소된 미군의 태세를 보완하고, 또 일본의 군사적 자립을 저지한다는 두 개의 점에서 의의가 있었다.

록히드사건을 둘러싼 자민당 내의 격심한 흥정 끝에 1976년 12월 미키는 퇴진하고, 후쿠다 다케오가 수상이 되었다. 후쿠 다는 자유주의 국가들만 아니라, 공산주의 국가들과의 관계개선을 지향하는 「전방위 평화외교」를 내걸고, 1978년 8월 중일 평화우호조약을 체결했다. 한편 후쿠다는 "일본이 자국의 방위까지 다른 나라에 맡기는, 다른 나라의 희생을 기대한다는 자세는 좋지 않다"는 이유로 개헌의 필요성을 인정하며 안보체제도 중요하다고 생각했다. 그에게 미일관계는 전방위 평화외교의 기초였으며 안보조약은 미일의 "전면적 제휴관계"의 '상징'이었다(內閣総理大臣官房公報室監修 1978, 福田 1995).

미국에서는 1977년 1월 지미 카터Jimmy Carter 정권이 발족했다. 3월의 미일정상회담은 후쿠다의 말에 따르면, "일미안보체제를 기축으로 하는 일본과 미국의 정치관계를 어떻게 강화할 것이냐"는 확인이 가장 중요한 과제였으며(福田 1995), 공동성명에서는 일본이 아시아태평양 지역에서 "한층 공헌을 할" 것을 내걸었다. 또한 거의 알려지지 않았으나 후쿠다는 내셔널프레스클럽에서 "이 동맹관계는 일미 쌍방에 있어 기본적 이익에 이바지한다"고 연설하여 안보체제의 의의를 강조했다. 일본 수상이 공적 자리에서 '동맹'이라 발언한 것은 처음 있는 일이었지만, 내셔널프레스클럽에서 한 연설이었기 때문인지 미디어의 주목을 받는 일은 없었다.

그리고 1978년 11월 미일은 「미일방위협력을 위한 지침(78가이드라인)」에 합의했다. 침략을 미연에 막기 위한 협력으로서 ① 방위력 정비, ② 주일 미군기지의 안정적효과적 운용, ③ 미군에 의한 핵억지, ④ 공동작업계획의 연구와 공동연설공동훈련, ⑤ 정보교환, ⑥ 보급과 수송 등에서의 상호원조에 관한 조정 등을 내세웠다.

일본 유사시에는 일본이 "한정적이고 또 소규모 침략을 자기 힘으로 배제"하고, "자기 힘으로 배제하기 곤란할 경우에는 미국의 협력을 기다렸다가 이를 배제한다"는 방침을 제시했다. 또한 미군은 "자위대의 능력이 미치지 않는 기능을 보완하기 위한 작전", 즉 항모나 전략폭격기 등의 타격력을 이용한 공격적인 작전을 맡게 되었다. 이것으로 미국과 일본 사이에서 자위대는 '방패', 미군은 '창'이라는 역할분담을 합의했다. 또한 헌법상의 장애물이 높은 극동유사시의 미일협력에 대해서는 "상호 연구를 한다"고 기록되는데 그쳤다.

78가이드라인은 일본의 안전보장 정책에 큰 영향을 끼쳤다. 첫 번째로 미일방위협력이 본격화되었다. 다카시나 다케히코高品武彦 통합막료회의 의장은 "이것으로 안보체제도 쇼와 35년 부처를 만든 이래, 간신히 혼이 들어왔다"고 말했고(石井修 2001), 미국 측도 "지금까지 정치적 이유로 불가능했던 군과 군 수준의 계획, 협력이 가능하게 된 사실은 큰 성과"라고 평가했다(朝日 78. 2. 28).

미일방위협력의 중심은 미일합동연습과 훈련이었다. 항공자위대는 정기적으로 전투기 전투훈련을 실시하게 되었으며 육상자위대는 1982년 미 육군과의 실동훈련을 시작했다. 해상자위대는 1980년 집단적 자위권 행사로 연결될 우려가 있다는 이유로 참가를 보류해 온 환태평양합동연습RIMPACK에 호위함과 항공기를 파견했다. 1986년 10월에는 육해공이 참가한 미일공동통합실동연습Keen Edge87을 실시했다. 미일이 공통된 방위정책을 갖게 된 점에서 안보체제의 '제도화'가 진행되었다(吉田真吾 2012).

미일이 한정적이지만 "사람과 사람의 협력" 요소를 도입하여 안보체제의 '대극성'을 높인 78가이드라인은 미일이 "힘을 모은다"는 의미에서 '동맹' 관계로 향하는 기점이 되었다. 즈비그뉴 브레진스키Zbigniew Brzezinski 국가안전보장문제 담당 대통령 보좌관이 말했듯, 미일관계는 "작전상의 책임분담을 만드는 실동동맹으로" 변화하였다(武田 2015).

두 번째로 78가이드라인 결정 후, 미국은 76가이드라인의 상정을 뛰어넘는 양상방공능력 등을 일본에 요구하게 되었다. 78가이드라인은 76가이드라인에 의한 방위력의 양적 제약을 변질시켰다(村田 1997).

사회당은 78가이드라인으로 인해 아시아의 군사긴장이 한층 격화된다고 주장했고, 공산당은 "일미군사동맹의 본격적 발동"이나 미국의 전쟁에 자위대의 '자동참전'으로 이어진다고 반발했다(朝日 78.2.28.). 또한 『아사히신문』도 "일본이나 아시아의 평화에 도움이 될까?"라는 우려를 의문을 표명했다.

하지만 78가이드라인에 대한 국민의 반발이 강해지는 일은 없었다. 우선 자민당 총재선거와 타이밍이 겹쳐, 신문의 가이드라인 취급은 그다지 크지 않았다. 또한 소련군의 증강이나 근대화에 대한 우려 때문에 안보체제를 지지하는 국민이 늘었다(NHK 1982). 더욱이 민사당이 1975년부터 안보조약을 긍정하게 되었으며, 안보조약의 '즉시 폐기'를 내건 공명당이 1975년 미일정부의 '합의 폐기'론으로 전환하여 안보조약의 당면 존속을 묵인하는 등, 안보조약에 대한 야당의 자세도 변화했다.

한편 78가이드라인의 국제적 영향을 보면, 미중, 중일관계 개선의 영향을 받아 70년대 중엽부터 미일중과 소련의 대립 구도가 선명해지는 가운데, 안보체제 강화는 소련을 자극하여 소일, 미소관계의 긴장에 박차를 가했다. 한편 중국이 78가이드라인을 비판하는 일은 없었다. 1978년 10월 일본을 방문한 등소평鄧小平 부총리는 미일안보와 자위대의 발전에 찬성한다고 말했다.

배려예산의 시작

'배려예산思いやり予算'도 미국의 '아시아이탈'을 우려했기 때문에 시작했다. 미국 측이 엔고와 달러약세로 급증한 미군주둔비용을 대신 지불하라고 강하게 요구해 왔기 때문에, "미국이 일본을 떠나지 않도록 일본은 '배려'를 진행한다는 태도를 가져야 한다"고 생각한 가네마루 신金丸信 방위청 장관은 "주일미군의 주둔비라도 배려해서 부담하지 않으면 '주일미군의 장래는 더욱 더 불안정해지지 않을까'라고 우려"하여 "지위협정을 과감하게 유연해석"한 "과감한 증액"을 단행하였다(金丸 1979).

지위협정 제24조에 따라 미군주둔비용에 대해서는 주로 토지임대료와 보상비를 일본 측이, 시설정비비, 기지직원의 인

건비나 광열수도비를 미국 측이 부담하기로 되었다. 하지만 1978년 6월 29일의 참의원 내각위원회에서 가네마루는 미군주둔비용에 대해 "배려하는 입장"에서 "가능한 노력을 기울이고 싶다"고 표명하여 일본인 기지직원 급여의 일부를 대신 지불하기로 결정했다. 기지직원의 노무비 지출에는 노조를 지지의 모체로 하는 사회당도 반대하기 힘들었다.

이리하여 지위협정 규정을 넘어 일본이 미군주둔경비를 부담하는 '배려예산'이 시작되었다. 배려예산은 미국 내에 퍼지는 안보편승론을 진정시키는 데 한몫하는 한편, 오키나와에 주둔한 미군 삭감의 싹을 잘랐다. 이 시기, 미국은 재정적 관점에서 오키나와 주둔 미군의 삭감을 검토했지만, 배려예산을 받아들여 계획을 보류하였다(野添 2016).

당초 정부는 배려예산은 일시적이라고 표명하였으며 액수도 약 62억 엔에 그쳤다. 하지만 그 후 항구화된 배려예산은 계속 증액되어 1979년부터는 시설정비비도 일본이 부담하게 되었다. 1987년부터는 지위협정의 확대해석으로도 정당화할 수 없기 때문에 '특별협정'을 맺는 형태로 부양수당이나 통근수당, 하계夏季 연말연도말 수당, 퇴직수당 등을, 그리고 1991년부터는 광열수도비를 대신 지불하고 있다.

최근 일본의 재정은 선진국 최악이라고 하는 위기상황에 있으나 2016년 1월 체결된 새로운 특별협정은 2016년에서 2020년 사이 총액 9,465억 엔(2011~2015년보다도 약 130억 엔 증가)을 일본이 부담하기로 정했다. 최근 배려예산을 포함히어 일본은 매년 500억 엔을 넘는 미군주둔경비를 갹출하고 있다. 일본의 미군주둔 경비부담액은 미국의 동맹국 중에서 돌출되었으며 주일미군기지가 삭감되지 않는 원인 중 하나로 생각된다(前田 2000). 또한 배려예산은 주둔국지원HNS(Host Nation Supprot)라 부르는 경우도 있는 일본 측의 미군주둔경비부담의 일부에 불과한 사실에 주의할 필요가 있다.

미국의 '아시아이탈'의 영향은 78가이드라인과 배려예산에 멈추지 않았다. 우선 카터 정권이 발족 당초부터 내건 주한미군철수방침에 후쿠다 등은 반대했다. 일본 정부는 주한미군 철수가 동아시아 정세를 불안정하게 만드는 결과를 우려했다. 결국 카터 정권은 한국의 맹렬한 반대나 국내이로부터의 비판을 받고 1979년 중순에 철수계획을 철회했다.

또한 후쿠다는 1977년 8월의 동남아시아 순발과 「후쿠다 독트린」에서 미국의 아시아로부터의 철수로 발생한 공백을 일본의 정치와 경제로 메우려고 했다. 석유파동으로 인해 고도경제성장이 막을 내리고 재정이 악화되는 가운데, 후쿠다는 정부개발원조ODA를 5년 안에 배로 늘리는 의향을 보였다. 그에게 ODA는 선진국정상회담SUMMIT 참가국으로서 세계경제를 지탱하는 '경제대국'의 책무일 뿐 아니라, 안보체제로 안전을 확보하는 '대가'였다. 외무대신 시절인 1972년, 후쿠다는 "일미안전에서 경제적 협력을 한다"고 말했다(福田 1973).

2장

신냉전과 '동맹' 노선

1. 신냉전의 개막

'서방의 일원'으로서

1978년 12월 후쿠다와 벌인 격렬한 투쟁에 승리한 오히라 마사요시가 총리와 총재의 지위를 손에 넣었다. 오히라는 석유 파동의 경험을 바탕으로 일본의 안전을 군사력만으로 지킬 수 없다는 인식에 근거하여 「종합안전보장전략」을 구상했다. 그 것은 질 높은 자위대와 안전보장의 견지를 전제로, 경제교육문화 등 내정의 충실을 꾀하고 경제협력이나 문화외교 등을 강화하여 종합적으로 일본의 안전을 확보하자는 계획이었다. 또한 대미협조의 필요성을 강하게 인식한 오히라는, 일본은 "서방의 일원"으로서 곤경에 처한 "미국의 힘이 되어야 한다. 그것은 군사력이 없어도 가능하다"고 생각하였다(大平 2012 7권).

1979년 4월말부터 미국을 방문한 오히라는 환영식전에서 "매우 소중한 우방이며 동맹국"인 미국과의 관계를 중시한다고 말하고, 후쿠다에 이어 미국을 '동맹국'이라 불렀다. 정상회담에서는 일본의 국제적 역할 확대로 미일관계가 "이전보다 평등"해졌다는 카터의 발언에 대해 오히라는 "일본열도가 미국에 말하자면 불침항공모함으로서의 기능을, 보다 적은 비용으로 달성하게 하겠다"고 대답했다(服部 2014). 나카소네 야스히로 수상의 '불침항모' 발언은 잘 알려졌지만, 오히라가 이런 말을 먼저 하였다. 공동성명에서는 미일의 "얻는 게 많은 파트너십"을 주장하며 일본이 "자위력의 질적 개선"에 노력한다는 방침을 보였다. 호헌과 안보체제 중시를 기본방침으로 하는 오히라는 미국의 부담분담 요구에 응하여 미일 '동맹' 노선을 추진하였다.

1979년 겨울, 국제정세가 크게 움직였다. 11월 혁명이 발생한 이란에서 미국 대사관이 점거당하였고, 12월에는 소련이 아프가니스탄을 침공했다. 소련이 중동의 석유를 노린다고 생각한 카터 정권은 소련을 격렬히 비난하여 '카터 독트린'으로 대결자세를 선명히 했다. 미소데탕트는 막을 내렸으며 신냉전이라 불리는 격렬한 미소대립의 시대가 도래했다.

신냉전에 직면한 오히라는 1980년 1월의 시정방침연설에서 "설령 우리나라의 희생을 동반하는 행위"라도 서구와 협조하여 응분의 노력을 하겠다고 표명했다. 그리고 일본은 대이란수출금지, 대소수출규제를 단행하고, 미국의 호소에 응하여 서독이나 한국과 함께 1980년 여름의 모스크바 올림픽을 보이콧하기로 결정했다(영국, 프랑스, 이탈리아, 호주 등은 참가). 또 일본은 자유주의 진영에 있어 전략적으로 중요한 '분쟁주변국'인 타이, 파키스탄, 터키에 '전략원조'라 불리는 경제원조를 실시했다.

또한 오히라는 1980년 5월의 미일정상회담에서 방위력 증강에 노력하는 자세를 보였다. 오히라 정권은 1979년 7월에 방위청만의 방위력정비계획인 「중기업무견적(1978년 작성작업을 했기 때문에 「53중업」라 불렀다)」을 결정했는데, 카터는 53중업을 앞당겨 실시하도록 요구했다. 오히라는 "동맹국으로서 무엇을 해야 하느냐는 점에 대해 앞으로 진지하게 검토하겠다"고 대답하여 미국과 "공존하며 같이 고생해야 한다"라고 말하여 미국을 지지하는 자세를 보였다(藤本·浅野 1994, 田中明彦 1997, 若月 2006). 하지만 오히라는 그 약속을 이행하지 못했다. 1980년 6월 중참합동선거 도중에 그는 급사했다.

오히라의 뒤를 호헌파인 스즈키 젠코鈴木善幸가 이었다. 1980년 12월 해럴드 브라운Harold Brown 국방장관이 일본 측에 방위비의 9.7%를 늘리도록 요청하는 등, 미국은 방위비 증액을 강하게 요구했다. 하지만 1981년도 예산의 방위비는 7.6% 증가에 그쳐 미국은 '실망'을 표명했다.

중동위기

1979년의 중동위기나 1980년 9월 시작한 이란이라크전쟁은 주일미군의 활동을 중동까지 확대시켰다. 지금까지 미드웨이 등 제7함대의 주요 활동범위는 '극동'과 베트남이었다. 하지만 1979년 이래 제7함대는 중동에서의 활동을 활발하게 하여 미드웨이에 있어 80년대는 "인도양의 시대"가 되었다(梅林 1991).

1980년 1월 브라운 국방장관이 페르시아만 유사시에는 오키나와 주둔 해병대를 투입할 용의가 있다고 발언하는 등, 국회에서 오키나와 주둔 해병대의 중동출동의 시비를 논의했다. 오키나와 주둔 해병대의 중동파견은 극동조항에 반한다는 야당의 추궁에 대해 오히라는 1980년 1월 29일 중의원 본회의에서 "해병대를 포함하여 미군 부대가 우리나라에서 중동 지역을 포함한 다른 지역에 단순히 이동하는 행위는 전혀 안보조약상 문제가 없는 사항이다"라고 대답했다. 일본 정부 내에는 주일미군의 페르시아만 출동은 일본이 중동에서 석유를 수입하는 해상교통로의 안전 확보로 이어진다는 견해가 있었다(読売 80. 2. 1). 주일미군이 "극동의 주변"이 된 베트남을 넘어 중동에서 활동을 시작하였고 일본 정부도 그것을 시인하여 극동조항의 의의는 희미해지고 있었다.

냉전 후, 미군과 자위대가 '극동' 혹은 일본 '주변'이라는 지리적 제약을 넘어 세계 규모로 활동협력한다는, 달리보면 일본이 미국의 세계전략에 깊이 관여한다는 의미에서 안보체제의 '글로벌화'가 진전되었다. 70년대말에 주일미군의 활동이 중동까지 확대된 사실은 안보체제가 글로벌화하는 단초였다고 할 수 있다.

2. '동맹'을 둘러싼 미주

미국으로부터의 '풍압'

1981년 1월 "강한 미국"을 지향하는 로널드 W. 레이건Ronald W. Reagan이 대통령에 취임했다. 그는 소련을 '악의 제국Evil Empire'이라 부르는 등, 과격하고 도발적인 수사를 썼으나 실제 대소 정책은 신중했다. 하지만 레이건의 수사와 군비확장 노선은 소련을 자극하여 미소관계는 한층 긴장되었다.

자동차, 철강, 텔레비전 등을 둘러싼 미일의 무역마찰이 심각해지는 가운데, 안전보장에서의 동맹국의 부담분담을 중시하는 레이건 정권은 미국의 "파트너로서 역할Roll과 임무Mission를 확실히 분별하여" 행동하도록 일본에 요구했다(大河原 2006). 미국 측이 말하는 "역할과 임무Roll and Mission"의 알맹이는 대잠과 방공능력의 근대화 등의 방위력 증강, 미군주둔경비 분담의 증액, 대외원조 확대, 그리고 필리핀 이북, 괌 이서의 해역을 대상으로 하는 해상교통로방위였다. 다니노 사쿠타로谷野作太郎 수상비서관의 말에 따르면 방위문제에 관한 미국으로부터의 "풍압은 엄청났다(東根 2004)."

스즈키 정권의 미주迷走

헌법이 허용하는 범위에서 미국에 협력할 생각이었던 스즈키는 평화헌법, 전수방위, 비핵삼원칙 등의 제약요인을 강조하여 레이건 정권이 가하는 압력을 회피하려고 했다.

1981년 5월의 정상회담에서 레이건에게 한층 더 방위노력을 요구받은 스즈키는 방위비와 ODA를 증액할 의향을 보이면서 국내정치적 제약이나 ASEAN 국가들의 대일경계감을 언급하여 방위력 증강에는 신중하게 대처할 필요가 있다고 대답했다. 또한 캐스퍼 와인버거Caspar Weinberger 국방장관에게 해상교통로 방위를 요구받을 때도 스즈키는 언질을 주지 않았다(佐道 2003, 東根 2004).

하지만 미일의 '동맹 관계'이라는 표현이 공동성명에서 처음 사용되어 미일의 "적절한 역할분담"과 일본의 방위력 개선을 내건데다가, 스즈키가 내셔널프레스클럽에서 "주변 해역 수백 해리 범위 내와 해상교통로 1천 해리를 헌법과 비교하여 우리나라가 스스로 지킬 수 있는 범위 안에서 지키겠다"고 발언했기 때문에 미디어는 스즈키가 미국 측의 요구를 받아들였다고 해석했다. 스즈키의 주관적 의도는 별도로 하고, 일본이 '동맹국'으로서 해상교통로 방위 등 부담분담을 추진하기로 밝힌 스즈키 방미는 미일'동맹' 노선을 추진하는 결과가 되었다.

한편 스즈키 방미는 미일'동맹' 노선이 아직 정착하지 않았음을 보여줬다. 공동성명에 '동맹 관계'라는 말이 삽입된 사실이 주목받자, 스즈키는 '동맹'은 "군사적 의미를 갖지 않는다"고 변명했다. 다카시마 마스오高島益郎 외무사무차관은 군사적 요소가 없다는 설명은 "말도 안된다"고 반론하였고, 이토 마사요시伊東正義 외상이 혼란의 책임을 지고 사임했다.

이후에도 미국은 계속 방위력을 증강하라고 요구했다. 1981년 6월의 제13회 미일안보사무수준협의에서 미국 측은 주변 해공역 방위와 1,000해리의 해상교통로 방위에 대한 대처능력을 조급히 보유할 것을 요구했지만, 소노다 스나오園田直 외상의 말에 따르면 그것은 '1층 건물'을 갑자기 '10층 건물'로 만들라는 요청과 같았다. 1982년 7월 스즈키 정권은 방공과 대잠능력 강화를 중시한 「56중업」을 책정했지만, 미국 측은 만족하지 않았다(田中明彦 1997). 스즈키 정권기에 방위문제를 둘러싼 미일 알력은 해소되지 않았다.

3. '동맹' 관계의 강화

'론·야스' 시대의 도래

1982년 11월 나카소네 야스히로 정권이 발족되었다. '청년 장교'라고 불리며 반요시다 진영의 급선봉으로서 개헌과 재군비를 추구해 온 나카소네는 수상에 취임할 때 "현 내각에서는 헌법개정을 정치일정에 올리지 않겠다"는 신중한 자세를 취했다. 또 그는 예전의 자주방위론을 봉인하고 "절도 있는 자위력으로 스스로 나라를 지키고, 일미안보조약에 따라 미국의 최대한의 노력을 채용할 수 있는 체제"를 취하는 방침을 보이며 '군사대국'이 되지 않음으로서 이웃 나라들에 군사적 위협을 가하지 않도록 배려하겠다고 말하여 매파 이미지의 완화를 꾀했다(高浜 1995, 依田 1995). 나카소네는 내셔널리스트였으며 실용주의자Pragmatist이기도 했다.

또한 나카소네는 "서방의 일원"인 '국제국가'로서 일본은 "세계의 평화와 번영의, 걸핏하면 일방적인 수익자가 되기 일쑤였던 입장을 진지하게 재검토하여 응분의 부담을 떠맡아야 한다"고 생각했다(長谷川年 1995). 나카소네의 "서방의 일원"론은 소련에 대한 강한 경계감과 표리일체였다. 한편 나카소네 정권기의 중일관계는 매우 양호했으나 나카소네에게는 "중국을 자유주의 진영 사이에 끌어들여 소련에 대한 대항세력으로 만들" 의도가 있었다(中曽根 2013). 나카소네외교는 "냉전에 입각한 전략적 외교"였다(服部 2015).

나카소네 정권의 중요한 외교과제는 무역이나 방위문제로 인해 악화된 미일관계의 복원이었다. 미 상원이 1982년 12월 일본에 한층 더 방위노력을 요구하는 결의를 전회일치로 가결하는 등, 미국 내에서 안보편승론이 높아지고 있어서 부담분담의 자세를 물었다.

미일관계를 복원하기 위해 1982년 12월 나카소네는 신중한 자세를 보이는 대장성 간부를 꾸짖고 방위비를 전년비 6.5% 늘리기로 결정했다. 또한 그는 교과서문제로 인해 악화된 한일 관계에 미국이 강한 관심을 갖고 있었기 때문에, 1983년 1월 11일 한국을 방문하여 40억 달러의 차관을 제안하여 '한일신시대'를 연출했다.

또 하나의 과제는 대미무기기술공여문제였다. 일본은 1967년 의 「무기수출 삼원칙」과 1976년의 「무기 수출에 관한 정부통일견해」로 무기수출을 엄중히 제한해 왔다. 하지만 일본의 무기기술에 관심을 가진 미국은 일본의 방침에 강한 불만을 갖고 있었다. 이것은 "일미관계를 호전시킬 좋은 재료"라고 생각한 나카소네는(中曽根 1996), 무기 그 자체를 수출하지 않으면 헌법위반이 되지 않는다는 논리로 대미무기기술공여를 단행했다.

1983년 1월 17일 큰 '선물'을 갖고 미국을 방문한 나카소네를 레이건은 환대했다. 정상회담에서 나카소네는 미일은 '운명공동체'라고 말하며 미일의 결속을 보였고, 방위력 증강에 적극적으로 노력하는 자세를 보였다. 의기투합한 두 정상은 서로를 론, 야스라고 부르기로 정하여 '론·야스' 시대가 막을 열었다. 회담 후 기자회견에서는 레이건이 일본이 "부담을 더 분담하자고 하는 사실에 용기를 얻었다"고 말했고, 나카소네는 "중요한 동맹관계"에 있는 미일의 협력은 "아시아, 태평양, 그리고 세계 평화의 요석"이라고 대꾸했다. 그리고 나카소네는 '동맹관계'는 군사적 측면을 포함한다고 명백히 말하는 점도 잊지 않았다(藤本·浅野 1994, 細谷千博ほか編 1999).

이번 방미에서 나카소네가 『워싱턴포스트』에 일본은 '불침항모'로서 소련의 백파이어 폭격기의 침입에 대한 '거대한 방벽'이 되어야 하며, 일본의 네 개의 해협을 완전히 지배하여 소련의 잠수함을 통과시키지 않고, 다른 함정의 활동을 저지한다고 발언한 사실이 주목되었다(나카소네는 훗날 네 개의 해협이 아닌, 세 개의 해협으로 정정했다. 또한 '불침항모'라는 표현은 나카소네가 실제로 한 발언에는 없었으며 통역의 의역이었다). 나카소네에게 있어 이 발언은 무력이나 방위문제를 둘러싸고 악화된 미일관계를 재건하기 위한 '충격요법'이었다. 그는 "백 마디의 말보다도 즉석에서 효과를 발휘했다. 어찌되었든 그것을 계기로 일본에 대한 시선이 확 바뀌었지요"라고 발언의 효과를 자랑했으나(中曽根 1996) 국내에서의 반발은 거세어 내각지지율은 하락했다.

하지만 미일관계를 중시하는 쇼와 천황은 나카소네의 자세를 좋게 평가했다. 나카소네는 "'불침항모'로 호되게 얻어맞을 때였습니다. 폐하께서는 잡음이라는 말을 쓰셨는지 기억이 잘 나지 않지만, 어쨌든 '세상에는 여러 가지 생각이 있는 듯하지만, 대미관계를 개선하고 잘 돌아왔다. 건강을 소중히 여기며 잘 해라'라고 칭찬하셨습니다"라고 말했다(岩見 2005).

천황은 미일관계 악화를 우려했기 때문에 나카소네를 격려했을 것이다. 나카소네는 "천황은 전 내각 말기의 일미관계를 매우 걱정스러우셨던 듯하셨습니다"라고 증언했다(中曽根 1996). 또한 천황은 아프가니스탄을 침공한 소련에 대한 경계감을 강하게 드러냈다. 아모 다미오天羽民雄 전 외무성 정보분화국상의 말에 따르면, 천황은 자주 "소련은 결국 (아프가니스탄을) 빼앗을 속셈이겠지"라고 말했고, "소련은 괘씸하다", "소련이란 나라는 만만치 않아 한번 물으면 놓지 않는다"고 생각했다.

소련을 경계한 나머지, 천황은 자유주의 진영의 패배를 두려워했다. 아모는 소련의 아프가니스탄 침공으로 인해 "천황이 예전부터 품었던 서방의 한계에 대한 우려가 더욱 커졌을지도 모른다"고 말했다. 더욱이 천황은 "서방은 만족蛮族에 좀 먹혀 망하지 않을까?"라고 '서방의 몰락'을 우려했다. 아모의 말에 따르면 "만족이란 소련 같은 나라"였다(岩見 2005).

만년까지 냉전이나 일본의 안전보장에 강한 관심을 가졌던 쇼와 천황은 1989년 1월 냉전의 종결을 보지 못하고 87년의 생애를 마쳤다.

'동맹'노선의 강화와 반작용

1983년 5월 윌리엄스버그 정상회담이 개최되었다. 최대의 논점은 소련의 중거리미사일 SS20에 대한 대응, 즉 중거리 핵전력INF 삭감교섭에 대한 대처방침이었다. 나카소네에게 있어 가장 큰 문제는 미소 쌍방이 INF를 철폐하는 '제로 옵션'에서의 합의는 곤란하다고 본 미국과 유럽이, 미국은 INF의 서유럽 배치를 중지하고 소련은 유럽의 SS20을 아시아로 이동시키는 방안을 검토한 사실이었다. 나카소네는 "아시아를 희생시키는 해결은 인정하지 않겠다"는 이유로 "서방 측의 안전은 불가분"하며 SS20은 전세계 규모로 철폐해야 한다고 강조했다(瀬川 2016).

두 번째 문제는 INF에 관한 구미 각국이 통일되지 않은 사실이었다. 나카소네는 미국과 협력하면서 소련을 교섭에 끌어들이기 위해 "서방의 분열이나 혼란을 보이는 상황은 피해야 한다"고 주장하여 참가국의 합의형성에 노력했다(瀬川 2016). 역대 일본의 수상과 달리 나카소네가 안전보장문제에서 적극적으로 발언한 사실을 주목을 받았다.

나카소네에게 이 회담은 얻는 바가 많았다. 8월 소련이 SS20의 극동이전을 철회했다. 또한 카소네가 미국의 입장을 지지하여 '론·야스'의 끈이 한층 더 강해졌다. 외무성은 1986년의 외교청서에서 SS20문제나 자유주의 진영의 결속 같은 세계적 과제에 관한 미일협력을 "글로벌파트너십"이라고 부르며 그 의의를 강조했다.

이후 나카소네는 '동맹'노선을 더욱 추진했다. 1983년 9월 소련이 영공을 침범한 대한민국 항공기를 격추하는 폭거를 저질러 일본인 28명을 포함한 269명이 희생되었다. 당초 소련은 관여를 부정했으나 방수한 소련의 통신기록을 일본이 공표하여 소련이 격추한 사실이 밝혀졌다. 자위대의 방수기록을 공표한다면 일본의 정보수집능력을 소련에 알려주는 셈이 되지만, 나카소네는 "소련에 대한 일본의 강한 입장을 선명"히 해서 미일관계를 강화하기 위해 "상당한 결심"으로 단행하였다(中曽根 1996

및 2012).

또한 나카소네 정권은 1985년 9월 방위청만의 계획이었던 「59중업」을 「중기방위력정비계획」으로서 정부계획으로 격상시켰다. 그리고 GNP 1% 틀이 미국의 안보편승론의 근거 중 하나가 되는 가운데, 나카소네는 방위정책은 국제정세에 의하여 변화하며 GNP 1% 틀은 "매우 불합리"하다고 생각하여(中曾根 2006) 1987년도 예산에서 GNP의 1%를 넘는 방위비를 계상했다. 나카소네의 입장으로는 1% 틀의 돌파는 "전후정치의 총결산"에 불과했다.

더욱이 나카소네 정권은 레이저무기를 탑재한 군사위성으로 적의 탄도미사일을 격파한다는 레이건 정권의 전략방위구상SDI에 협력했다. 미국 내외에서 SDI는 평화로운 우주 이용 원칙에 위반하며 핵억지를 불안정화시킨다는 비판이 높아지는 가운데, 무역적자와 재정적자라는 "쌍둥이 적자"에 허덕이던 미국은 막대한 비용이 드는 SDI에 대한 협력을 일본에 요구했다.

1986년 7월의 중참동시선거에서 승리를 거둔 나카소네는 9월, SDI에 참가하기로 결정했다. 나카소네에게 SDI는 소련을 군축교섭 석상으로 끌어내기 위한 패로, 일본의 SDI 참가는 안보체제 강화와 자유주의 진영의 결속에 기여하는 것이었다. 하지만 결국 개발비와 기술면의 문제 때문에 SDI는 좌절되었다.

미국은 나카소네의 자세를 환영했지만, 미일'동맹'강화노선에는 반작용도 있었다. 우선 내각 내부에 '동맹'강화에 제동을 거는 움직임이 있었다. 이란이라크전쟁이 발발하자 나카소네는 미국의 협력요청에 응하여 해상자위대의 함정이나 해상보안청의 순시선을 페르시아만에 파견하려고 했다. 이것은 일본 유사시의 협력이라는 종래의 틀을 넘어 미일협력을 지리적·기능적으로 확대시키는 움직임이었다. 하지만 고토다 마사하루後藤田正晴 관방장관이 헌법에 근거한 국시에 반한다며 단호히 반대하여 실현에 이르지 않았다

논단에서는 "정치적 리얼리스트"인 나가이 요노스케가 나카소네 정권이나 오카자키 히사히코岡崎久彦등을 군사적 측면만 관심을 돌리는 "군사적 리얼리스트"라고 비판했다. 그리고 나가이는 요시다 시게루의 "경무장경제우선" 노선이 일본의 번영을 쌓았다는 이유로 '요시다 독트린'을 높이 평가하여 '미일군사협력'에 제동을 걸려고 했다(永井 1985).

또한 '요시다 독트린(요시다노선)'론은 전후 일본외교연구의 분석틀로서 학계에 정착했지만, 나카소네 정권 비판이라는 정치성을 강하게 띤 그것이 연구상의 기준점으로서 타당한지 다시 물어도 좋다. 방위비의 상대적 억제는 경제성장에 있어 좋은 조건이며 직접적 요인은 아니었고, 안보체제의 메리트를 강조하는 '요시다 독트린'론은 오키나와 주둔 미군기지 문제를 많은 국민들 눈에서 돌리는 역할을 달성했다는 지적은 경청할 가치가 있다(植村 2015a).

냉전 종결과 안보체제

1987년 11월 다케시타 노보루竹下登 정권이 발족했을 때, 일본은 버블경제에 들끓어 "일본은 세계제일Japan as number one"이라는 도취감Euphoria에 뒤덮였다. 한편 국제사회에서는 냉전종결을 향한 움직임이 더욱 빨라졌다. 1985년 소련 공산당 서기장에 취임한 미하일 고르바초프Mikhail Gorbachev는 소련을 재건하고자 '페레스트로이카Perestroika'라 부르는 개혁에 착수하여 '신新사고 외교'를 내걸고 대미관계 개선, 동유럽 지배의 재검토로 방향을 틀었다. 그리고 1987년 12월 미국과 소련은 INF전폐조약에 조인했다.

내정을 특기로 하는 다케시타는 난제인 소비세 도입에 몰두하는 한편, 외교에서는 미소냉전을 전제로 "서방의 일원" 노선을 계승하면서 "세계에 공헌하는 일본"을 내걸고, 비군사적 국제공헌으로 미국의 부담분담 요구에 응하려고 했다. 다케시타는 미국의 경제력이 저하하고 있기 때문에 자유주의 국가들이 "미국과 안전보장상의 부담을 나눌" 필요가 있으며, 일본은 "희생을 내더라도" 응분의 책무를 다해야 한다고 생각했다(竹下 1987).

1989년 1월 성립한 조지 H. W. 부시Geroge H. W. Bush 정권도 부담분담을 일본에 요구했다. 1월말부터 다케시타가 미국을 방문했을 때, 미국 측은 안전보장이나 경제원조에서 한층 더 공헌하도록 요구했고 다케시타도 "안보체제의 유지, 강화에 노력하겠다"고 응수했다(若月 2017). 또한 다케시타는 내셔널프레스 클럽에서 "일미동맹관계는 양국 국민을 위해서만 아니라, 세계 전체의 미래를 위해 공헌해야 할 시대"를 맞이했으며 "글로벌한 일미 파트너십"이 중요하다고 연설했다.

하지만 미국에서 대일무역적자가 큰 문제가 되어 '일본때리기Japan Bashing'나 '일본위협론'이 거센 가운데, 일본이 안보체제에 편승하고 있다는 미국 측의 불만은 강하여 무역마찰이 방위 문제에 파급되었다. 부시 정권이 일본에 기술이 유출되는 상황을 경계하는 미 산업계나 미 의회의 목소리에 응하여 항공자위대의 차기 지원전투기FS-X의 미일공동개발에 관한 합의를 재검토하도록 요구했다. 재교섭은 난항에 빠졌고 미일관계는 험악해졌지만, 1989년 4월 대일공여 항목 때문에 일부 최신 기술정보를 제외하는 등의 조건으로 합의가 성립했다.

1989년은 세계사의 큰 전환기였다. 5월 고르바초프의 중국 방문으로 인한 중소관계정상화나 6월 중국의 천안문사건으로 인해 '미중일 대 소련'의 구도가 무너졌다. 더욱이 동유럽에서 민주화가 진행되어 11월에 베를린 장벽이 무너졌고, 12월에는 부시와 고르바초프가 몰타회담에서 냉전종결을 선언했다. 그 후 동서독일은 1990년 통일되었으며 1991년에는 소련이 붕괴했다.

냉전종결에 일본은 어떻게 대응했을까? 소련의 예두아르트 셰바르드니제Eduard Shevardnadze 외무장관이 1988년 일본을 방문했을 때 "미일안보조약은 소일평화조약 제결의 징애물이 아니다"라고 발언하여 안보체제를 처음으로 공식 용인하는 등, 소련의 대일 자세에도 변화가 나타났다(斎藤 2018 上). 하지만 리쿠르트사건이나 소비세 도입 등 내정에 압력 받던 다케시타 정권은 냉전종결 직전까지 냉전 사고에 사로잡혔다. 1989년 9월 간행된 외교청서는 미소관계의 변화를 인정하면서도 "동서 사이에는 여전히 기본적 상위相違나 대립요인이 있다"는 생각으로 극동 소련군에 대한 경계감을 보이며 군축에 의한 미군 존재의 약체화에 우려를 표명했다.

SDI 등 신냉전기의 미국의 압력이 소련을 막다른 곳으로 몰아넣었다는 이해에 선다면, 안보체제의 강화는 소련의 힘을 분석·소모시켜서 냉전에서의 미국의 '승리'에 간접적으로 기여했다고 평가할 수 있다(村田 2014). 하지만 냉전종결의 또 하나의 요인인 동서 간 신뢰조성에 대해서 냉전 사고에 사로잡혀서 미국의 부담분담 요구에 대한 대응에 쫓긴 일본은 '평화국가'에 상응하는 역할을 다할 수 없었던 것이 아닐까?

3장

기지를 둘러싼
본토와 오키나와의 균열

1. 본토에서의 기지문제의 후퇴

'간토계획'의 합의

오키나와가 반환된 후에도 본토와 오키나와 양쪽에서 미군 기지 문제는 여전히 심각했다. 신문에서는 1973년 1월의 베트남평화협정 성립 후의 안보체제의 초점은 "과밀한 본토오키나와의 미군기지 문제로 좁혀진다"고 지적받았다(読売 73. 4. 23.).

일본 정부도 미군기지 문제에 중대한 관심을 보였다. 1972년 12월의 미일정책기획협의에서 일본 측은 "기지공해나 오키나와문제는 한층 더 현재화할 가능성이 있다"고 말하여 미군 기지를 삭감할 필요성을 미국 측에 설명했다(朝日 2018. 7. 2.). 본토에서 특히 "점령의 유물"이라고 해야 할 수도권의 미군 기지가 문제였다. 사토 수상이 1970년 3월 30일의 중의원 예산위원회에서 "외국 군인이 수부首府 옆에 많이 있는" 상황은 "달가운 상태가 아니다"라고 말했듯, 정부도 수도권의 미군 기지를 문제로 보았다. 한편 미국 정부도 닉슨 독트린 실시의 일환으로서 주일미군기지의 정리를 추진했다.

수도권의 미군 기지를 줄이려고 일본과 미국은 1973년 1월의 제14회 미일안보협의위원회에서 다치카와, 후추府中, 아사카, 미토水戸 등 급속히 도시화가 진행 중인 간토의 여섯개 기지를 반환하고, 요코타 기지에 집약하는 '간토계획'에 합의했다.

요코타 주변 자치체는 강하게 반발했으나 정부는 1974년 환경정비법을 제정하여 방음공사 조성, 녹지대 설치, 정비조정교부금 제도의 도입으로 대처했다.

간토계획으로 간토 지방의 미공군이 거의 반감되고, 육군의 삭감도 진행된 결과, 1970년 3만 7,512명이었던 본토의 미군은 1980년에는 2만 2,142명이 되었다. 신문보도나 국회심의를 보는 한, 일본 국내에서 억지력 저하를 이유로 삼은 주일미군 삭감에 대한 반대의견은 없었다. 본토의 미군기지 문제의 후퇴는 70년대말 이래의 미일'동맹'강화의 밑바탕이 되었다고 할 수 있다.

끝나지 않는 비극

본토에서 미군기지의 '위험성'은 사라지지 않았다. 우선 미군이 저지른 사건과 사고는 국민의 목숨을 계속 빼앗았다. 1977년 9월 요코하마에 정찰기가 추락하여 어린이 두 명이 목숨을 잃은 사건은 많은 국민의 가슴을 아프게 했다. 아이들을 잃은데다가 본인도 빈사의 중상을 입은 어머니는 "아이들을 위해서라도 살고 싶다"고 60회나 되는 수술을 견뎠지만, 1982년 1월 숨을 거두었다(朝日 82.1.26.).

일본 측의 승인 없이 미군이 원인구명의 열쇠를 쥔 사고기의 엔진을 미국 본토로 반출한 사실이나, 탑승원의 과실이 인정되지 못한 사실 때문에 국민의 분노는 커졌고, 일본 정부의 '연약한' 자세에 창끝이 향했다. "약속으로 나라를 지켜주고 있다. (따라서 미군에) 당신네가 가해자라고 말하기 어렵다"는 스가와라 다케오菅原竹雄 요코하마 방위시설국장의 발언은 일본 정부의 자세를 상징했다(朝日 77. 10. 16, 2. 18.).

미군기가 내는 소음도 이어졌다. 미드웨이의 요코스카 모항화는 아쓰키 기지 등에서의 함재기 훈련으로 인한 소음문제를 야기했다. 가장 심각한 문제는 야간 착함着艦기술을 연마하기 위하여 활주로 일부를 항모 갑판으로 꾸며 터치 앤드 고를 반복하는 야간착륙훈련NLP의 소음이었다. 당초 미군은 수도권에서의 NLP가 정치문제화하는 상황을 피하기 위해 미사와나 이와쿠니를 이용했지만, 1982년부터는 요코스카에 가까운 아쓰키도 쓰게 되었다. 아쓰키 기지 주변 주민의 격렬한 반발에 직면한 정부는 미야케지마三宅島 이전을 검토했으나, 도민으로부터 맹렬한 반발을 받아 좌절했다. 결국 1991년부터 NLP의 대부분은 이오지마硫黃島에서 잠정적으로 실시하게 되었다.

일본의 항공법이 적용되지 않고, 항공법 특례법으로 자유로운 비행이 허용되는 미군기의 저공비행도 일본 각지에서 문제가 되었다. 1985년부터 미사와 기지에 배치된 F16전투기가 주민의 비판을 무시하고 도호쿠, 홋카이도北海道 지역에서 저공비행을 반복했고, 1988년 9월 이와테岩手에 추락하는 등, 저공비행으로 인한 사건과 사고가 많이 발생했다. 가나가와현 즈시시逗子市에서는 1982년 정부가 이케고池子 탄약고가 있는 땅에 미군주택을 건설할 방침을 정하자, 풍요로운 자연을 가진 이케고의 반환을 기대하던 현지 주민이 자연보호의 관점에서 맹렬히 반발했다. 「이케고 미군주택 건설에 반대하여 자연과 어린이를 지키는 모임」을 중심으로 미군주택건설반대운동이 시작되어 중대한 정치문제로 발전했다. 국가, 현, 시가 주택건설에서 합의한 것은 1994년이었다.

2. 핵무기 반입에 대한 의혹

라 로크 증언의 충격

70년대에는 미군의 핵무기 탑재 함정의 일본기항문제도 주목을 받았다. 항모 미드웨이의 요코스카 모항화로부터 1년이 지난 1974년 10월, 진 라 로크Gene La Rocque 퇴역 해군 소장이 핵무기 탑재 함정이 일본 등 타국에 입항할 때, 핵무기를 떼어낸 적이 없다고 미 의회에서 증언한 사실이 밝혀졌다. 제7함대의 기함으로 요코스카를 모항으로 하는 미사일 순양함 프로비던스USS Providence 함정을 지낸 라 로크의 증언은 사전협의제도와 비핵삼원칙의 공동화를 보여주어 일본 국민에게 큰 충격을 줬다.

라 로크 증언은 미디어에서도 크게 다루었으며 국회에서도 격렬한 논의가 오갔다. 하지만 외무성은 일본에 핵무기 반입은 사전협의의 대상이며 일본 정부는 미 정부를 신뢰한다는 입장을 관철하여 핵무기에 관한 미 정부의 NCND정책을 옹호했다. 한편 미 정부는 라 로크증언은 한 개인의 발언이며 미 정부의 견해를 대표하지 않는다는 공식견해를 보였다.

사실 라 로크증언은 '불투명성'을 시정할 좋은 기회였다. 예전부터 핵 '반입' 문제로 괴로워하던 다나카 내각의 오히라 마사요시 장상과 기무라 도시오木村俊夫 외상이 미군의 핵탑재 함정의 일본기항에 대해 국민에게 설명해야 한다고 생각하였다(森田 2010). 하지만 결국 그 기회가 찾아오는 일은 없었으며 미일 양국 정부는 일본 국민을 계속 기만했다.

라이샤워증언

1981년 5월에는 라이샤워 전 주일 대사가 ① 핵'반입Introduction'이란 일본 영토 내에 핵무기를 양륙하거나 혹은 저장하는 것을 의미하며, ② 핵무기를 탑재한 미 함정, 항공기의 일본 영해, 영공 '통과Transit'은 '반입'에 해당하지 않고, ③ 핵탑재 함정의 일본기항은 제약되지 않으며 ④ 이것은 안보개정 때 일본과 미국이 구두로 양해하였으며 이케다 내각의 오히라 마사요시 외상에게도 확인을 요구했다고 증언했다(朝日 81.5.18, 5.31.). 전 주일 대사의 증언이 준 충격은 라 로크증언보다도 훨씬 컸다.

라이샤워의 증언은 정확했지만, 일본 정부는 라이샤워의 증언을 부정하고 핵무기 탑재 함정의 기항도 사전협의의 대상이라는 지금까지의 입장을 반복했다. 이번에도 정부는 거짓말을 하여 안보체제의 '불투명성'이 시정되는 일은 없었다.

또한 1991년 조지 H.W.부시 대통령은 미군 함정에서 전술핵을 철거하기로 결정했다. 지금도 전략핵인 SLBM을 탑재한 원자력 잠수함SSBN은 존재하지만, 행동의 비밀성을 가장 우선시하는 SSBN이 일본에 기항하는 일은 없을 것이다. 따라서 미 정부가 정책을 바꾸지 않는 한, 평시에 미군의 핵탑재 함정이 일본에 기항할 가능성은 거의 없다.

3. 오키나와 집중과 고정화

복귀 후의 기지문제

오키나와 반환 후 '간토계획'으로 미군기지는 축소되었으나 오키나와 미군기지의 삭감은 한정적이었다. 1972년 이래 본토에서의 미군기지 삭감과 오키나와에 기지 집중과 고정화라는 뒤틀림이 진행되었다.

복구 후에도 오키나와는 심각한 미군기지 문제에 계속 고뇌했다. 우선 복귀한 날부터 3개월 간 발생한 미군이 저지른 범죄 총수는 436건, 그 중 살인, 방화, 강도, 여성폭행 등의 흉악범죄가 44건에 달하는 등, 미군의 범죄가 이어졌다(沖縄年鑑 73, 74年合倂版). 하지만 용의자의 신병인도나 재판권 행사에 관한 오키나와 측의 요구는 미국과 일본 정부에 전해지지 않아 오키나와 현민의 불만은 커질 뿐이었다. 또한 격렬한 반대운동의 결과, 가테나 기지에서 막 철수해야 했을 B52가 날씨불량으로 인한 긴급피난이라 칭하며 때때로 날아왔다. 미 해병대가 현도 104호를 봉쇄한 다음, 실탄사격훈련을 실시한 '현도104호월훈련'도 정치문제가 되었다.

복귀 후, 복귀협이 해산하는 등 오키나와의 대중운동은 퇴조경향에 있었으나 오키나와 현민의 이의신청은 계속되었다. 1977년에는 반전지주가 계약에 응하지 않고, 4일간이었으나 정부가 3백 수십 명의 반전지주의 토지를 불법 점거하는 사태가 벌어져서 "안보에 바람구멍을 뚫은 4일간"이라 불렸다. 1982년부터는 개인이 참가하는 시민운동의 흐름을 받아들여 1평 반전지주운동이 시작되었다.

오키나와 반환 후, 일본 정부의 관심은 오키나와의 경제부흥으로 향하기 일쑤였지만, 기지문제를 완전히 방치하지는 않았다. 야라 조보 지사의 끈질인 교섭도 있어서 1974년 1월의 제15회 미일안보협의위원회에서 38개 시설, 전면일부를 합쳐서 약 23평방킬로미터를 반환하기로 결정했다. 하지만 오키나와 현 측은 그 대부분이 유휴시설이며, 기지 총면적의 겨우 10%에 불과하며 기지 기능에 변화가 없는 사실에 불만을 표명했다. 나하 군항이나 마키나토 주택지구 등 중요한 18개 시설은 대체시설로 이전을 전제로 하였으며 반환 시기는 미정이었다. 현내에서는 대체시설을 요구하는 미일 정부의 자세에 "기지돌림", "기지의 집중합리화"에 불과하다는 비판이 나왔다(吉次 2015b).

오키나와 미군기지의 삭감이 한정적이었던 이유는 긴장완화가 진행되는 가운데 미일 쌍방이 미군의 존재감을 "지역안정장치"로 평가하게 되었기 때문이었다. 특히 미국 정부가 오키나와 주둔 해병대의 철수를 검토하는 가운데, 일본 정부가 해병대의 유지를 미국 측에 요청한 사실은 오키나와의 부담경감의 기회를 일본 정부 스스로가 뭉개버렸음을 의미했다. 본토에서 기지가 감소한 이 시기는 오키나와에 미군기지의 집중이 진행되었고 그것이 고정화되는 기로였다(野添 2016).

사이공 함락 전후인 1974년부터 1976년에는 오키나와의 미군기지 축소의 길이 닫혀졌다. 남베트남 붕괴는 미일 정부에 미군의 존재감의 중요성을 강하게 인식시켰는데 특히 일본 정부는 주일미군의 유일한 지상 병력인 오키나와 주둔 해병대를 미국의 일본에 대한 약속의 증표로 중시하게 되었다(野添 2016). 이러한 인식이야말로 현재도 일본 정부가 오키나와 주둔 해병대 삭감에 나서지 않는 중요한 요인이라 생각된다.

보수 현정의 탄생

전국적으로 '보수회귀保守回歸'의 경향이 뚜렷히 나타나고 혁신자치체가 감소하는 가운데, 오키나와에서도 1978년의 지사 선거에서 자민당의 니시메 준지西銘順治가 승리를 거뒀다. 오키나와 현민은 복귀 후의 경제적 곤경은 '혁신현정 10년'의 결과라고 주장하는 니시에게 정부와 협조한 경제부흥을 기대하였다.

니시메 현정기에 미군기지 문제가 사라진 것은 아니다. 1982년에는 가테나 기지 주변 주민이 야간비행 금지와 손해배상을 요구하여 국가를 상대로 제소했다. 또한 1985년부터는 주둔군용지특별조치법에 의한 10년에 걸친 토지 강제사용에 대한 반대운동이 왕성해졌고, 1987년 6월에는 가테나 기지를 사람들이 둘러싸는 '인간의 사슬'이 실행되었다.

미군기 추락, 환경오염이나 화재, 살인 사건 등의 흉악범죄도 연이었다. 1985년 1월 미군이 저지른 살인 사건이 발생할 때에는 현의회가 용의자의 즉시 인도와 지위협정 재검토를 전회일치로 가결했으나 23일의 참의원 결산위원회에서 아베 신타로安倍晋太郎 외상은 지위협정은 "미국과 불평등한 입장에서 체결되었다는 사실은 없으며, 개정은 생각하지 않는다"고 답변했다.

니시메는 안보체제를 용인한다고 했지만, 오키나와의 과중부담을 묵과할 생각은 없었다. 그는 오키나와 반환 때 미일 간에서 미군기지의 사용조건을 정한 기밀문서 「515메모」의 공개를 일본 정부에 요구했다. 또한 니시메는 미군, 나하 방위시설국, 오키나와현 3자로 구성된 협의기관 설치를 제안하여 1979년 7월 삼자연락협의회가 발족되었다. 그는 다시 1985년 5월 말부터 오키나와 현지사로서 처음으로 미국을 방문하여 와인버거 국방장관 등과 만나 미국 측에 후텐마 기지의 반환이나 해병대 훈련이전 등을 요구했다. 그는 1988년에도 미국을 방문하여 프랭크 카루치Frank Carlucci 국방장관 등에게 부담경감을 요구했다.

니시메 현정은 미군기지의 반환과 재개발에도 힘을 쏟았다. 1981년 챠탄정北谷町의 험비Hamby 비행장과 메이모스컬러Maymosscolor 사격장이 반환되어 험비타운, 아메리칸빌리지라는 대형 상업시설로 다시 태어났다. 1987년에는 나하시의 마키나토 수택시구가 반환되어 나하 신도심으로 대규모 개발이 이루어졌다. 또한 1990년 6월에는 미일합동위원호가 북부 훈련장 일부, 가테나 탄약지구 일부 등 17개 시설 23건의 반환을 발표했다. 안보체제를 시인하면서 부담경감을 꾀하는 니시메의 노력은 일정한 성과를 거두었다고 할 수 있다.

제4부

1945~1960
1960~1972
1972~1989
1990~2000
2001~2018

냉전 후의 과세
- 안보재정의와 후텐마 이전문제

1990-2000

8만 5,000명이 모인 1995년의 현민총궐기대회
(1995년 10월 21일, 오키나와현 기노완 해변공원, ⓒ共同)

1장

걸프전쟁과 안보체제

1. '걸프 트라우마'

130억 달러의 재정지원

냉전 종결로 평화가 찾아오는가 생각된 것도 잠시, 세계는 새로운 위기에 직면했다. 1990년 8월 2일 사담 후세인 대통령의 이라크가 쿠웨이트를 침공했다.

이 시기 심각한 경제마찰을 배경으로 미국 국민의 일본 이미지는 악화되었다. 소련의 군사적 위협보다도 일본의 '경제적 위협'이 선전되어 '일본 때리기'가 확산되어 냉전의 승자는 경제적 번역을 구가하는 일본이라는 비꼼도 들렸다. 그러한 상황에서 발생한 걸프위기는 구리야마 쇼이치 외무사무차관의 눈에는 안보체제에 있어 안보개정 이래의 "최초이자 최대의 위기"였으며, 일본 측의 판단여하에 따라 "일미동맹의 존속은 물론, 일본의 국제사회에서의 지위도 묻게 되는" 사태로 비쳤다(栗山 1997).

걸프위기에 대한 대응을 맡게 된 것은 리쿠르트 사건으로 인한 정치불신의 고조 속에서 1989년 8월 발족한 가이후 도시키海部俊樹 내각이었다. 걸프위기에 대한 가이후 정권의 최초 움직임은 재빨라서 8월 5일 유엔 안보리보다도 앞서 대이라크 제재를 결정했다. 하지만 그 후 일본의 대응은 뒤쳐졌다.

미국은 인적 공헌을 요구했지만 호헌파인 가이후는 "우리나라에는 평화헌법이 있다. 무력에 의한 협박이나 무력행사로부터 멀어진 상황에서 서방 국가의 일원으로서 또 일미동맹의 동맹국으로서 해야 할 일과 할 수 있는 일을 실행할 수밖에 없다"며 군사적 공헌에 신중하였으며(海部 2010), 8월 30일 일본 정부는 미군을 중심으로 하는 다국적군에 10억 달러를 지원하겠다고 발표했다. 부시는 그것에 만족하지 않았으며 미 의회도 "너무 적고, 너무 늦었다(too little, too late)"라고 반발했기 때문에 일본은 9월 14일 30억 달러를 추가지원하기로 결정했다.

9월 29일 미일정상회담에서 부시가 일본의 후방 지원을 기대한다고 발언하자, 가이후 정권은 인적 공헌을 모색한다. 오자와 이치로小澤一郎 자민당 간사장 등이 자위대에 의한 '국제공헌'의 필요성을 주장하는 가운데, 가이후 정권은 국회에 유엔평화협력법안을 제출했지만, 정부 여당 내의 조정 부족과 야당이나 여론의 반발로 인해 11월에 폐안되었다.

1991년 1월 17일 다국적군은 쿠웨이트 해방을 노리는 '사막의 폭풍' 작전을 개시하여 걸프전쟁이 시작되었다. 일본은 24일, 90억 달러 추가지원에 나섰고, 일본의 재정지원은 총액 130억 달러에 달했다. 일본은 임시증세까지 해서 국민 1인당 1만엔 이상 부담에 상응하는 거액의 자금을 거출하였다.

2월 27일 쿠웨이트를 해방한 부시는 '승리선언'을 하여 전쟁은 미국의 완승으로 끝났다. 하지만 일본은 기뻐할 수 없었다. 130억 달러나 지출했음에도 불구하고, 미 의회로부터 일본은 "억지로 어쩔 수 없이 지갑을 열었을 뿐"이라는 혹독한 비판을 받았다(手嶋 2006).

　더욱이 일본 정부에 충격을 준 것은 3월 11일 미국 신문에 게재된 쿠웨이트 정부의 감사 광고가 일본을 언급하지 않은 사실이었다. 자금 협력만으로는 국제사회로부터 좋은 평가를 받지 못했기 때문에 인적 공헌이 필요하다는 논의가 정계, 관계, 언론계에서 급속히 확산되어 일본 정부는 '걸프 트라우마'에 사로잡혔다.

'걸프 트라우마'의 실상

　'걸프 트라우마'는 그 후 자위대의 해외파견을 결정지은 매우 중요한 문제였지만, 정말로 쿠웨이트나 미국은 일본의 자금 협력을 좋게 평가하지 않았을까? 우선 부시는 인적 공헌을 희망하면서 90억 달러 추가지원 결정 후에 "적절한 공헌으로 가이후 수상께 감사한다"라고 발언하여 헌법의 제약이나 일본의 군사력에 대한 아시아 각국의 우려 때문에 일본에 "군사 측면의 공헌을 요구해서는 안 된다"는 인식을 보였다(朝日 1991.2.7.). 합동참모본부 의장으로서 걸프전쟁을 지휘한 콜린 파월Colin Powelll은 2000년 겨울 국무장관 취임을 앞두고 요코이 슌지橫井俊二 주미 대사에게 130억 달러는 "매우 고마웠다. 매우 도움이 되었다"고 발언했다(五百旗頭ほか編 2007a). 또한 미 중앙군 사령관을 지낸 노먼 슈워츠코프Norman Schwarzkopf도 일본의 재정지원이 없었다면 작전은 "파탄 났을 것이다"라고 회고했다(東京新聞

2015.9.10.).

걸프전쟁 중 사우디아라비아에 망명했던 쿠웨이트 정부도 1991년 2월 온다 소恩田宗 주사우디아라비아 대사에게 감사를 표명했다. 또한 고미조 야스요시小溝泰義 쿠웨이트 주재 일본 대사는 2010년 부임 때, 사바하Sabah 의장으로부터 "일본은 130억 달러나 원조해 줬다. 우리는 결코 잊을 수 없다"는 말을 들었다. 그리고 2011년 동일본대지진 때 쿠웨이트는 400억 엔 상당의 원류 500만 배럴을 일본에 무상으로 제공했다. 온다가 지적하듯 걸프전쟁 때 일본의 재정지원이 "국제적으로 좋게 평가받지 않았다는 단정은 맞지 않다. 적어도 정확하지 않았다(東京新聞 2015.9.10.)."

그렇다면 감사 광고에 일본이 게재되지 않은 사실을 어떻게 이해해야 할까? 애초에 그 광고는 주미 쿠웨이트 대사관이 다국적군에 감사의 뜻을 표명하기 위해 기획하여 미국이 제시한 다국적군 참가국 목록을 바탕으로 만든 광고라서 쿠웨이트 정부가 주체적·객관적으로 각국의 공헌도를 측정한 결과라고 말하기 어렵다. 또한 터키에 전투기를 파견했다지만 다국적군에 참가하지 않은 독일이 게재되는 한편, 다국적군에 참가했던 한국이 게재되지 않아 게재 기준이 확실치 않다. 더욱이 일본이 거출한 90억 달러(1조 1,700엔) 중 미국이 1조 790억 엔을 받은 데 반해, 쿠웨이트는 6억 3,000만 엔밖에 받지 못했기에 당시 일본의 재정지원은 쿠웨이트 국민에게 거의 알려지지 않았다(參議

院決算委員会 93.4.19. 外交靑書 1991년판, 手嶋 2006).

당시 외무성 중근동 아시아 국장이었던 와타나베 마코토渡邊充가 "자위대를 파견하지 않았기 때문에 이렇게 되었다는 주장에 쓰였을 가능성은 있다고 생각한다"라고 발언했듯(東京新聞 2015.9.10.), '걸프 트라우마'는 미국의 요구에 응해 자위대를 해외에 파견하기 위한 구실이 된 측면이 있었다고 할 수 있을 것이다.

걸프전쟁과 주일미군

걸프 위기와 걸프전쟁에서 기지 제공이라는 일본의 대미 협력도 중요했다. 제7함대 기함 블루리지USS Blue Ridge, 항모 미드웨이 전투군, 오키나와 주둔 해병대, 이와쿠니의 해리어 공격기나 A6 공격기, 가테나의 KC135 공중급유기, 요코타의 수송기부대 등이 사전협의 없이 걸프위기와 걸프전쟁에 출동했다. 주일미군기지에서 출동한 병력은 약 1만 5,000명으로 추정되었다(島川 2011).

특히 제7함대의 역할은 컸다. 블루리지는 다국적군 해군 부대를 지휘했고 이지스함 벙커힐USS Bunker Hill은 항공공격작전을 관제했으며 구축함 파이프USS Fife는 토마호크 미사일을 발사했고, 미드웨이와 함재기도 많은 작전을 실시했다. 요코스카에 돌아온 제7함대 기동부대 사령관 다니엘 마치Daniel March 소장은 "130일 동안 작전을 수행하고 이라크군에 합계 1만 1,000회의 공격을 가했다"고 말했다(朝日 1991.4.17.).

국회에서는 야당이 주일미군의 걸프전쟁 참가를 문제시했
다. 1991년 3월 13일 중의원 외무위원회에서는 사회당의 우에
하라 고스케上原康助가 주일미군이 걸프전쟁에서 전투를 수행한
사실은 "정부가 말해 온 극동조항이나 사전협의 방식이라는 것
이 얼마나 허구이며 거짓이었는지"를 보여준다고 추궁했다. 정
부는 주일미군은 극동조항과 관계없이 어디든 '이동'가능하며,
주일미군은 걸프만에 이동한 후 전투 임무를 부여받았기 때문
에 안보조약상 아무런 문제가 없다는 입장을 되풀이했다.

주일미군이 '극동'을 훨씬 넘어서 중동에서의 전쟁을 수행한
걸프전쟁에서 극동조항이 공동화되고 주일미군의 활동 범위의
'글로벌화'가 결정적이게 되었다. 그것은 바로 안보체제가 '글
로벌화'로 향하기 시작했음을 의미했다.

2. 자위대의 해외파견

자위대의 걸프만 파견

재정지원과 미군기지 제공이라는 점에서 걸프전쟁을 수행하
는 미국에 대한 일본의 협력은 매우 가치가 있었다. 그럼에도
미국은 일본의 인적 자원을 계속 요구하였고 일본 국내에서도

오자와 등이 인적 공헌의 필요성을 부르짖었다.

NATO 구역 외로 파견을 삼갔던 독일이 걸프만에 소해정을 파견하기로 결정한 직후인 1991년 4월, 가이후 정권은 마침내 자위대 파견에 나섰다. 기뢰 등의 제거에 대해서 정한 자위대법 제99조를 근거로 일본 선박의 안전한 항행航行을 확보하기 위해서라는 이유로, 해상자위대의 소해정을 걸프만에 파견했다. 무력행사로 나서지 않았다지만, 전후 첫 자위대의 해상파견으로 일본의 안전보장 정책은 대전환을 맞이했다. 당연하지만 당초 자위대의 해외파견은 헌법에 반한다는 강한 비판이 있었다. 하지만 걸프만에서의 소해 활동은 자위대의 해상 파견이 전투에 꼭 연결되지 않음을 보였기에 반수 이상의 국민으로부터 긍정적 평가를 받았다(Midford 2011).

자위대의 걸프만 파견이 안보체제를 지키기 위한 조치였다는 사실이 중요하다. 외무성에는 자위대를 파견하지 않으면 안보체제가 흔들린다는 인식, 즉 "버림받을 수 있다는 공포"가 있었다. 구리야마 차관의 말에 따르면 걸프전쟁 후 일본의 과제는 "돈만으로 평화를 지키기 위한 국제적 공헌을 할 수 있는가? 또한 일미동맹은 엔의 힘만으로 지탱되는가?"였다. "일본은 평화를 돈으로 사려는 나라"라고 생각된다면, "그 순간부터 일미동맹은 형해화될 것임에 틀림없다. 미국은 그런 나라이기 때문에 여차할 때 국민의 피를 흘릴 생각이 도저히 들지 않기 때문이다"라는 위기감을 구리야마는 품었다(栗山 1997).

PKO협력법 성립

버블경제가 붕괴로 향하던 1991년 11월 자위대를 유엔평화
유지활동PKO에 참가시키는 국제평화협력법(PKO협력법)과 정치
개혁을 가장 중요한 과제로서 미야자와 기이치 정권이 발족되
었다.

호헌파인 미야자와는 일본의 국제공헌에 대해 "50년 동안 군
사대국이 되지 않을 결심을 표명하여 이를 실천"해 온 일본의
경제력과 기술력을 활용한다면, "군사대국이 되어 지역의 평화
에 기여하는 것보다도 훨씬 큰 공헌을 할 수 있다"고 믿었다(宮
澤 1995). 동시에 걸프전쟁 때 일본에 할 수 있는 것을 명시하지
않으면 "왜 (군사적 공헌이) 불가능하냐는 의문을 오히려 이해되지
못했다"고 느낀 그는 "본심, 적극적으로" PKO협력법을 성립시
키고 싶다고 생각했다(御廚中村編 2005).

국회에서는 사회당이나 공산당이 장시간의 소걸음 전술로
저항했으나 1992년 6월 자민, 공명, 민사당의 찬성으로 PKO협
력법이 성립되었다. 단 헌법을 중시하는 공명당의 반대로 정전
감시, 완충지대 등에서의 주둔순회 등 무력행사로 이어지기 쉬
운 국제평화유지군PKF 본체 업무에 참가는 동결되었다(2001년의
개정법으로 동결해제). 미야자와에게 있어 PKO협력법은 "헌법하에
서 우리나라가 할 수 있는 거의 한계에 가까운" 결정이었다(宮澤
1995).

9월 자위대는 캄보디아PKO에 참가하여 도로 보수작업 등에

종사했다. 많은 국민은 비군사적이고 인도적인 부흥지원을 위한 자위대의 해외파견을 긍정적으로 받아들였다(Midford 2011).

PKO협력법은 인적 공헌을 요구하는 미국의 자세와 '걸프 트라우마'로 인한 국제공헌론의 고조를 배경으로 하였는데, 이 시기의 국제공헌론의 전형적 사례는 걸프위기 이래, 자위대에 의한 국제공헌을 주장하던 오자와 이치로의 '보통국가'론일 것이다. 오자와는 1993년 간행한 『일본개조계획日本改造計画』에서 "얼마나 돈을 내더라도 존경받지 못하기" 때문에 일본은 "안전보장면에서도 자신의 책임에 있어서 스스로에 걸맞은 공헌"을 할 수 있는 '보통국가'가 되야 하며 헌법이 규정한 범위 안에서 유엔에 자위대를 제공하여 국외에서 활동시킬 수 있다고 주장했다(小沢 1993).

유엔의 틀을 적용했다지만, 오자와의 국제공헌론은 대미 협력의 일환이었다. 걸프전쟁에서 인적 공헌을 하지 못한 사실이 "미국의 친일적인 사람들을 실망시켰고, 일본 비판파가 일본을 더 크게 비판하게 만들었다"고 생각한 오자와는 "일미동맹 관계를 기축으로 삼아야 할 일본에 있어서 걸프전쟁은 큰 '패배'의 유산을 남겼다"고 인식했다(小沢 1993). 오자와는 양호한 미일 관계가 "일본의 생존을 위한 전제조건인 이상, 가능한 (미국의) 요구에 응해야 한다"고 생각했다(小沢 1996).

본래 유엔의 집단안전보장이나 평화유지 활동 협력과 대미 협력은 다른 문제이다. 하지만 냉전 후의 일본에서는 국제공헌은 대미협력의 일환였고 국제공헌과 안전체제 강화가 혼연일체가 되어 진행하게 되었다.

3. 미일'동맹'의 정착

'아시아태평양 지역'의 안보로

마에다 히사오前田壽夫 전 방위청 방위연구소 제1연구실장이 "'냉전'이 종결되었다면 안보조약이야말로 폐기해야 한다"고 말했듯(都留 1996), 냉전종결로 공산주의 봉쇄를 주목적으로 하는 미일안보체제의 역사적 역할은 끝났다는 견해가 존재했다.

그와 달리 일본 정부는 냉전 후의 아시아태평양 지역에서의 안보체제의 중요성을 지적했다. 종래 외교청서는 안보체제는 '극동'의 평화와 안전의 '지주支柱', 혹은 아시아의 국제정치의 '기본 틀'이라고 말했다. 하지만 1990년의 외교청서는 냉전이 끝났다지만, 걸프위기에 볼 수 있듯 세계는 여전히 불안정하며 "아시아태평양 지역의 평화와 안정을 위해 불가결한 틀"인 안보체제의 중요성은 "동서관계의 긴장 완화가 진행되어도 변하지 않는다"고 주장했다.

1990년의 외교청서가 "그 외의 아시아태평양 지역 국가들의 움직임"이라는 항목에서 걸프만 정세를 언급했듯, 외무성이 '아시아태평양 지역'에 걸프만을 포함한 사실을 수복해야 한다. 재일미군의 걸프위기 출동을 계기로 일본 정부는 걸프 지역을 포함한 아시아태평양 지역이라는 보다 넓은 지역에서의 안보체제의 의의를 강조하게 되었다.

방위청도 외무성과 발을 맞췄다. 종래 안보체제는 "극동의 평화와 안전 유지에도 기여한다"고 말하던 방위백서는, 1991년 안보체제를 중핵으로 하는 미일관계는 "아시아태평양 지역에서의 안정된 국제정치 구조에 있어서도 필요불가결"이라 논했다.

'동맹'의 정착

또한 걸프전쟁 후, 예전에는 정치문제화되었던 미일'동맹'이라는 용어가 정착했다. 1991년의 외교청서는 안보조약은 "일미간의 긴밀한 동맹, 협력 관계에 안정적인 정치적 기초를 부여"했으며, "일미안보체제를 기반으로 하는 미국과의 동맹 관계가 존재하지 않으면, 주요 선진민주주의국으로서 오늘날의 이론은 존재할 수 없었다"며 안보체제가 전후 일본의 발전을 지탱했다는 이해를 보였다. 또한 1992년의 외교청서는 소련붕괴로 인해 냉전은 "명실공히 끝났"지만, "일미동맹 관계의 중핵"인 "일미안보체제의 일본에 있어서의 중요성은 달라지지 않는다"고 주장했다.

1991년은 방위백서에도 큰 변화가 나타났다. 1990년까지 안보체제는 "일미관계에 있어서 단순한 방위 측면뿐 아니라, 정치, 경제, 사회 등 양국의 폭넓은 분야에 있어서 우호협력관계의 기반"을 평가받았지만, 1991년이 되자 "일미안전보장체제를 기축으로 하는 일미동맹 관계는 일본 외교의 기반"이 되었다. 방위백서가 미국과 일본을 '동맹'으로 부른 것은 1985년 이래의 일로 안보체제를 일본 외교의 '기반'이라 처음 평가했다. '동맹'이라는 말이 금기가 아니게 되는 데 있어 1991년 큰 전기였다고 할 수 있다.

1992년 1월의 미야자와부시 회담에서 발표한 「미일 글로벌 파트너십에 관한 도쿄선언」은 '미일동맹 관계의 중핵'을 이루는 안보조약의 견지를 재확인하고 "이 동맹 관계는 양국이 글로벌 파트너십 아래⋯각자의 역할과 책임을 맡고자 협력하는 데 있어서의 정치적 기반"이며 아시아태평양 지역의 평화와 안정을 위해 중요하다고 선언했다. 이것은 아시아태평양 지역을 위한 '미일동맹'의 중요성과 일본의 글로벌한 역할을 중시하는 냉전 후의 기본적인 방향성을 제시하였다.

이후 '미일동맹'이라는 말은 1996년의 안보재정의나 2001년의 미국 동시다발테러를 중요한 순간으로 하여 미디어에도 퍼졌고, 일본 사회에 정착하게 되었다. 그것은 안보체제가 미일의 군사협력을 포함하는 사실을 많은 국민이 시인했음을 의미했다.

여기에서 '미일동맹'의 정의를 생각해야 한다. 예를 들면 앞서 말한 외교청서나 방위백서는 "일미안보체제를 기반으로 하는 일미동맹"이라는 형태로 '일미안보체제'와 '일미동맹'을 구분해서 사용한다. 하지만 다른 정부의 문서나 정치가의 발언 등에서는 양자의 구별이 명확하지 않은 경우도 많다. '미일동맹'이라는 말은 많은 조직이나 인물에 다양한 상황에서 쓰며 그것을 정의하기는 쉽지 않다.

이 책에서는 '미일안보체제'와 '미일동맹'을 구별하고 또 머리말에서 소개한 스나이더의 연구에 입각하여 '미일동맹'을 특정 상황하에서 타국을 상대로 군사력을 행사하기 위한 미일의 공식 약속이며, 공통의 적을 상대로 군사적인 힘의 집결을 근본적 기능으로 삼는다고 이해해 두고 싶다. 이 정의에 따르면 안보체제는 당초 '미일동맹'이라 부르는 상태가 아니었지만, 70년대 말에 '미일동맹'으로 변용되기 시작했고, 냉전 후에 '미일동맹' 관계가 정착했다고 이해할 수 있을 것이다.

2장

안보재정의와 97가이드라인

1. '동맹표류'에 대한 우려

55년체제 붕괴와 한반도 위기

냉전 종결 후, 일본의 정치도 크게 변동했다. 사가와큐빈사건佐川急便事件 때문에 국민의 신뢰를 잃은 자민당이 1993년 7월의 총선거에서 대패한 결과, 8월 일본신당日本新黨의 호소카와 모리테루細川護熙가 이끄는 비자민연립정권이 발족하여 55년 체제가 막을 내렸다.

버블경제가 붕괴하고 '잃어버린 20년'이 막을 연 가운데, 정치 개혁을 최대의 과제로서 발족한 호소카와 정권은 대외 관계에서 동아시아 위기에 직면했다. 핵개발을 진행하는 북한이 1993년 3월 NPT협정 탈퇴를 표명하여 긴장감이 고조되었다. 북한은 미국의 입장에서 보면 이라크와 나란히 냉전 후 새로운 위협이 되어 미일 관계에서 중요 과제가 되었다.

윌리엄 J. 클린턴 대통령과 호소카와가 1994년 2월 회담했을 때는 경제 문제 이상으로 북한 문제에 시간을 할애했다. 사태는 상당히 심각해서 정상회담 후, 호소카와는 이시하라 노부오石原信雄 관방부장관에게 한반도 유사시 일본이 가능한 일을 검토하도록 지시했다. 1994년 봄에는 북한 공격을 검토하던 미국이 해상봉쇄를 염두에 두고 방위청에 몰래 1,000개 이상의 항목에 대한 협력을 요청했다고 하는데, 일본 정부에 그런 준비는 없었다.

6월에 카터 전 미국 대통령이 북한을 방문하여 그럭저럭 위기는 수습되었다. 하지만 1997년 방위사무차관이 된 아키야마 마사히로秋山昌廣의 말에 따르면, 한반도 유사시 자위대가 미군의 "후방지원마저 하지 않으면, 이제 일미안보동맹 관계 자체가 유지불가능하게 된다는 인식을 일본과 미국 쌍방이 갖기에 이르렀다(秋山 2003)."

한반도 위기에 대처하면서 호소카와는 냉전 후 새로운 안전보장 정책을 모색했다. 호소카와의 기본 생각은 당분간 개헌은 필요하지 않다는 전제로, ① 안보체제가 기본, ② 일본은 군사대국이어서는 안 되며, 경무장이어야 하고, ③ 설령 유엔이 요청했을 경우에도 해외에서 국가의 무력행사에 응하지 않는다는 내용이었다(細川 2010).

호소카와는 방위계획 대강의 재검토를 시야에 넣고, 1994년 2월 사적 자문기관으로서「방위문제간담회防衛問題懇談會」를 발족시켰다. 하지만 간담회의 보고서를 받기 전에 연립정권 내부의 대립이나 자신의 금전 문제로 인하여 4월, 호소카와는 퇴진했다.

동맹표류

호소카와의 뒤를 이은 하타 쓰토무羽田孜 내각이 와해되어 비자민 연립정권의 시대가 끝나자, 1994년 6월 무라야마 도미이치村山富市 사회당 위원장을 수반으로 하는 자민당, 사회당, 신당

사키가케新党さきがけ의 연립정권이 발족되었다. 55년 체제하에서는 있을 수 없었던 조합의 연립정권 탄생은 일본의 안전보장 논의에 매우 큰 영향을 끼쳤다. 무라야마가 7월 18일 중의원 본회의에서 "일미안전보장체제를 견지"하겠다고 발언하고, 다시 20일 중의원 본회의에서 "자위대는 헌법이 인정한 존재"라고 확실히 말하여 비무장 중립이라는 사회당의 방침을 크게 바꿨다.

물론 이것은 무라야마에게 쉬운 결단이 아니었다. 무라야마는 깊이 괴로워하면서 외교의 계속성에 비추어 미일관계의 "가장 토대가 되며 기둥이라고 할 것은 일미안보이니까 어쩔 수 없다"라고 생각했다. 단 무라야마가 사회당다운 모습을 잃지는 않았다. 미국을 "추종하고 있는" 외무성의 자세에 '저항감'을 가졌던 무라야마는 "일미관계를 조금 더 평등, 주체적인 입장에 서서 자주적으로 할 수 있는 방향"으로 진행해야 한다고 느꼈다(村山 1998).

또한 무라야마는 "집단적 자위권은 인정하지 않으며 무장한 자위대를 해외로 파견하지 못하도록 제동을 건 자위대라면 있어도 된다"고 판단했다(村山 2011). 그리고 무라야마는 당 간부를 향해 "사회당 당수 자리와 일본국 총리대신 자리 중 어디가 중요한가? 나는 총리대신 자리를 중요하게 여긴다. 그러니 마음에 들지 않으면 사회당 위원장에서 해임해 달라"고 갈파喝破하였다(五百旗頭ほか編 2007b).

더욱이 12월에 야당인 신생당新生黨, 일본신당, 민사당, 공명신당 등이 합동하여 신진당新進黨을 결성한 사실도 안전보장을 둘러싼 일본 정치의 변용을 촉구했다. 즉 사회당의 정책 전환과 신진당의 탄생으로 안보와 자위대를 긍정하는 보수 여당과 안보와 자위대에 반대하는 혁신 야당이 대치하는 55년 체제의 모습이 완전히 과거가 되었다.

그런데 미 정부는 무라야마의 외교 자세에 불안을 느꼈지만, 7월의 나폴리에서 열린 주요7개국 정상회담에서의 미일정상회담 등을 통해 미국 측의 걱정은 불식되었다. 무라야마 정권은 무난한 시작을 보였지만, 8월 미 정부에 충격을 주는 사건이 발생했다. 호소카와 설치한 방위문제간담회가 다각적 안보체제 확립의 필요성을 주장하는 보고서를 제출했다. 보고서는 미일안보체제를 경시하지 않고 미일안보체제의 강화가 다각적 안보체제 확립의 기반이 된다는 이유로 냉전 후 미일안보체제의 필요성을 제시했다. 나아가 무라야마 내각에서는 자민당 각료를 중심으로 호소카와가 두고 간 선물인 보고서를 존중하지 않는 분위기가 있었다. 하지만 보고서 속에 미일안보체제보다도 다각적 안보체제를 중시하는 듯한 인상을 주는 부분이 있었기 때문에, 미 정부 내부에는 일본의 '미국이탈'을 우려하는 목소리가 퍼졌다.

무역마찰이나 안전보장, 국제공헌을 둘러싼 미일의 알력으로 인한 '동맹표류'를 구리야마 쇼이치 주미 대사가 우려하는 가운데(栗山 1997), 미 정부 내에서는 조셉 나이 국방차관보를 중심으로 대일 정책 재검토를 진행했다. 1995년 2월 공표된「동아시아 전략보고(EASR, 나이 리포트)는 "미일관계만큼 중요한 이국 간 관계는 존재하지 않"으며, 일본과의 '동맹'은 "아시아에서 미국의 안전보장정책의 시금석"이라 말했다.

또한 EASR은 지역 안정을 위해 아시아태평양에 10만 명의 미군을 유지하는 계획을 발표했다. 10만 명이라는 숫자를 명시한 이유는 미국의 개입이 후퇴하는 것이 아니냐는 우려를 해소하기 위해서였다. 냉전 종결 후, 유럽 주둔 미군을 약 30만 명에서 10만 명 정도까지 급속히 삭감한 사실과 대조적으로, 한반도나 대만해협이라는 냉전의 잔재가 있는 아시아태평양 지역에서는 냉전기와 거의 같은 수준의 미군을 유지하게 되었다.

EASR 발표 후, 미국과 일본 정부는 냉전 후의 안보체제의 새로운 역할을 모색하는 '안보재정의'에 착수했다. 구리야마의 말에 따르면, 그것은 "'냉전이 끝났는데 어째서 안보조약이 필요한가?'라는 일미 양국민의 의문에 답하기 위한 작업"이었다 (栗山 1997).

2. 아시아태평양 지역의 '기초'로

방위대강의 재검토

1995년은 1월의 한신아와지 대지진으로 시작되었다. 사망자는 6,000명을 넘었으며 피해 총액은 국가예산의 거의 1할에 상당하는 10조엔 가까이에 달했다. 3월에는 옴진리교가 저지른 지하철사린사건, 9월에는 오키나와에서 3명의 미 해병대원이 여자 초등학생을 폭행하는 흉악범죄가 발생했다.

충격적인 사건이 연속으로 발생하는 가운데, 방위청은 안보 재정의에 관한 미일협의에 입각하면서 방위계획의 대강의 재검토를 추진, 11월에 새로운 방위계획의 대강(95대강)을 발표했다. 95대강은 76대강에서 제시한 기반적 방위력 구상을 답습하면서, 냉전 종결을 맞이하여 육상자위대의 정원을 18만 명에서 16만 명으로 삭감하는 등의 효율화를 꾀하는 한편, 국제협력이나 재난 구조를 중요한 임무로 평가했다.

그리고 95대강은 일본의 '미국이탈'에 관한 미 정부의 우려를 불식하고 안보체제의 신뢰성을 높이고자 안보체제는 일본의 안전뿐 아니라, "우리나라 주변 지역의 평화와 안전을 확보"하기 위해 빠질 수 없다고 강조했다. 또한 76대강에서 채용한 "한정적이고 또한 소규모"인 직접 침략에 자위대가 혼자 힘으로 대처하는 방침을 파기하고 미군과의 협력을 전제로 삼았다.

95대강의 가장 중요한 요점은 "우리나라 주변 지역에서 우리나라의 평화와 안전에 중요한 영향을 끼칠만한 사태"가 발생했을 때 "일미안전보장체제의 원활하고 또한 효율적인 운용을 꾀하는 방법 등으로 적절히 대응"한다고 명기한 사실이다. 미국은 일본이 '주변 사태'에서의 대미 협력에 나선 사실을 주목했다.

안보재정의

혼란에 빠진 사회당을 재건하기 위해 무라야마가 사임하자, 1996년 1월 자민당 총재인 하시모토 류타로橋本龍太郞을 수반으로 하는 자사운립내각自社さ連立內閣이 발족했다. 하시모토는 '일본 외교의 기축'으로서 안보체제를 중시함과 동시에(五百旗頭宮城編 2013) 헌법개정의 필요성을 부정하지 않았고 자위대의 해외파병에 적극적이었다. 걸프전쟁 당시 대장대신이었던 하시모토는 일본이 인적 공헌을 하지 않은 사실을 "제일 안타깝게" 여겼으며 "타국과 위험을 분담하는 '사람' 파견"이 필요하다고 생각했다(橋本 1994).

4월 17일 클린턴과 하시모토는 동경에서 「미일안전보장공동선언」을 발표했다. 두 사람은 미일관계를 "역사상 가장 성공한 이국 간 관계"라 칭찬하고, "견고한 동맹관계"의 중요성을 강조했다. 그리고 안보조약을 기반으로 하는 미일의 안전보장 관계가 "21세기를 향해 아시아태평양 지역에서 안정적으로 번영한 정세를 유지하기 위한 기반"임을 확인한 다음, 안보체제 강화를 위해 가이드라인을 재검토할 방침을 밝혔다.

하시모토는 4월 18일 참의원 예산위원회에서 '미일안전보장 공동선언' 즉 안보재정의는 안보체제가 "아시아태평양 지역의 평화와 안정"을 위해 중요한 역할을 다하는 사실을 확인하고, "일미 간의 안전보장 측면에서의 협력을 촉진"할 방침을 보여줬다고 답변했다. 또한 1997년의 외교청서는 호소카와 정권기

이래 사용되지 않았던 '일미동맹'이라는 용어를 쓰면서 "21세기로 향한 일미동맹 관계의 자세"를 명시한다는 "매우 중요한 의의"를 갖는 안보재정의로 "장래의 일미협력 관계를 위한 튼튼한 기초"가 구축되었다고 말했다. 안보재정의는 안보체제가 아시아태평양 지역의 안정에 빠질 수 없는 "정치적·군사적 중석重石(栗山 1997)"이라는 공산주의봉쇄를 대신하는 냉전 후의 새로운 안보체제의 의의를 정한 다음, 안보체제를 강화할 방침을 내놓았다.

안보재정의에는 중국의 반발이라는 반작용이 있었다. 미국과 일본 정부는 중국이 1992년의 영해법에서 센카쿠 제도를 자국의 영토로 규정하고 해양조사활동을 활발히 하게 한 사실을 주시하였지만, 안보재정의는 중국을 대상으로 삼지 않았다. 하지만 NATO의 동방확대에 대한 경계감이나 안보재정의 직전에 대만해협위기가 발생하여 미중관계가 긴장되었기 때문에 중국은 안보재정의 이후의 안보체제 강화에 반발했다. 중국은 대만해협이 미일방위협력의 대상이 되는 경우를 경계했다.

이리하여 90년대 중반, 그때까지의 중일우호 분위기는 급속히 후퇴했다. 그리고 일본, 미국, 중국은 군비증강이나 동맹 강화 같은 자국의 안전을 높이기 위한 조치가 상대국의 대항조치를 초래하여 도리어 안전보장환경을 악화시키는 '안전보장의 딜레마'에 빠지게 되었다(植木 2015).

또한 러시아의 반응으로서 1997년 5월 이고르 로디오노프Igor Rodionov 국방장관이 미일안보체제와 가이드라인에 대해 긍정적 발언을 하여 주목을 받았다(斎藤 2018 下). 일본과 러시아의 방위 측면에서의 협력이 진행되는 등, 냉전 후의 러시아에 있어 안보체제는 강하게 비판해야 할 대상이 아니게 되었다고 할 것이다.

97가이드라인과 주변사태법

안보재정의 후, 미일은 가이드라인 개정에 나서 1997년 9월 새로운 가이드라인(97가이드라인)을 합의했다. 그것은 미일방위협력을 ① 평소의 협력, ② 일본 유사, ③ '주변 사태'로 구분하여 미일의 역할이나 조정 자세를 규정하였다.

평소의 협력으로서 정보교환이나 정책협의 실시에 더하여 일상적인 미일협력에 대해 협의하는 구조인 "포괄적인 매커니즘"과 일본유사나 '주변 사태'에서의 미일의 활동을 조정하기 위한 '일미조정매커니즘'을 구축하는 방안을 결정했다. 또한 PKO 참가시 미일이 "밀접하게 협력"하기로 합의하여 PKO와 안보체제가 연결되었다.

97가이드라인에서 가장 중요한 사항은 '주변 사태'에서 일본은 미군기지 제공, 자위대 기지나 민간 공항항만의 제공, 물자 수송이나 보급 같은 후방지원 등의 대미협력을 한다고 정한 점이었다. 이로 인해 일본은 전투행동과는 선을 그은 후방지원이라는 형태였지만, 일본 유사 이외에서의 대미군사협력에 새롭게 나섰다. 이것은 78가이드라인에서 보류했던 극동유사에서의 미일협력문제에 대한 대답이기도 했다.

97가이드라인에 실효성을 갖게 하기 위해 주변사태안전확보법(주변사태법)을 중심으로 하는 가이드라인 관련법도 정비했는데, 그 작업은 보통 수단으로는 불가능했다. 하시모토 내각이 사회민주당(1996년 1월 사회당에서 바꾼 이름. 이하 사민당)의 동의없이 주변사태법안을 각의결정한 사실 등 때문에 사민당이 1998년 5월 연립이탈을 결의했다. 그리고 경제가 악화되는 상황 속에서 실시한 7월의 참의원 선거에서 자민당은 대패하고 하시모토는 퇴진했다.

1998년 7월 성립한 오부치 게이조小淵惠三 정권은 참의원에서의 소수 여당으로 출발했지만 신진당 해당 후 발족한 자민당과 연립을 맺고, 이어서 나중에 연립에 참가하는 공명당의 협력을 얻음으로써 가이드라인 관련법 성립의 목표설정을 할 수 있었다. 또한 8월 북한이 발사한 탄도미사일 대포동이 일본 상공을 가로질러 태평양에 떨어진 「대포동 충격」도 가이드라인 관련법 성립을 도왔다.

국회심의에서는 야당 제1당인 민주당이 대미 지원에 관한 국화의 검증 기능이 불충분하다는 등의 이유로 주변사태법에 반대했다. 또한 사민당과 공산당은 주변사태법은 헌법에 반한다는 이유로 비판했다. '주변'이란 어디까지나 중요한 쟁점이었지만, 대중관계에 대한 배려 때문에 대만이 '주변'에 포함되는지가 논점이 되는 상황을 피하고 싶은 정부는, '주변'은 지리적인 개념이 아니라 사태의 성질을 표현하는 단어라 설명했다. 야당이 자위대는 지구의 뒷편까지 출동하느냐고 비판했기 때문에 오부치는 1999년 1월 26일 중의원 예산위원회에서 중동이나 인도양은 상정하지 않았다고 분명히 말하고, '주변'에는 지리적 제약이 있다는 견해를 보였다.

1999년 5월 가이드라인 관련법, 즉 '주변 사태'에 있어서 미군에 대한 후방지원을 가능하게 하는 주변사태법, 일본인 구출을 위한 자위대 사용을 인정하는 자위대법의 개정, 그리고 개정된 미일물품역무상호제공협정ACSA가 성립되었다. 이리하여 안보체제에 기반한 자위대의 대미협력은 중동이나 인도양에는 이르지 않았지만, 아시아태평양 지역으로 확대되었다.

안보재정의에서 97가이드라인, 주변사태법 성립에 이르는 과정 속에서 미 국민의 대일 감정은 호전되었다. 하지만 '동맹 표류'에 완전히 마침표가 찍혔다고 말하긴 어려웠다. 우선 일본 국민 사이에는 안보체제의 강화로 미국의 전쟁에 휘말릴 수 있지 않느냐는 우려가 존재했다(朝日 1999.3.19.). 그리고 오키나와 미군기지 문제가 안보체제를 거세게 흔들었다.

3장

격변하는 미군기지 문제

- 후텐마 이전 문제의 시작

1. 오키나와 소녀 폭행사건의 충격
─드러나는 '위험성'과 '불평등성'

오키나와의 이의제기

냉전 종결 후, 미국의 동맹국에서 미군기지 문제가 심각해져서 동맹체제가 흔들렸다. 한국에서는 민주화 후인 1992년 발생한 미군이 저지른 여성 참살사건이나 2002년 미군 장갑차에 두 명의 소녀가 깔려죽은 사건에 국민이 격노했기 때문에, 한미 정부는 미군기지 축소에 착수했다. 필리핀에서는 1991년 조인된 미국필리핀 우호협력안전보장조약을 상원이 비준하지 않아 클라크, 스피크 기지를 반환했다. 이탈리아에서도 1998년 미군기가 곤돌라의 케이블을 절단하여 스키어Skier 20명이 희생되었고 반기지감정이 고조되었다.

일본에서도 1995년 9월 4일 오키나와 소녀 폭행사건이 오키나와 현민은 물론, 일본 국민을 격노하게 했다. 일본 측의 항의에 대해 월터 먼데일Walter Mondale 주일 미국 대사는 용의자를 "세 명의 야수"라 부르고, 사건은 "미국의 치욕"이라고 말하며 사죄했으나 지위협정을 방패로 삼아 용의자 인도에는 응하지 않았다(河野洋平 2015). 미군기지의 '위험성'과 지위협정의 '불평등성'을 백일하에 드러낸 이 사건으로 인해 미군기지 문제는 격변하게 되었다.

"또냐?"와 "뭐라고 표현하지 못하는 참을 수 없는 기분"에 휩쓸린 오타 마사히데大田昌秀 오키나와현 지사는 "문제를 뿌리부터 해결"하기 위해 지위협정 개정이 필요하다고 정부에 강하게 호소했다(大田 2000). 오타는 "일미안보는 도대체 무엇으로부터 무엇을 지키는가? 피해자보다도 가해자가 보호받는 그러한 협정을 누가 맺었는가?"라며 분노했다(前泊 2011). 오타는 19일에 상경하여 지위협정 개정을 호소했으나 자민당의 고노˙요헤이河野洋平 외상은 "지나친 의견"이라고 대꾸했다. 오타는 실망과 동시에 "사죄는커녕, 슬픔을 조금도 느끼지 못하는" 듯한 정부의 냉랭한 태도에 놀랐다(大田 2000).

또한 EASR 이래 오키나와 미군기지의 고착화에 대한 우려가 강해진 오타는 28일, 주둔군용지의 강제사용에 관계된 조서에 대리서명을 거부하겠다는 의사를 표명했다. 민유지를 기지로 사용할 경우, 당연히 토지 소유주와 계약이 필요하게 된다. 소유주가 계약에 응하지 않을 경우, 지사가 대행하기로 되었는데 오타는 이를 거부하였다. 본토에서는 미군기지의 약 9할이 국유지이지만, 미군이 주민의 토지를 수탈한 오키나와에서는 3할 이상을 민유지가 차지하고 있어서 소유주와의 계약 가부可否가 큰 문제가 된다. 이러한 점도 본토와 오키나와의 미군기지 문제의 중요한 차이였다.

현과 정부는 협의를 했으나 합의를 찾지 못하고 무라야마 수상이 오타를 제소하는 형식으로 법정투쟁에 돌입했다. 사회당의 무라야마와 혁신 계열의 오타가 법정에서 대치해야 했던 사실은 오키나와 미군기지 문제의 어려움을 상징했다.

10월 21일에는 당파를 초월한 현민총궐기대회가 개최되어 8만 5,000명이 참가했다. 대회에서 오타는 "본래 제일 먼저 지켜야 할 어린 소녀의 인간으로서의 존엄을 지킬 수 없었던" 사실을 현민에게 사죄했다(大田 2000). 현내에서는 미군기지의 정리축소와 지위협정 개정을 중심으로 하는 부담경감요구가 예전에 없었을 만큼 커졌다.

오키나와의 부담을 줄이기 위해

오키나와 미군기지 문제의 심각함을 통감한 미국와 일본 정부는 '위험성제거'와 '불평등성' 시정을 향한 대처에 착수했다. 우선 양국 정부는 「오키나와에 관한 특별행동위원회SACO」를 설치하여 오키나와의 미군기지 정리와 축소를 향한 협의를 개시했다.

다음으로 양국은 지위협정의 운용개선에서 합의했다. 오키나와현 측은 지위협정개정을 요구했으며 무라야마도 긍정적이었지만, 고노나 외무성은 소극적이었다. 먼데일에게 "지위개정을 몇 번이나 요청했으나 '절대로 안 된다'는 답변을 들었다. 다른 주둔국과의 지위협정도 있기에 일본만 바꿀 수 없다고 했다"고 고노는 회상했다(朝日 2015.10.5.). "지휘협정 개정문제를 들고 나오면 몇 년이나 교섭에 시간이 들 테고, 그럼에도 실현할

[그림3] 1995년 시점의 오키나와 주둔 미군기지

(출처 『日本の防衛 平成7年』 防衛庁바탕으로 작성)

미군기지

북부훈련장

캠프 핸슨

가테나 탄약고지구

캠프 슈와브

도리이 통신시설

캠프 코트니

가테나 비행장

캠프즈케란

마키미나토 보급지구

화이트비치 지구

나하항만시설

후텐마 비행장

수 있을지는 알 수 없으니 그보다 지위협정 운용의 개선이라는 형식으로 하는 방향이 좋다"는 먼데일의 입장을 고노는 받아들였다(河野洋平 2015).

10월 미국과 일본은 중죄에 한하여 용의자의 신병을 일본 측에 조기 인도하기로 정식으로 합의했지만, '불평등성'의 시정은 한정적이었다. 운용개선이라는 소극적인 대응에 비판이 집중되어 고노는 "두 번 다시 오키나와 땅은 밟지 않겠다"는 생각을 했다고 한다(河野洋平 2015).

또한 지위협정의 운용개선에 이르는 과정에 대해 미 국방
부 내부에는 지위협정 개정에 응해도 좋다는 견해가 있었지만,
"일본 외무성 수뇌가 완전 허둥대고 말아서 딱딱한 현상유지를
주장했다"는 미 정부 관계자의 증언도 있다(船橋 1996). 지위협정
을 개정할 수 없었던 이유를 미국 측의 소극적 자세에 찾는 고
노의 인식은 과연 타당할까? 더욱 검토가 필요할 것이다.

오키나와 소녀 폭행사건은 안보체제를 강하게 흔들었다.
11월 11일의 『아사히신문』의 여론 조사에서는 안보체제가 "일
본을 위한다"는 회답은 42%로 1992년의 조사로부터 10%나 하
락했다. 안보조약을 유지하는 데 찬성한다는 회답도 64%에 그
쳤다. 한편 70% 이상의 국민이 기지축소나 지위협정개정을 요
구하는 오키나와의 목소리에 공감을 보여 정부의 대응은 불충
분하다고 회답했다.

2. 후텐마 반환의 부상

후텐마 반환의 함의

오키나와에 강한 애착을 가진 하시모토 수상은 가지야마 세
이로쿠梶山靜六 관방장관과 함께 오키나와 미군기지 문제를 가

장 중요한 과제로 생각하여 정력적으로 대처했다. 초점은 미 해병대 후텐마 기지의 반환이었다. 1996년 1월 회담에서 오타 가 후텐마 기지에 관해 열심히 말한 사실이 하시모토에게 강한 인상을 줬다. 외무성이나 방위청은 미일 관계를 손상시킨다는 이유로 후텐마 반환 요구에 반대했다. 관저도 신중론이 대부 분으로 하시모토는 2월의 샌프란시스코에서 열릴 미일정상회 담에서 후텐마 반환을 요구해야 할지 "진짜로 산타모니카에 가 서 회담장에 들어갈 때까지 망설였다." 그리고 "후텐마 기지를 옮긴다는 현내 이전을 전제로 한 대답이 돌아올 확률은 제로가 아니다"라는 견해에서 하시모토는 회담 마지막에 "돌연한 판단 으로서" 후텐마 반환을 언급했다(五百旗頭·宮城編 2013).

미국 측은 하시모토가 후텐마 반환을 꺼낼 것을 예상한 듯, 클린턴은 놀라지도 않고 들었다고 한다(折田 2013). 이후 미국 측 은 한반도나 대만해협에서 위기가 다가온 가운데, 시가지에 둘 러싸인 후텐마 기지를 반환하여 오키나와의 분노를 누그러뜨 리고, 안보체제를 안정시키는 쪽이 득책이라 생각하게 된다. 후텐마 반환 합의를 향한 급전개는 미국 측이 주도했다(宮城 2016a 및 2016b).

4월 12일 하시모토와 먼데일은 오키나와현 내에서의 대체시 설 건설을 조건으로 후텐마 기지를 반환한다고 발표했다. 하시 모토는 측근에게 "후텐마를 되찾았네"라며 북받치는 감정을 숨 기지 않았다고 한다(宮城 2016a). 전화 통화를 통해 후텐마 반환

합의를 하시모토로부터 알게 된 오타는 감사를 표명했지만, 문제는 대체시설 건설이었다.

4월 15일 발표된 SACO 중간보고에는 후텐마 대체시설로서 오키나와현 내에 헬기착륙장을 건설하는 방침을 삽입했다. 17일의 하시모토와 클린턴의 안보재정의에서 안보체제는 강화하는 방향으로 향하지만, 후텐마 반환은 대체시설안을 둘러싸고 예상하지 못한 방향으로 간다. 일본 측은 당초 가데나 탄약고에 헬기 착륙장 건설을 검토했지만, 여름철에는 가데나 기지 통합안으로 낙착되었다. 한편 미국 측은 캠프 핸슨이나 캠프 슈와브에 헬기류장 건설을 제안했다. 9월 '철거가능'하다는 이유로 하시모토의 관심을 끈 해상시설(메가플로트)안이 급부상하여 12월의 SACO 최종보고는 오키나와 본도의 동해안 앞바다에 대체시설을 건설하는 방침을 보였다.

'돌리기'에 대한 반발

후텐마 반환은 결정되었지만 오타의 입장은 힘들어졌다. 우선 1996년 8월 정부와 오키나와현의 법정투쟁이 정부 측의 승소로 막을 내렸으며, 9월 13일 오타는 기지의 강제사용 수속인 토지와 물건조서 공고, 종람縱覽의 대행에 응할 의향을 보였다. 공고와 종람대행 수락은 오타에게 지사 재임 중 "가장 힘든 결정"이었다. 직전에 이루어진 현민투표에서 기지의 정리와 축소를 바라는 목소리가 다수를 차지했기 때문에 오타는 현민을 배신했다고 비판받았다(大田 2013).

다시 정부는 1997년 4월 주둔군용지 특별법을 개정하여 대리서명에 관한 지사의 권한을 빼앗았다. 이번 개정에서 정부는 토지소유주와의 계약 기간이 다 되었어도 토지를 기지로 계속 사용할 수 있게 되었다. 국회에서는 공산당과 여당인 사민당이 반발하는 한편, 야당인 신진당이나 민주당은 찬성했다. 오타가 "가장 두려워했던 최악의 사태"인 특조법 개정으로(大田 2000) 오타의 저항은 패배로 끝났으며 오키나와현 측은 중요한 이의제기 수단을 잃었다.

대체시설 건설장소 결정도 매우 곤란했다. 후텐마 기지의 현 내 이전은 "기지 돌려막기"에 불과했다. 나고시 헤노코의 캠프 슈와브 앞바다가 해상시설 건설 후보지로 떠오르자, 나고시에서는 이를 받아들이는 데 관한 시비를 둘러싼 논의가 혼란에 빠졌다. 1997년 12월의 주민투표에서는 반대표가 대다수를 차지했으나 히가 데쓰야比嘉鐵也 시장은 경제침체인 나고시나 오키나와현 북부 지역에 대한 진흥책을 기대하여 대체시설 건설을 받아들이겠다고 표명하고 사임했다. 히가가 사임한 후, 오타는 수용 거부를 표명했지만 1998년 2월의 시장 선거에서는 수용찬성파인 기시모토 다케오岸本建男가 당선되었다.

1998년 11월의 현지사 선거에서 정부와 대립하여 '현정불황'을 초래했다며 오타를 비판하는 이나미네 게이이치稻嶺惠一가 자민당의 지지를 받아 당선되었다. 후텐마의 "현 내 이전이 최선"이었지만, 그것이 곤란하기 때문에 "어쩔 수 없이 아슬아슬한 선택"으로서 헤노코 이전을 받아들일 수밖에 없다고 생각한 이나미네는 대체시설을 북부 진흥을 향한 현민의 재산으로 삼기 위해, 철거가능한 해상시설이 아니라 매립을 하여 군민공용시설을 건설하자고 주장했다(稲嶺 2011). 동시에 기지의 고착화를 피하기 위하여 미군의 사용기간을 15년으로 한정하고, 그후에는 대체시설을 현에 반환하도록 요구했다. 그리고 이나미네는 1999년 11월 캠프 슈와브 안에 있는 나고시 헤노코 연안 지역으로 기지를 이전하는 쓰라린 결정을 내리고, 12월 27일 기시모토 시장으로부터 동의를 받았다.

이러한 결정에 입각하여 정부는 12월 28일 각료회의를 열어 헤노코 앞바다에 대체시설을 건설하기로 결정했다. 그리고 2002년 7월 헤노코 앞 2.2km의 해상에 길이 약 2,500m, 폭 약 730m의 시설을 매립으로 건설하는 기본계획을 책정했다.

하지만 반대운동이나 15년의 사용기한에 대한 미국 측의 반대와 일본 정부의 소극적 자세도 있어서 후텐마 이전은 정체되었다. 지사 재직 중 이나미네가 생각한 사항의 8할은 기지에 관한 것으로, 아와모리泡盛주와 수면제 없이 잠들지 못할 만큼 이나미네는 고뇌했다(稲嶺 2011).

그런데 2000년 7월, 오키나와에 강한 관심을 가진 오부치 수상의 진력으로 오키나와회담이 개최되었다. 급사한 오부치 대신 모리 요시로森喜朗 수상이 클린턴을 맞이했다. 이나미네는

"대통령께 실례된다"며 반발하는 미국 측을 설득하여 클린턴에게 부담경감을 직소했다(稻嶺 2011). 하지만 복귀 후 첫 현직 미국 대통령의 오키나와 방문도 사태의 타개로 이어지지 않았다.

벌어지는 본토와의 온도차

후텐마 반환 발표 후에도 많은 국민이 오키나와 미군기지 문제에 관심을 보여 부담경감을 요구하는 오키나와 측의 자세에 이해를 보였다. 1997년 4월 10일의 『아사히신문』에서는 해병대 철수를 요구하는 오타 지사의 자세를 지지한다는 회답이 8할에 달했다.

하지만 시간의 경과와 함께 여론에 변화가 생겼다. 우선 안보체제에 대한 국민의 지지가 회복으로 향했다. 1997년 5월 12일의 『아사히신문』의 여론조사에서는 안보체제 유지에 찬성한다는 회답이 76%가 되어 1995년 11월과 비교하면 12%나 상승했다.

보다 중요한 것은 미군기지 문제에 관한 본토와 오키나와의 온도차가 확대된 사실이었다. 그러한 사실을 상징한 것은 1997년 3월 26일의 『요미우리신문』의 사설이 불안정 요인이 많은 아시아태평양 지역에서 "유력한 억지력인 주일미군의 삭감을 주장하는 것은 냉정하고 현실적인 판단이라 할 수 없다"고 주장하고, 미 해병대의 삭감을 요구하는 오키나와현 측의 자세를 "정서적인 반응"이라 비판한 일이었다. 피해에 허덕이는 미

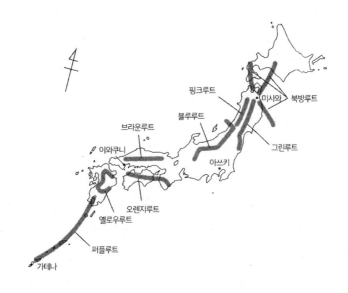

[그림4] 미군기의 저공비행훈련 루트

(출처 梅林宏道, 『在日米軍』岩波書店, 2002년을 바탕으로 작성)

군기지 주변 주민의 기지반환 요구를 "비현실적", "정서적"이라 비판하여 억지력을 이유로 미군 삭감에 반대하는 등, 본토의 기지피해가 심각했던 시대에는 결코 볼 수 없었던 논조였다.

본토와 오키나와 온도차가 확대된 배경에는 본토에서의 미군기지 문제의 후퇴가 있었다. 물론 본토에서의 미군기지 피해가 사라진 것이 아니다. 우선 항모 함재기로 인한 NLP는 심각한 문제로 계속 남았다.

미군이 홋카이도, 도호쿠, 호쿠리쿠 지방을 종단하는 그린,

핑크, 블루, 북방 주코쿠 지방의 브라운, 시코쿠의 오렌지, 규슈의 옐로, 그리고 오키나와의 퍼플이라는 8개 루트에서 반복하던 저공비행훈련도 일본 각지에서 소음, 진동, 유리창 파괴 등의 피해를 초래했다. 1991년에는 이와쿠니 기지 소속 해리어 공격기가 나라현에서 목재 반출용 와이어를 끊었다. 1994년 오렌지 루트상의 고치현의 시코쿠 산지에 미군기가 추락하자, 예전부터 미군기의 저공비행으로 괴로워하던 주민으로부터 "걱정이 현실이 되었다", "위험한 훈련체제를 바꿔달라"는 목소리가 나왔다(朝日 1994.10.15.). 1995년부터 1999년까지 사이에 전국 207개 지방자치체, 지방의회가 저공비행으로 항의했지만, 외무성은 "저공을 비행하는 것이 모두 나쁘다 할 수 없으니 그만두게 할 수 없다"는 자세였다(前田 2000, 朝日 1998.1.8.).

1999년 1월 미국과 일본 정부는 겨우 인구밀집지는 고도 300m, 나머지는 고도 150m라는 일본의 항공법에 정해진 최저고도 기준 준수나 토요일과 일요일축일의 훈련은 필요불가결한 경우에 한정하는 등, 저공비행훈련으로 인한 피해경감조치로 합의했다. 하지만 그 직후, 훈련 중인 미군기가 가마이시釜石나 고치 앞바다에서 추락하는 등, 미군기의 '위험성'은 사라지지 않았다.

미군 관계자가 저지른 범죄도 이어졌다. 1990년부터 1994년의 5년 사이, 본토에서 적발된 미국 군인의 형법범죄는 438건, 그 중 살인이나 강간, 여성폭행 등의 흉악 범죄는 22건이었다

(朝日 1995.11.8.). 그 후에도 1996년 사세보에서 강도살인미수, 1997년에는 아오모리에서 강간치상, 요코스카에서 살인사건이 발생했다.

　이렇듯 냉전 후, 본토도 미군기지 문제를 품고 있었다지만, 이전에 비해서 '위험성'이 낮아진 사실은 틀림없었다. 그러한 상황 속에서 오키나와의 기지피해가 주목받았기 때문에 미군 기지 문제가 오키나와 고유의 문제인 것마냥 간주되어 오키나와 소녀 폭행사건으로부터 시간이 지남에 따라, 본토와 오키나와와의 온도차가 확대되었다. 냉전 후의 '동맹'강화와 본토의 '위험성' 저감은 '위험성', '불평등성'의 오키나와에의 편재와 표리일체였다.

제5부

1945~1960
1960~1972
1972~1989
1990~2000
2001~2018

안보체제의 '글로벌화'

2001-2018

집단적 자위권 행사의 한정적 용인에 대해 그림판을 이용
하여 '기본적 방향성'을 설명하는 아베 신조 수상

(2014년 5월 15일, 수상관저, ©共同)

1장

'테러와의 전쟁'과 '세계 속의 미일동맹'

1. 미국동시다발테러와 테러특조법

9.11의 충격

2001년 세계화의 빛과 그림자가 교차하는 새로운 세기의 막이 열림과 동시에 미국과 일본에서 새로운 지도자가 등장했다. 미국에서는 1월에 조지 W. 부시(이하 G.W. 부시)가 대통령에 취임했다. 클린턴 정권은 중국에 무게를 두기 일쑤였으나 동맹국과의 관계강화를 지향하는 G.W. 부시 정권은 미일 관계를 중시하는 자세를 보였다.

일본에서도 4월 "자민당을 부수자"고 부르짖으며 자민당 총재선거에 승리한 고이즈미 준이치로小泉純一郎가 공명당과 보수당과의 연립정권을 발족시켰다. 높은 지지율이 지탱하는 고이즈미는 "강한 지도자"로서 우정민영화 등의 '기구개혁'을 추진하는 한편, 외교에서는 2011년 6월의 첫 G.W. 부시와의 회담에서 "일미 관계가 양호할수록 다른 나라와의 관계도 좋아진다"고 발언했듯(朝日 2001.7.2.) 대미협력을 관철했다.

2001년은 강화와 안보조인으로부터 50년째 되는 중요한 해로 9월 8일 샌프란시스코와 도쿄에서 기념식전이 열렸다. 그 직후인 11일, 세계를 떨게 한 사건이 발생했다. 뉴욕의 세계무역센터WTC와 워싱턴 D.C.의 국방부에 공중납치된 민간항공기가 충돌하여 3,000명 가까운 희생자를 낸 미국동시다발테러가 발생하였다. G. W. 부시는 "테러와의 전쟁"을 선언하고 범행 그룹인 알카에다가 숨어있는 아프가니스탄에 대한 보복공격을 결의했다.

15일 리처드 아미티지 국무부차관은 야나이 준지 주미 대사에게 "일장기나 일본인의 얼굴이 보이는" 공헌을 요구했다. 그리고 테러 직후 국방부의 조지 힐 일본부장 등이 쓴 "깃발을 보여라Show the flag"라는 말이 인적 공헌을 요구하는 미국의 자세의 상징으로 퍼졌다(久江 2003). 외무성에서는 "걸프를 되풀이하지 마라"가 구호가 되었으며 외무성 간부는 "일미 관계에 있어 최종시험이 된다"는 위기감에 자극받아 움직였다(倉重 2013 上).

'주변'을 초월한 후방지원

고이즈미는 즉석에서 미국 지지를 표명하고 정보수집이나 미군에 대한 의료수송지원 등을 위해 자위대 파견을 포함한 '일곱 항목의 조치'를 9월 19일 발표했다. 24일 미국을 방문한 고이즈미는 그라운드제로(세계무역센터)를 시찰하고 테러와 싸울 자세를 강조하였으며 24일 G. W. 부시와의 회담에서는 신법제정에 의한 자위대의 후방지원을 표명했다. G. W. 부시는 "같이 싸울 수 없는 상황이 동맹국으로서의 가치는 낮추지 않는다"고 대답하여 일본의 후방지원을 좋게 평가했다(後藤 2014 2권). 이이지마 이사오飯島勳 수상비서관의 눈에는 이 회담에서 두 정상의 "긴밀한 관계는 결정적인 관계가 되었다"고 비쳤다(飯島 2006).

아프가니스탄의 탈레반 정권이 동시다발테러 용의자인 빈라 덴과 알카에다 단원의 신병인도를 거부했기 때문에 10월 7일 미국과 영국은 아프가니스탄 공격을 개시했다. 고이즈미는 미 국 지지를 G.W. 부시에게 전하고 겨우 62시간의 국회심의로 29일 테러대책특별조치법(테러특조법)을 성립시켰다. PKO협력법 이나 주변사태법에서는 자위대가 아프가니스탄전쟁을 수행하 는 미영군을 지원하지 못하기에 새로운 법이 필요했다.

테러특조법은 미국동시다발테러를 "국제평화 및 안전에 대 한 위협"으로 인정한 유엔안보리결의 1368 등에 기반하여 자위 대가 대테러군사행동을 취하는 미군 등의 후방지원을 하기로 규정했다. 야당인 민주당은 법안의 주지를 인정하면서 자위대 의 활동에 대해서 국회의 사전승인을 요구하는 입장 때문에 반 대하는 입장으로 돌았다. 공산당, 사민당도 위헌이라는 이유로 반대했다.

11월 9일 미군 함정 등에 보급을 하기 위해 해상자위대 함정 이 인도양을 향해 출항했다. 자위대가 제공한 연료는 미군이 사용한 연료의 약 40%에 달한다고 생각된다(島川 2011). 2002년 에는 미국 측의 강한 요청에 응하여 방공능력이 뛰어난 이지 스함을 파견했다. 항공자위대는 주일미군기지 사이의 수송이 나 괌 방면에 수송을 했다. PKO협력법이나 주변사태법의 틀 을 넘는 테러특조법으로 자위대는 '주변'을 초월한 영역에서의 유사시 미군에 대한 후방지원에 나섰다. 충분한 논의를 거치지 않고, 일본의 안전보장정책은 새로운 단계를 맞이했는데 절반 가까운 국민은 자위대의 인도양 파견을 긍정적으로 평가했다 (Midfrod 2011).

테러특조법에 대해 고이즈미는 2001년 10월 10일의 중의원 본회의에서 테러 방지와 근절에 관한 국제공헌이며 "미일안보체제를 기축으로 하는 일미동맹관계와 직접적으로 관계된 사항이 아닙니다"라고 답변했다 하지만 테러특조법은 안보체제를 강화하는 방책이었다. 외무성은 2002년의 외교청서에서 테러특조법에 의한 자위대의 대미협력은 "일미동맹관계의 강화라는 관점으로부터도 큰 의의를 갖는다"고 평가했다. 또한 후루쇼 고이치古庄幸一 해상막료장은 인도양에서의 급유 활동은 "일미동맹의 끈을 지키기 위한" 행동이라고 자위대원에게 설명했다(柳澤 2013).

아프가니스탄 전쟁에서 일본의 대미 협력으로서 더 지적해야 할 사항은 미군기지 제공이나 주일미군에 대한 협력이다. 일본은 사전협의 없이 항모 키티호크 전투군이 요코스카에서 출격하는 상황을 용인했다. 또한 해상자위대의 호위함대가 연습 이외의 목적으로 처음으로 키티호크를 호위하는 포진을 취했다. 본래 방위출동 명령을 받지 않는 한, 자위대가 미 항모를 호위할 수 없었기 때문에 방위청은 "방위청이 관장하는 사무를 수행하는데 필요한 조사와 연구"에 기반한 '경계 활동'이라고 씁쓸하게 변명할 수밖에 없었다.

또한 일본은 파키스탄 등의 아프가니스탄 주변국에 대한 긴급 경제 원조를 실시했다. 자위대가 미군의 후방지원에 나선 냉전 후에도 일본은 대외 원조로 미국의 세계전략을 계속 지탱했다.

2. '전지'로 향하는 자위대
– 이라크전쟁과 이라크특조법

고이즈미의 신념

2002년 1월 G.W. 부시는 일반 교서연설에서 북한, 이란, 이라크를 '악의 축'이라 불렀고, 9월에는 국가안전보장전략문서를 발표하여 선제공격을 정당화하는「부시독트린」을 명확히 했다. 미국의 단독행동주의에 대한 비판이 국제적으로 높아지는 가운데, 일본은 당초 미일동맹과 동맹협조의 양립을 모색했다. 대량파괴무기의 확산방지를 위한다는 이유로 미국이 이라크 공격 의사를 표명하자, 고이즈미는 토니 블레어 영국 수상과 함께 국제협조나 유엔결의의 중요성을 미국 측에 말했다. 하지만 2003년 3월 유엔결의가 없는 무력행사를 피할 수 없는 정세가 되자, 고이즈미는 새로운 유엔결의가 없더라도 무력행사는 가능하다고 자세를 바꿨다.

2003년 3월 20일 미국과 영국은 이라크 공격에 나섰다. 미국의 군사행동의 국제법상의 정당성이 의심받았기 때문에, 세계 각지에서 반전반미 시위가 확대되었고, 일본 국내에서도 미국에 대한 비판이 커졌다. 하지만 고이즈미는 이날의 기자회견에서 미국 지지를 내세우고, 무력행사 불참가와 전쟁 종결 후의 부흥지원을 표명했으며 웹진Webzine에서는 "미국의 결단을 지지하는 길 외에 해결의 길은 없다"고 주장했다. 고이즈미에게 "동맹국이 곤란해 하고 있을 때 지지하지 않을 수 없"었다(小泉 2018). 후쿠다 야스오福田康夫 관방장관의 말에 따르면 고이즈미에게는 "일미동맹, 정상끼리의 신뢰 관계는 훼손해서는 안 된다"는 "확고한 신념"이 있었다(朝日新聞デジタル 2013.3.20.).

일본이 미국을 지지한 배경에는 북한 문제도 있었다. 북한 NPT탈퇴를 표명하고 2월 동해에 미사일을 발사한 가운데, 후쿠다에게는 "우리는 미국의 억지력을 기대하지 않을 수 없다. 일을 복잡하게 만들 짓을 하고 싶지 않다"는 감정이 있었다(朝日新聞デジタル 2013.3.20.). 더욱이 '걸프 트라우마'도 작용했다. 다케우치 유키오竹内行夫 외무사무차관은 "솔직히 말씀드리자면 잠재의식의 입장에서 정책론을 떠나 일종의 악몽 같은 이미지…말할 것도 없이 걸프전쟁 때를 실수를 되풀이해선 안 된다는 의식"이 있었다고 회고했다(「前外務次官・竹内行夫氏講話」2007.2.2.).

고이즈미는 주일미군의 이라크전쟁 출동도 문제라고 보지 않았다. 키티호크는 함재기로 공습을 수행했고, 사세보의 강습

양륙함 에섹스, 오키나와 해병대, 미사와의 F16이나 요코타의 C130수송기 등도 이라크에 출동했다. 2003년 3월 24일의 중의원 예산위원회에서 민주당의 마에바라 세이지前原誠司는 '극동'이 아닌 페르시아만에 키티호크의 출동을 인정함은 안보조약의 '확대해석'이며 "미국의 주구라는 말을 들어도 할 수 없다"고 정부를 추궁했다. 하지만 고이즈미나 가와구치 준코川口順子 외무대신은 주일미군의 중동 '이동'에 아무런 문제가 없다고 대꾸했다.

자위대의 이라크 파견

미국은 개전 전부터 일본에 자위대의 이라크 파견을 요구했다. 2002년 10월 미일협의에서 리처드 로렌스 국방차관보 대리가 언급한 '지상군Boots on the ground'라는 말은 육상자위대의 파견을 요구하는 미국의 자세를 상징하는 표현으로서 일본의 미디어에 급속히 퍼졌다.

2003년 5월 1일 G. W. 부시는 전투종결을 선언했고, 12월에 후세인도 체포되었으나 이라크의 치안은 악화되었다. 대량파괴무기가 발견되지 않았기 때문에 전쟁의 대의가 사라지고 미국에 대한 비판이 세계 각국에서 한층 강해지는 가운데, 5월 22일과 23일의 미일정상회담에서는 G. W. 부시가 "눈에 보이는 노력"을 요구하여 고이즈미는 일본의 국력에 걸맞은 공헌을 약속했다. 그리고 양자는 "세계 속의 미일동맹"의 강화로 일치했다.

이라크 전쟁에 대한 비판이 국내외에서 소용돌이쳤지만, 고이즈미는 미일동맹과 국제협조의 중요성을 강조하여 자위대의 이라크 파견으로 힘차게 나갔다. 기존 법률로는 자위대를 이라크에 파견할 수 없었기 때문에, 정부는 7월 유엔이 동맹국에 이라크 부흥을 지원하도록 요구하는 유엔안보리결의 1483을 근거로 삼아 이라크 부흥지원특별조치법(이라크특조법)을 성립시켰다.

이 법률로 인해 자위대는 현재 전투 행위가 벌어지지 않았고, 앞으로도 전투행위가 없으리라 인정되는 '비전투지역'에서의 인도적인 부흥지원 활동가, 보급이나 수송 등의 업무로 미, 영국군을 지원하는 '안전확보지원활동'을 하게 되었다. 이리하여 자위대는 받아들이는 나라의 동의도, 정전합의도 없는 '전지戰地'라고 해야 할 외국 영역에서 처음으로 활동하게 되었다.

국회에서는 민주당이 자위대의 활동에 관한 국회의 사전승인을 요구함과 동시에 자위대의 이라크 파견은 헌법상 의문이 있는 데에다가 현지의 요구도 부족하다고 주장했다. 공산당과 사민당은 자위대의 이라크 파견은 위헌이라는 이유로 법안에 반대했다.

또한 '비전투지역'이란 어디인지도 엄중히 추궁했다. G.W. 부시의 전투종결선언 이후에도 5월에 데이비드 맥캐넌 미 중앙군 사령관이 "전쟁은 끝나지 않았다. 우리는 아직 전투 지역에 있다"고 발언하는 등, 이라크 각지에서 전투가 계속되었기 때문이다(朝日 2003.6.8.). 고이즈미가 7월 23일 중참합동으로 열린 국가기본정책위원회 합동심사회에서 '비전투지역'이란 어디냐는 질문을 받고, "저에게 물으셔도 알 수 없다"고 뻔뻔한 자세로 나왔고 2004년 11월 10일의 심사회에서도 "자위대가 활동하는 지역은 비전투지역"이라 강변했듯, 이라크에 '비전투지역'이 있다는 주장은 합리성이 부족했다.

나아가 미국의 이라크 공격을 명확히 인정하는 유엔결의가 없었으며 이라크 점령이 미국과 영국의 주도였기 때문에, 이라크특조법은 '대미지원법'이라는 야유를 들었다. 정부는 안보리 결의 1483을 전면에 내세워 국제사회의 총의總意에 기반한 지원이라고 강조했다. 하지만 자위대의 이라크 파견을 통괄한 야나기자와 교지柳澤協二 내각관방부장관보가 지적하듯, 자위대의 이라크 파견은 "미국의 의리상의 교제"를 위한 조치일 뿐이었다(柳澤 2013).

고이즈미는 거듭 미일동맹과 국제협조에 있어서 자위대 파견의 의의를 강조했지만, 미디어나 여론의 반응은 냉혹했다. 『요미우리 신문』은 미일동맹 강화에 이바지한다는 이유로 자위대의 이라크 파견에 찬성했지만, 『아사히 신문』과 『마이니치 신문』은 비판적이었다. 또한 2003년 6월부터 2004년 6월 사이 아사히, 마이니치 두 신문이 실시한 여론조사에서는 반대가 찬성을 웃돈 경우가 많았다.

12월 말, 항공자위대 선견대가 이라크로 향했다. 항공자위대는 쿠웨이트를 거점으로 삼아 일본에서 오는 지원물자뿐 아니라 미국, 영국군이나 유엔 등의 요원과 물자를 수송하기도 했다. 육상자위대는 "비전투지역에서의 인도지원"의 명목으로 2004년 1월부터 사마와Samawah에 주둔했다. 독일, 프랑스 등 이라크 부흥지원에 참가하지 않은 동맹국이 있는 가운데, 대략 5,600명의 육상자위대원이 2006년까지, 3기의 C130H수송기와 약 3,500명의 항공자위대원이 2009년까지 활동한 사실은 미국의 입장에서 보면 큰 도움이었다.

2004년 6월 미국을 중심으로 하는 연합잠정시정 당국의 점령이 끝나고, 주권이 이라크에 이양되자 유엔결의에 근거하여 미국, 영국, 오스트레일리아, 필리핀, 한국 등이 참가하는 다국적군이 편성되었다. 지금까지 자위대는 헌법상의 제약 때문에 다국적군에 참가하지 않았으나 고이즈미는 6월 8일 개막한 시아일랜드 회담에서 ODA와 자위대의 다국적군 참가로 이라크 재건에 협력하겠다고 G. W. 부시에게 말했다. 그리고 18일, 고이즈미는 자위대의 다국적군 참가에 대한 각료회의의 양해를 얻었다. 전날의 기자회견에서 말했듯 고이즈미는 "이라크인이 자기 힘으로, 자기 나라에서 일어서려고 할 때, 다국적군이기 때문에 참가하면 안 된다는 것은 이유가 되지 않는다"고 생각했다.

고이즈미 정권기, 해외에서 자위대의 활동은 테러특조법에 의한 인도양 파견, 이라크특조법에 근거한 전투상태인 나라에 파견, 그리고 다국적군 참가로 야금야금 확대되었다. 특히 정전합의 없이 전투상태가 지속되는 지역에 자위대를 보낸 사실은 종래의 방침으로부터의 큰 전환이었다.

'테러와의 전쟁'과 안보체제

2005년의 외교청서는 테러특조법이나 이라크특조법은 "국제공헌을 강화하는 법안"이라 말했으나 이미 서술한대로, 그 법안들은 실질적으로 미국의 요구에 응한 안보체제 강화책으로서의 색채를 강하게 띠었다. 자위대의 '테러와의 전쟁' 참가로 국제공헌과 안보체제 강화가 혼연일체가 되어 진행되었다. 자위대가 인도양이나 이라크에서 미국과 함께 활동한 사실은 자위대가 미국의 세계전략에 깊이 관여함을 의미함과 동시에, 2015년의 가이드라인 개정이나 안보 관련법에 의한 자위대의 대미협력의 '글로벌화'에 길을 열게 되었다.

그리고 정부가 테러특조법이나 이라크특조법과 유엔결의의 연결을 강조해도 대부분의 국민이 납득하지 않은 원인 중 하나는 정부의 자세를 '대미추종'이라 느끼고, '대미공헌'이 '국제공헌'으로 위장된다는 인상을 가졌기 때문이 아닐까? 신문에서는 고이즈미의 '대미추종'을 비판하는 국민의 목소리를 종종 소개했다.

'테러와의 전쟁'에서 자위대의 대미협력은 안보체제의 '대칭

성'을 높이는 조치이기도 했다. 야마구치 노보루山口畀 전 육상
자위대 연구본부장은 대테러 전쟁에서의 자위대 파견은 "일미
동맹에 고유의 비대칭성을 가능한 시정"하는 "동맹의 '확대균
형'"이었다고 지적했다(山口 2010).

2006년 6월 퇴진을 앞둔 고이즈미는 G.W. 부시와 가진 회담
에서 "21세기의 지구적 규모에서의 협력을 위한 새로운 일미동
맹"을 선언하여 '테러와의 전쟁' 등에 볼 수 있는 미일협력의 '글
로벌화'의 성과를 자랑했다. 하지만 미국이 잘못된 전쟁에 나섰
을 때의 대미협력의 시비라는 미일협력의 확대가 들이민 중대
한 문제에 대한 국민적 논의는 깊어지지 않은 상태였다.

3. G.W. 부시 정권의 세계전략과 일본

힘의 공유 모색

고이즈미 정권기, '테러와의 전쟁' 이외의 측면에서도 안보체
제는 강화되었다. 동맹국을 중시하는 G.W. 부시 정권의 대일
전략의 원형은 지일파인 아미티지가 2000년 10월 공표한 「아
미티지 리포트」였다. 일본이 "보다 대등한 파트너"로서 "보다
큰 공헌"을 해야 한다고 생각한 아미티지는 집단적 자위권 행
사나 유사법제 정비, 미사일방위협력의 확대 등을 통한 안보

체제의 강화를 제안했다. 그리고 미일 관계를 "부담분담Button sharing"에서 "힘의 공유Power sharing"로 전환하자고 말했다.

아미티지 리포트와 보조를 맞추듯 고이즈미는 테러나 북한의 위협을 염두에 두고 "대비한다면 걱정이 없다"는 이유로 자민당의 입장에서 보면 오랜 과제였던 유사법제 정비에 착수했다. 2003년 6월 유사법제의 기본 이념인 유사의 정의, 국민이나 지방공공단체의 책무 등을 규정하는 무력공격사태대처법 등의 유사 관련 삼법이 성립했다. 2004년 6월에는 자위대가 미군에 역무와 물품을 제공하는 행위 등을 가능케 하는 미군행동관련조치법을 포함한 유사관련칠법도 성립되었다. 외무성은 2004년의 외교청서에서 유사법제를 안보체제의 신뢰성을 향상시킨다고 평가했다.

또한 고이즈미 정권은 2003년 12월 안보체제의 효과적인 운용에 기여한다는 이유로 탄도미사일방위BMD의 도입을 결정했다. 미사일방위는 상호확증파괴를 무너뜨리고, 군비확장경쟁으로 이어질 수 있다는 비판이 있었지만, 고이즈미 정권의 입장에서 본 BMD도입은 '동맹의 상징'이었다(倉重 2013 下).

다시 고이즈미 정권은 북한이나 테러 등의 "새로운 위협이나 다양한 사태"에 대응하여 국제평화협력활동에 적극적으로 몰두하기 위해서라는 이유로 2004년 12월 새로운 방위계획 대강(04대강)을 책정했다. 04대강은 기반적 방위력 구상을 일부 계승하면서 "기능이 많고 탄력적인 실효성이 있는" 방위력의 정비와 '전략대화'나 미사일방위협력 등을 통한 안보체제의 강화를 지향했다.

04대강에 관련해서 지적해야 할 사항은 이 시기, 중국의 군사적 대두가 주목받게 된 사실이다. 04대강은 중국의 군비확장, 2004년 3월 중국인 활동가의 센카쿠 상륙, 11월 중국 잠수함의 영해침범 등을 받고, 중국의 해양진출이나 중국군의 근대화에 "앞으로도 주목할 필요가 있다"며 중국에 대한 경계감을 보였다. 고이즈미의 야스쿠니 참배나 BMD에 반발하던 중국은 04대강에 "강한 불만"을 표명했다(朝日 2004. 12. 12.).

미군기지와 후텐마 이전

자위대의 이라크 파견 문제가 일단락된 2004년 가을 쯤부터 일본과 미국은 미군 재편성에 관한 협의를 본격화했다. G.W. 부시 정권은 군사기술혁명RMA에 입각한 '테러와의 전쟁'에 대한 대응으로서 세계 규모로 미군 재편에 착수했다. 미군에는 기민하고 유연한 세계 전개를 가능케하는 능력을 요구받게 되어 주일미군도 지구 규모의 활동을 담당하리라 기대했다.

미군 재편은 미일의 전략대화, 안보체제의 '글로벌화', 그리고 오키나와 미군기지 문제와 연결되었다. 2004년 8월 오키나와 국제대학에 미군 헬기가 추락하여 후텐마 기지의 위험성이 다시 주목받는 가운데, 미국과 일본 정부는 미군 재편의 문맥 안에 오키나와의 기지문제를 다시 검토했다.

미군 재편 협의의 첫 번째 단계로 미일은 2005년 2월의 미일 안전보장협의위원회(2+2)에서 "지역 및 세계의 평화와 안정"에 있어 "사활적으로 중요"한 미일동맹을 강화하는 방침을 밝히고, "공통의 전략목표"를 확인했다. 전략목표로서 테러나 대량파괴무기의 확산 같은 새로운 위협에 대한 대처, 북한 문제의 평화적 해경 등에다가 중국에 군사 분야의 투명성 향상과 대만문제의 평화적 해결을 촉구하는 방침을 내걸었다. 온건한 표현이지만 「2+2」가 처음으로 중국의 대두에 우려를 표명했다. 미국은 테러대책이나 북한 문제에서의 중국과의 협조를 중시하면서 중국에 대한 뿌리 깊은 경계감을 가졌다. 대만해협에 관한 안보체제 강화는 중국의 입장에서 보면 역사문제 이상으로 예민한 문제로, 중국은 미일에 강하게 반발했다(毛里 2006).

이어서 미일은 10월의 「2+2」에서 "동맹의 능력을 향상"시켜 미군기지 소재 지역의 부담경감을 꾀하고자 "미일동맹-미래를 위한 변혁과 재편"에 합의했다. 미사일방위, 상호운용성 향상 등을 통한 미군과 자위대의 협력강화, 국제평화협력 활동에서의 연대강화나 캠프자마의 미 육군 사령부 능력의 개선, 항모탑재기를 아쓰키에서 이와쿠니로 이동, 그리고 해병대의 재편 등을 내걸었다.

오키나와의 부담경감책으로 약 7,000명의 오키나와 주둔 해병대를 괌으로 이동시키고, 가테나 이남의 기지 반환, 그리고 캠프 슈와브 연안을 매립해서 L자형으로 후텐마 대체시설을 건설하는 새로운 방침을 제시했다. 일본 정부는 종래의 해상매립안보다도 해양 환경에 대한 영향이 적으며 반대파가 해상에서 벌이는 항의행동을 막기 쉬운 'L자형'쪽이 이전을 추진하기 쉽다고 생각했다. 하지만 L자형이 해상매립안보다도 마을에 가까웠으며, 또 오키나와를 무시하고 결정된 사실에 이나미네 지사는 강하게 반발하여 받아들이기를 거부했다.

2006년 5월에는 "재편실시를 위한 미일의 로드맵(이하 로드맵)"이 합의되어 미군재편의 구체안이 제시되었다. 후텐마 이전문제의 새로운 타개책으로서 캠프슈와브 연안의 매립하여 V자 모양의 두 개의 활주로를 건설하는 'V자안'을 내놓았다. 활주로를 두 개 만들기로 한 이유는 미군기의 비행루트가 마을에 겹치지 않게 하기 위해서였다.

로드맵에는 몇 가지 문제점이 있었다. 첫 번째로 가테나 이남의 미군기지 반환이나 8,000명의 해병대의 괌 이동이 후텐마기지의 헤노코 이전과 '패키지'가 되어 후텐마 이전이 진행되지 않으면, 오키나와의 부담경감이 진행되지 않는 구조가 되었다. 또한 거액의 비용이 들 것이라 예상되는 해병대의 괌 이전 비용에 대해서 일본 측이 60.9억 달러, 미국 측이 41.8억 달러를 부담하는 방침을 제시했다.

두 번째로 오키나와 훈련의 이전지가 된 오이타현의 히주다이日出生臺, 미 항모 함재기의 이동지가 된 이와쿠니 등, 부담이 늘게 된 지자체나 지역 주민이 반발했다. 특히 이하라 가쓰스케井原勝介 이와쿠니 시장은 항모 함재기의 이동에 강하게 반대하여 국가와 격렬하게 대립했다.

그리고 로드맵 책정 후에도 오키나와의 부담은 줄어들지 않았다. 정부는 로드맵 발표 전에 나고시와 강하게 교섭하여 V자안에 동의를 받아냈다. 하지만 오키나와현을 무시하고 일본과 미국이 V자안으로 합의한 사실에 이나미네는 강한 불만을 가졌다. "위험성 제거, 소음을 고려하면 주택지로부터도 멀어질수록 좋다"고 생각한 이나미네는 이전 장소 변경은 용인할 수 없다고 반복했다. 오키나와현 간부는 "V자안은 활주로가 늘고 기지가 거대해지는 만큼, 미군의 입장에는 이득"이라 보았다(稲嶺 2011). 당초 헬기 착륙장에 불과한 대체시설안이 활주로 두 개를 갖춘 대규모 신기지안으로 과잉 팽창한 사실이 후텐마 이전 문제의 핵심 중 하나라 할 수 있다(宮城 2016a).

오키나와현의 반대를 뿌리치고 5월 30일 정부는 각료회의에서 후텐마 이전을 포함한 미군재편성방침을 결정했다. 이나미네의 의향에 입각한 1999년의 각의결정을 파기함으로써 정부와 이나미네 현정의 관계는 매우 악화되었다.

고이즈미가 오키나와에 결코 높은 관심을 갖지 않은 사실이 고이즈미 정권 시기 후텐마 이전이 진전되지 않은 배경임을 지적해야 한다. 오키나와 국제대학 미군 헬기 추락사건이 발생했을 때 이나미네는 외유에서 서둘러 귀국하여 고이즈미와 면담을 요청했지만, 고이즈미는 여름휴가 중이라는 이유로 거부했

[그림5] 헤노코 V자안

(출처 防衛施設庁史編さん委員会編, 『防衛施設庁史』 防衛省 2007년을 바탕으로 작성)

다. 2004년 10월 고이즈미가 본토에 기지이전을 언급한 사실도 있었지만, 고이즈미가 리더십을 발휘하는 일은 없었으며, 이나미네는 "매우 실망"했다(稲嶺 2011). 고이즈미 정권기, 미일관계는 매우 양호하였다고 하지만 오키나와는 버림받은 상태였다.

고이즈미 이후의 미일관계

고이즈미 퇴진 후, 자민당 정권은 불안정화되어 수상이 1년마다 교대하는 사태가 벌어져서 미일 정상이 신뢰 관계를 충분히 쌓기 어려워졌다. 2006년 9월 기시 노부스케가 외할아버지인 아베 신조安倍晋三가 수상이 되었다. 아베는 '아름다운 나라'를 지향하여 "전후 체제로부터 탈피"를 꾀한다고 주장했지만, 그것은 점령개혁이나 요시다 시게루에 대한 증오에 기인했다(添谷 2016).

헌법개정이나 역사인식문제로 국수주의적인 주장이 눈에 띈 아베였지만, 수상에 취임하자 전격적으로 중국과 한국을 방문하여 고이즈미의 야스쿠니 참배로 알력을 빚는 양국과의 관계를 개선시켰다. 한편 아베는 헌법개정수속을 정하여 방위청防衛廳을 방위성防衛省으로 승격시켰다. 그리고 야나이 준지 전 주미대사를 좌장으로 하여 '현실주의'에 선 유식자를 모은 「안전보장의 법적 기반의 재구축에 관한 간담회(안보법제간)」을 발족시켜 집단적 자위권 행사에 관해 검토했다.

50년대부터 정부는 집단적 자위권 행사는 헌법상 인정할 수 없다는 인식을 제시하고, 다양한 논의를 걸쳐 1972년 10월 14일의 참의원 결산위원회 제출 자료에서 "집단적 자위권을 보유하고 있다고 해도 국권 발동으로서 이를 행사하는 행위는 헌법이 용인하는 자위조치의 한계를 넘으며 허락되지 않는다"는 견해를 제시하여 1981년의 견해표명에 볼 수 있듯 정식화해 왔으나, 아베는 그런 인식의 재검토에 착수했다.

아베는 "전후 체제로부터의 탈피"를 향한 노력을 진행했으나 각료의 연이은 스캔들이나 연금 문제 때문에 2007년 7월의 참의원 선거에서 대패했다. 참의원에서 야당이 다수를 차지하는 '비틀린 국회'가 출현하여 민주당이 11월로 기한이 만료되는 테러특조법 연장에 반대하는 가운데, 9월에 아베는 퇴진했다.

아베의 후계자는 후쿠다 다케오의 아들인 후쿠다 야스오福田康夫였다. 후쿠다는 아시아 외교에 의욕을 보였으나 테러특조법

연장 문제가 당면 외교 과제였다. 후쿠다와 오자와 이치로 민주당 대표가 '대연립'을 모색하려고 했지만, 오자와가 민주당의 내부 의견을 통합하지 못해 좌절되었다. 결국 2008년 1월 해상자위대의 급유활동 재개를 규정한 신테러특조법이 중의원의 3분의 2 이상의 재가결로 성립되었다.

아소 다로麻生太郎 정권이 발족한 2008년 9월 일본에 배치된 첫 원자력 항모로서 USS 조지 워싱턴USS George Washington이 요코스카에 입항했다. 미국과 일본 정부는 일본 국민의 '핵알레르기' 완화에 노력해 왔으나 마침내 원자력 항모의 요코스카 모항화가 실현되었다. 요코스카에서 원자력 항모에 대규모 사고가 발생하면 수도권 전역이 방사능으로 오염된다. 요코스카 시민으로부터 불안의 목소리도 들렸지만, 국민의 관심은 매우 낮았다. 또한 2015년 10월 조지 워싱턴 대신 원자력 항모인 USS 로널드 레이건USS Ronald Reagan이 요코스카에 배치되었다.

고이즈미 퇴진 후의 오키나와를 보면, 2006년 11월의 현지사 선거에서 이나미네 현정의 계승을 표방한 나카이마 히로카즈仲井眞弘多가 헤노코 이전에 반대하는 이토카즈 게이코糸数慶子를 이겼다. 당초 나카이마는 정부와의 협조를 중시하여 대체시설 건설장소의 연안 이동을 추구하면서 헤노코 이전을 용인하는 자세를 보였다. 하지만 나카이마는 마무리를 서두른 나머지 해상자위대의 소해모함을 헤노코 앞바다에 파견하는 등 강경한 자세를 관철하는 모리야 다케마사守屋武昌 방위사무차관을

비판하게 되었다. 나카이마 현정이 발족한 뒤에도 해결로 향하
는 길은 보이지 않는 상태였다.

2장

'안보구조'에 대한 도전과 좌절

– 민주당 정권하의 안보체제

1. 미일의 알력

'대등'한 미일 관계 회구

미국의 첫 아프리카계 대통령으로서 버락 H. 오바마가 백악관에 들어간 2009년, 일본에서도 정권교체가 발생했다. 8월의 총선거에서 자민당이 대패하고 민주당의 하토야마 유키오鳩山由紀夫 정권이 발족했다. 하토야마는 10월 26일의 소신표면연설에서 "일미 양국의 동맹관계가 세계평화와 안전에 이바지하는 역할이나 구체적인 행동방침을 일본 측에서도 적극적으로 제언하고, 협력"하는 "긴밀하고 또 대등한 일미동맹"을 지향하겠다고 밝혔다.

미일 '대등'은 자민당 정권도 내세운 슬로건이었지만, 하토야마 이치로의 손자인 하토야마 유키오가 '미국추종형 외교'를 '반성'하고, "지금까지와 같은 의존형 외교가 아니라, 자립형 외교"를 지향하겠다고 논했기 때문에(鳩山 1997) 외교 방침의 전환이 있으리라 생각되었다.

하토야마는 안보체제가 '일본 외교의 기축'이라 생각했으나 (鳩山 2005) 미일 관계는 곤란한 국면을 맞이했다. 우선 뒤에서 서술하듯, 후텐마 기지 이전문제가 미일 간 알력을 낳았다. 또한 하토야마가 제창하던 '동아시아 공동체 구상'이 미국과 마찰하는 원인이 되었다. 이러한 구상은 하토야마의 입장에서 보면, 아시아를 중시하는 표현이었으며 아시아 각국의 신뢰 조성을 꾀하여 오키나와 주둔 미군기지의 축소로 연결하는 구상이었는데, 중국과 한국이나 ASEAN을 연대대상으로 상정했기 때문에 '미국 제외'의 우려를 불렀다. 더욱이 하토야마는 신테러특조법을 연장하지 않아 2010년 1월 인도양에서 해상자위대의 미군 함정 등에 대한 급유 활동이 종료되었다.

밀약의 해명

하토야마 정권은 안보체제에 얽힌 밀약 문제를 해명하기 위해 노력했다. 1994년 사토 수상의 밀사를 맡은 와카이즈미 게이가 『다른 방법이 없으리라 믿으려 한다』를 지어 오키나와 핵밀약의 실상을 밝힌 사실을 계기로, 다양한 해명이 진행되어 정치문제화되었다. "열린 외교"를 내걸고 "밀약 문제가 외교에 대한 국민의 불신감을 높였으며 일본의 외교를 약하게 만들었다"고 생각하는 오카다 가쓰야岡田克也 외상의 입장에서 보면, 밀약 문제는 "국민의 이해와 신뢰를 기초로 하는 외교의 전개에 있어 먼저 해결해야할 문제"였다(岡田 2014).

미국 정부 내의 대일정책 담당자들은 민주당 정권이 "미일동맹을 도대체 어떠한 방향으로 끌고 갈 생각이냐"고 우려하면서 밀약 조사를 주시했다(太田 2014). 2009년 9월 오카다와 만난 커트 캠벨Kurt Campbell 국무차관보는 미군의 "현재 운용에 영향이 있으면 곤란하다"는 우려를 표명했다. 오카다 자신도 "당시 미국 정부의 민주당 정권에 대한 불신감이 없었다고 말하면 거짓말이 될 것이다. 미국 측에는 '후텐마 기지 이전문제가 미묘한 시기에 밀약 조사를 무엇 때문에 하느냐'는 의혹"이 있어 미국 측이 "신정권이나 나에 대한 불신감을 갖고, 밀약 문제의 조사의도를 억측하는 국면도 있었을지도 모른다"고 회상했다(岡田 2014).

2010년 3월 기타오카 신이치北岡伸一 도쿄대 교수를 좌장으로 하는 유식자위원회가 밀약 문제에 관한 보고서를 공표했다. 사토가 후계 내각에 인계를 하지 않았다는 이유로 오키나와 핵밀약을 '밀약'이라 인정하지 않은 점에 의문이 제기되었지만, 이 보고서로 밀약 문제는 꽤 해명되었다. 민주당 정권은 '불투명성'이라는 안보체제의 구조적 비틀림의 시정에 중요한 성과를 남겼다.

단 밀약에 얽인 문제가 전부 해결되지 않았다. 우선 장래 미군이 일본에 핵을 반입하는 경우에 대해 오카다는 "당시 정권이 정권의 운명을 걸고 판단한 일"이라 발언하여 가능성을 부정하지 않았다. 또한 일본에 핵무기를 탑재한 함정의 기항에 관한 기밀문서에 대해서 미 국무부 당국자가 "문서를 정식으로 파기한 것이 아니다"라고 발언했고, 오카다도 "기본적으로 유효"라고 발언했다. 밀약은 아직 살아있었다(太田 2014).

2. 후텐마 기지 이전을 둘러싼 미주

'적어도 현외ﾉﾄ'의 좌절

하토야마는 후텐마 기지를 '적어도 현외ﾉﾄ'로 이전하겠다고 발언하여 '위험성'이라는 안보구조의 시정에 도전했다. 하지만 헤노코 이전을 기정 노선이라 생각하는 미 정부는 하토야마 정권에 불신감을 품고, 헤노코 이전을 기본선으로 하는 해결을 일본 측에 강요했다. 2009년 10월 일본에 온 로버트 게이츠 국방장관은 오카다에게 헤노코에 기지를 이전할 필요성을 강조했고, 11월의 미일정상회담에서도 오바마가 하토야마가에 헤노코 이전의 추진을 강하게 요구했다. 조기에 결론을 내놓아 "나를 신뢰해 달라trust me"는 오바마에 대한 하토야마의 발언도 헛되게, 하토야마 정권은 다른 방향으로 향했다.

하토야마는 "미국의 말대로 되지 않는다"는 생각을 가졌지만(宮城 2016a), 오카다나 기타자와 도시요시北澤俊美 방위상이 헤노코밖에 없다는 생각으로 기울어 내각의 의견이 분열되었다. 2010년이 되자, 하토야마는 히라노 히로부미平野博文 관방장관에게 헤노코를 대신한 이전지를 검토하도록 지시했다. 히라노는 가고시마현의 도쿠노시마德之島로 이전을 모색했으나 지역의 맹렬한 반발과 미국 측의 반대로 좌절했다.

결국 하토야마는 2010년 5월 4일 '적어도 현외ﾉﾄ'발언을 철회하고 나카이마에게 헤노코로 기지를 이전할 방침을 전했다. 28일 미국과 일본 정부는 헤노코 이전추진으로 합의했고, 하토야마 정권은 헤노코 이전을 각의결정했다. 각의결정 후의 기자회견에서 하토야마는 "최저라도 현외"라는 "자신의 발언을 지키지 못한 사실, 그 이상으로 오키나와 여러분을 결과적으로 상처 주게 되었음을 진심으로 사과합니다"라고 사죄했다. 후텐마 기지 이전 문제에서 하토야마를 지지한 사민당의 쓰지모토 기요미辻元淸美가 말하길, 하토야마에게는 "'오키나와 여러분의 생각을 받아들인'다는 생각밖에 없었기에 그렇게 된 다음 계획이 없었기에, 총리대신이 고립되었다는 느낌"이었다(宮城 2016a).

헤노코로 회귀한다는 하토야마의 변심은 민주당 정권의 입장에서 보면 헤아릴 수 없는 타격이 되었다. 우선 헤노코 기지 이전 추진에 반발한 사민당이 연립정권에서 이탈했다. 또한 5월 4일 오키나와를 방문한 하토야마가 "공부할수록" 해병대뿐 아니라 오키나와의 미군이 연대하기 때문에 억지력을 유지할 수 있다고 생각하기에 이르렀다며, "얄팍하다고 하신다면, 어쩌면 그대로일지도 모릅니다"라고 발언하여(朝日新聞デジタル 2010.5.4.) 수상으로서의 자질 문제를 심하게 추궁받게 되었다. 그리고 "최저라도 현외"라는 하토야마의 발언에 기대가 부풀었던 오키나와 현민의 실망이 커서 민주당 정권에 대한 신뢰가 실추된 사실이 가장 심각했다.

오키나와의 희생에 따른 대미관계수복

후텐마 기지 이전문제에서 보여준 엉뚱한 처리방법과 자신의 정치자금 문제로 인해 하토야마가 퇴진하자, 2010년 6월간 나오토菅直人 정권이 발족했다. 미일관계를 수복하고자 간은 6월 11일의 소신표명 연설에서 "일미동맹을 외교의 기축"으로 하여 "일본의 방위뿐 아니라, 아시아태평양의 안정과 번영을 지탱하는 국제적 공유재산"인 일본과 미국의 "동맹 관계를 착실히 심화"시키겠다고 말했다. 간은 또한 11월의 미일정상회담에서 "미국의 존재, 미군의 존재감이 이 지역에서 중요"하다고 발언했다(後藤 2014 3권).

간 정권은 12월에 결정된 새로운 방위계획의 대강(10대강)에서도 안보체제를 중시하는 자세를 보였다. 10대강은 기반적 방위력 구상이 아니라, "즉응성, 기동성, 유연성, 지속성 및 다목적성을 갖추어 군사기술 수준의 동향에 입각한 고도의 기술력과 정보 능력"이 뒷받침하는 '동적 방위력' 구축을 지향함과 동시에, 새로운 안전보장환경에 걸맞은 형태로 미일동맹을 '심화 발전'시킬 방침을 제시했다.

미일동맹을 중시한 간은 후텐마 기지의 헤노코 이전을 추진하는 방침을 유지했다. 하지만 하토야마 정권이 발족한 후 '현외이전'을 요구하는 현내 여론이 급격히 커지는 가운데 11월의 지사선거에서 '현외이전'을 공약으로 내걸어 재선된 나카이마는 헤노코 이전을 쉽게 받아들이지 않았다.

2011년 일본은 중대한 위기에 직면했다. 3월 11일 2만 명 가까운 사망자와 행방불명자를 낸 동일본대지진이 발생했다. 후쿠시마 제1원자력 발전소에서 대규모 사고가 발생하여 광범위한 토지가 방사능으로 오염되었다. 간 정권은 지진을 대응하는 과정에서 강한 비판을 받고, 퇴진하는 지경에 내몰렸다.

9월 개헌을 목표로 '보수'를 자칭하는 노다 요시히코野田佳彦가 수상에 취임했다. 지진대응이나 소비세 증세에 몰두한 노다 정권은 외교에서 동아시아 각국과의 관계에서 고생했다. 우선 2010년 9월 센카쿠 해역에서 발생한 중국 어선과 일본 순시선 충돌사건으로 긴장된 중일 관계가, 2011년 9월의 센카쿠 국유화 때문에 한층 더 악화되었다. 한반도를 보면 핵개발을 추진하는 북한의 벼랑 끝 정책이 지속되는 한편, 지지율 저하에 고심하던 한국의 이명박李明博 정권이 역사인식문제나 독도문제에서 강경한 자세를 보였다.

한편 노다는 "미일이 중심이며" 하토야마의 동아시아 공동체 구상은 "현실적이지 않다"고 생각한데다가(宮城 2016a) 겐바 고이치로玄葉光一郎 외상과 힐러리 클린턴 국무장관의 상성도 좋아서 미일 관계는 안정되었다. 동일본대지진이 발생했을 때 미군이 '도모다치작전'을 실시하여 피해지역을 지원한 사실도 미일 관계 수복으로 이어졌다.

최대 문제인 오키나와 미군기지 문제에 대해 겐바는 "밟히든 걷어차이든" 오키나와와 마주하겠다고 말하여 의욕을 보였고

(朝日 2011.9.6.) 일정 성과를 거두었다. 우선 두 차례에 걸쳐 지위협정의 운용을 개선했다. 2011년 11월 주일미군 기지에서 일하는 군속이 군무 중 저지른 범죄에 관해 미국이 형사기소를 하지 않을 경우, 일본 측이 1차 재판권을 행사할 수 있게 되었다. 12월에는 공식 행사에서 음주하는 경우도 포함하여 음주 후 자동차 운전은 어떠한 경우라도 '공무'로 취급하지 않게 되었다. 지금까지는 군인과 군속이 공적 행사에서 음주한 후 음주운전이나 교통사고는 '공무 중'으로 간주하여 일본 측이 재판권을 행사할 수 없었다.

또 2012년 4월에는 후텐마 기지 이전과 가테나 이남의 기지반환을 패키지로 하는 지금까지의 미군 재편성계획의 재검토를 미일 간 합의했다. 즉 후텐마 기지 이전의 진척 상황과 관계없이, 가테나 이남의 미군기지 반환을 추진하는 '패키지 분리'가 이루어졌다.

지위협정 운용개선이나 패키지 분리는 오키나와의 과중부담을 경감하여 안보체제의 '불평등성'을 시정하는 움직이었지만, 오키나와 측이 정부를 상대로 품은 불신감이 불식되는 일은 없었기에 '위험성제거'가 진행되었다고 말하기 어렵다

첫 번째로 2012년 10월 개발단계에서 많은 희생자를 내어 안전성에 큰 의심이 있던 신형 수송기 오스프리가 후텐마 기지에 배치되었다. 마에바라 세이지 전 외상이 "만일의 경우가 생기면 일미동맹이 손상된다"는 신중한 자세를 모리모토 사토

시森本敏 방위상에게 알린 일도 있었지만, 노다는 "배치는 미 성부의 방침이므로 이러쿵저러쿵 할 건이 아니다"라고 말하며 끊었다(後藤 2014 3권). 9월 14일 『뉴욕타임즈』가 오스프리의 오키나와 배치는 "오래된 상처에 소금을 뿌리는" 행위라고 논하는 등, 미국 내에도 신중론이 있었지만 일본 정부는 오스프리의 안전성은 확보되었으며 오스프리 배치 때문에 주일미군의 억지력이 높아진다고 강조했다. 하지만 오키나와 현민은 오스프리의 위험성에 대한 걱정을 불식할 수 없었다. 또한 수송기에 불과한 오스프리가 얼마나 억지력 강화로 이어질지도 애매했다.

두 번째로 현내 이전은 곤란하다는 나카이마나, 신기지 건설에 단호히 반대하는 이나미네 스스무 나고 시장의 저항 때문에 후텐마 이전은 도무지 진전되지 않았다. 후텐마 이전으로 인한 '위험성 제거'는 진행되지 않았으며 오히려 오스프리 배치로 인해 현민의 생명과 재산에 대한 '위험성'이 늘었다. 간, 노다 정권기 미일 관계의 안정은 오키나와의 희생에 기반했다고 할 수 있다. '불평등성', '위험성', '불투명성'이라는 안보구조를 바꾸려고 했던 민주당 정권의 도전은 '불투명성'의 시정에서는 효과를 거두었지만, 대부분 좌절했다.

3장

집단적 자위권과 안보체제

– 본격화되는 '글로벌화'

1. 집단적 자위권의 행사 용인

'전후체제로부터의 탈피'

2012년 11월의 총선거에서 민주당은 대패했고, 자민당이 정권에 복귀했다. 총리 자리에 돌아 온 아베 신조는 다시 "전후체제로부터의 탈피"를 지향했다. 아베는 개헌과 야스쿠니 참배, 그리고 자위대가 미군과 함께 "피를 흘림"으로써 미일은 "완전히 대등한 파트너"로 만들기를 중시했다(安倍·岡崎 2004). 그러한 목적을 실현하기 위해 아베는 '적극적 평화주의'를 내걸고 집단적 자위권 행사 용인을 향해 돌진했다.

단 제2차 정권 발족 후, 아베는 "전후체제로부터의 탈피"나 미일'대등'을 거의 언급하지 않게 되었고, 중국이나 북한, 테러의 위협을 강조하게 되었다. 추상적인 정치슬로건을 내세우기보다도 안전보장환경의 악화를 강조하는 쪽이 집단적 자위권 행사에 대한 국민의 이해를 얻기 쉽다고 판단했을 것이다.

헌법개정이나 역사인식문제 등에서 국수주의적인 언설이 눈에 띈 아베 정권의 정책은 일본의 '보수화', '우경화'와 연동했다. 동일본대지진이나 경제 성장의 저조 및 격차의 확대라는 심각한 국내 문제와 북한의 핵개발, 영토 문제나 역사인식을 둘러싼 중국이나 한국과의 알력으로 인해 내셔널리즘Nationalism 고조되었고 배외적 풍조가 확산되었다. 이웃 나라들에 대한 정서적인 반발이 인터넷상에 넘쳤고 혐오발언이 문제화되었다.

헌법해석의 변경

아베 정권은 안전보장정책 재검토를 급속히 추진했다. 우선 2013년 12월 국가안전보장회의(일본판 NSC)를 설치했다. 2014년 4월에는 무기수출삼원칙을 재검토하여 미국 등과의 방위장비와 기술협력을 추진하기 위해 『방위장비이전삼원칙』을 정했다. 2015년 2월 ODA개혁에서는 「ODA대강」을 대신할 「방위협력대강」을 정하여 비군사목적이라면 군에 ODA공여를 가능하게 했다.

아베의 입장에서 집단적 자위권과 안보체제 강화가 보다 중요했다. 첫걸음으로써 2013년 12월 새로운 방위계획대강(13대강)을 결정했다. 13대강은 북한의 핵개발, 중국의 군비확장, 순전한 유사도, 평시도 아닌 '회색지대 상태'가 증가하는 상황에 입각하여 "다양한 활동을 통합 운용하여 끊임없이 매끄럽고 또 상황에 임기응변하여 기동적으로 행동할 수 있을"만한 '통합기동방위력' 정비를 지향했다. 또한 안보체제를 일본의 안전보장의 '기축'이며, 아시아태평양 지역, 나아가 세계의 '공공재'로 평가한 다음, 가이드라인을 재검토하여 평소부터 각종 사태까지의 매끄러운 협력 태세를 구축하는 방침을 내놓았다.

그리고 2013년 7월 1일 마침내 아베 정권은 지금가지의 헌법해석을 바꾸어 집단적 자위권 행사가 "헌법상 허용된다"고

삭료회의에서 결성했다. 그리고 이 각료회의 결정에서 "무력행사의 새로운 3가지 요소"를 제시했다. 지금까지의 '무기행사 삼요건'은 ① 우리나라에 대한 급박, 부정한 침략이 있을 것, ② 이러한 경우, 이를 배제하기 위해 달리 적당한 수단이 없을 것, ③ 필요최소한도의 실력 행사에 그칠 것이었다. 그와 달리 '신新삼요건'은 ① 우리나라에 대한 무력 공격이 발생할 것, 또는 우리나라와 밀접한 관계에 있는 타국에 대한 무력공격이 발생하여, 이로 인하여 우리나라의 존립이 위협받아 국민의 생명, 자유 및 행복추구의 권리가 근저부터 뒤집어지는 명백한 위협이 있을 것, ② 이를 배제하여 우리나라의 존립을 완수하고, 국민을 지키기 위해 달리 적당한 수단이 없을 것, ③ 필요최소한도의 실력행사에 그쳐야 한다고 했다.

안보법제간은 5월의 보고서에서 집단적 자위권의 전면적 해금, 즉 풀스펙으로 집단적 자위권의 행사를 제안했지만, 거기에 부정적인 연립 상대인 공명당에 대한 배려 때문에 아베는 한정적인 행사 용인에 머물렀다. 한정적이라지만 집단적 자위권 행사 용인은 아베에게 중요한 의미를 가졌다. 아베는 "일미동맹은 전혀 차원이 달라진다. 집단적 자위권 행사는 엄청난 억지력이 될 테니까"라고 생각했다[読売新聞政治部編(이하 読売) 2015].

각료회의에서 결정을 마친 후 가진 기자회견에서 아베는 "자위대가 예전 걸프전쟁이나 이라크전쟁에서의 전투에 참가하는 상황은 앞으로도 결코 없으며", "외국을 지키기 위해 일본이

전쟁에 휘말리는" 경우도 "있을 수 없다"고 발언하여 국민에게 "휘말릴 수 있는 공포"가 확산되는 상황을 방지하려고 했다.

한편 아베는 자위대가 미군을 지키지 않으면 미국의 "같이 일본을 지키려는 의지가 이어질지" 알 수 없다고 발언하여 "버림받을 수 있는 공포"를 강조했다. 하지만 주일미군기지가 미국의 세계전략상 불가결한 상황에 입각하면 "버림받을 수 있는 공포"를 선동하는 행위는 타당성이 떨어진다.

정부가 집단적 자위권 행사의 합헌성의 근거로서 놀랍게도 스나가와 판결의 "필요한 자위를 위해 조치를 취할 수 있음은 국가 고유의 권능 행사로서 당연"하다는 문구를 들고 나왔다. 이미 서술하였듯 스나가와 판결은 주일미군의 합헌성을 물었지, 집단적 자위권이 쟁점이 되지 않은 데다가 미군기지가 위헌이 되는 상황을 두려워한 미국 측이 후지야마 외상이나 다나카 최고재판소 장관과 교섭하였음이 판명되었다. 미국 측의 개입으로 사법의 독립이 위협받을 우려가 있는 과거의 판결을 근거로 삼을 수밖에 없을 만큼, 아베 정권의 주장에는 무리가 있었다고 할 수 있을 것이다.

헌법학자나 일본변호사연합회 등은 아베 정권에 '위헌', '입헌주의의 파괴'라는 강한 비판을 퍼부었으며, 미야자키 레이이치宮崎礼壹 전 내각법제국 장관은 각의결정을 '억지'라 단정했다 (朝日新聞政治部取材班 2015). 아시아태평양전쟁을 정당화하는 역사관을 가진 아베가, 헌법해석을 바꾸어 자위대의 활동을 확대시기는 행위의 성당성도 낭연히 물어야 했나. 자위대가 해외에 적극적으로 나간다면, 아시아태평양전쟁을 진지하게 반성할 필요가 있을 것이다.

미일동맹 강화를 지향하는『요미우리신문』은 아베의 결정을 강하게 지지했지만, 헌법과의 정합성을 중시하는『아사히신문』이나『마이니치신문』은 엄중히 비판하는 등, 미디어의 반응은 갈라졌다. 또한 아사히, 요미우리, 마이니치 각 신문의 여론조사에서는 집단적 자위권 행사 용인에 대해 부정적 회답이 과반이었다. 아베 정권은 집단적 자위권에 관한 국민적 합의 형성에 실패하여 국론을 분열시켰다.

2. 아베 체제의 '글로벌화' – 15가이드라인과 안보관련법

15가이드라인의 책정

헌법해석을 변경한 아베 정권은 2015년 4월의「2+2」로 18년 만에 가이드라인을 개정했다. 일본 측의 주요 목표는 센카쿠 제도 주변에서의 활동을 비롯한 중국의 해양 진출을 견제하는 것이었다. 한편 아시아를 중시하는 '재균형Rebalance'를 내세운 오바마 정권도 미일이 전지구 규모로 협력하길 바랐다. 단 중국을 둘러싸고 미일 간 생각차가 있었다. 일본 정부는 15가이드라인으로 억지력이 강화된다고 생각했으나 중국을 과도하게 자극해서는 안 된다고 생각한 미국은 15가이드라인이 대중국 일색이 되지 않도록 부심했다(読売 2015).

15가이드라인은 "아시아태평양지역 및 이를 초월한 지역"에서의 안보체제의 중요성을 지적하며, "일미동맹의 글로벌한 성질"을 강조했다. 그리고 ① 평시부터 이용가능한 동맹조정매커니즘을 설치하고, ② 일본방위에 관해서 "평시부터 긴급사태까지 어떠한 단계에서도 끊임없는" 조치를 취하며, ③ 일본의 안전에 "중요한 영향을 끼치는 사태(중요영향사태)"에 있어서 자위대는 지리적 제약 없이 미군을 후방지원하며, ④ "일본과 밀접한 관계에 있는 타국에 대한 무력공격이 발생하고, 이로 인해 일본의 존립이 위협받아 국민의 생명, 자유 및 행복추구의 권리가 근저부터 뒤집어지는 명백한 위험이 있는 사정(존립위기사태)"에서는 집단적 자위권을 행사하도록 규정했다. 또한 PKO 등의 "지역 및 글로벌한 평화와 안전을 위한 협력"이나 우주, 사이버 공간에 관한 협력의 촉진, 상호운용성 등도 삽입했다.

15가이드라인으로 자위대는 지리적 제약 없이 전세계 규모로 미군을 후방지원하게 되었으며 주일미군의 활동 범위와 자위대의 후방지원 양면에서 안보체제는 본격적으로 '글로벌화' 되었다.

또한 한정적인 집단적 자위권 행사에서 일본이 공격을 받지 않은 경우라도 자위대의 미 함정 방호나 기뢰소해, 탄도미사일 방위에서의 미일협력 등이 가능해져서 안보체제의 '대칭성'이 늘었다. 단 모든 분야에서의 집단적 자위권을 인정하지 않았기 때문에, 안보체제가 "대칭적인 상호성"으로 이행하지는 않았다.

한편 일본방위의 주체가 어디까지나 자위대임은 변하지 않았다. 고다 요지番田洋二 전 자위함대 사령관은 "대다수의 국민은 일미안보로 미국은 일본을 지켜 줄 것이라 생각하지만, 아닙니다. 자위대가 일본을 지킵니다. … 센카쿠 제도 정도의 작은 섬을 미군이 지킬 리가 없습니다"라고 발언하여 일본에 대한 침략을 억지하고, 전쟁이 일어난 경우 상대국을 공격함이 미군의 역할이라고 주장했다(朝日 2017.8.23.).

안보관련법 성립

아베 정권은 15가이드라인에 실효성을 갖게 하려고 안보관련법 제정에 착수했다. 2015년 4월 미국을 방문했을 때, 아베는 미 의회에서 안보관련법을 여름까지 성립시키겠다고 명백히 말했다. 하지만 6월의 중의원 헌법심의회에서 자민당이 추천한 하세베 야스오長谷部恭男 와세다 대학 교수 등이 집단적 자위권 행사를 인정하는 안보관련법안은 위헌이라 단언하자, 아베 정권에 대한 비판이 단숨에 높아졌다.

국내에서 찬성과 반대가 소용돌이치는 가운데, 9월 아베 정권은 안보관련법, 즉 국제평화지원법(신법), 중요영향사태법(주변사태법의 개정), 무력공격존립위기사태법(무력공격사태법의 개정), 개정 자위대법, 개정PKO협력법 등을 성립시켰다.

무력공격존립위기사태법의 요점은 미국 등이 공격을 받아 일본의 존립이 위협받는 '존립위기사태'가 발생했을 때 집단적 자위권을 행사하도록 규정한 법이다. 집단적 자위권을 행사하는 활동으로서는 미함정 방호, 미군을 노리는 미사일 요격 등을 상정했다. 나아가 아베가 국회에서 자위대의 해외파병의 "유일한 예외"라 강조하고, 호르무즈 해협에서의 기뢰소해를 들었다.

국제평화지원법은 국제사회가 분쟁 따위에 공동으로 대처해야할 '국제평화공동대처사태'에서 자위대가 "실제로 전투행위가 벌어지는 현장" 이외의 장소에서 전투 중인 미군이나 다국적군에 물이나 연료 보급, 물자와 인원 수송 등의 후방지원을 하도록 규정한 영구법이다. 이 법률의 성립으로 테러특조법 같은 시한입법이 필요 없게 되었다.

중요영향사태법은 '중요영향사태'가 발생했을 때, "실제로 전투행위가 일어나는 현장" 이외의 장소에서 미군 등에 후방지원을 하도록 규정한 법이다. 일본 '주변'이라는 자위대의 활동 범위에 관한 지리적 제약을 없앤 점이 중요하다. 또한 주변사태법에서 금지한 미군 등에 대한 탄약 제공, 출격 준비 중인 항공기에 대한 급유 등도 가능하게 되었다.

또한 개정자위대법에서 평시에 자위대는 일본방위를 위해 활동하는 미군 등의 무기 등을 방호할 수 있게 되었다. 개정 PKO협력법에서는 유엔평화유지군뿐 아니라 미국 등이 유지연합을 결성하여 부흥과 인도지원을 하는 '유엔평화안전활동'에 자위대의 참가를 인정했다. 또한 PKO 등에 종사하는 자위대가 습격받은 민간인을 구출하는 등의 '달려가는 경호'도 가능하게 되었다.

한편 자위대의 해외파견이 야금야금 이루어진 사실에 대한 국민의 우려에 대응하고자, 공명당의 요구에 응하여 안보관련법에는 자위대의 해외파견에 관한 '제동삼원칙'을 삽입했다. 그것은 ① 국제법상의 정당성(유엔결의), ② 국민의 이해와 민주적인 통제(국회승인), ③ 자위대원의 안전 확보 등이었다.

국회에서는 입헌주의와 평화주의의 파괴라는 등의 이유로 민주당, 공산당, 사민당 등의 야당이 내각불신임안 제출이나 필리버스터라 불리는 장시간 연설로 저항했다. 원외에서는 많은 학자, 오모리 마사스케大森政輔 전 내각법제국장관, 야마구치 시게루山口繁 전 최고재판소 장관을 비롯한 사법 관계자, 실즈 (SEALDs, 자유와 민주주의를 위한 학생긴급행동) 등이 반대를 표명했다. 마이니치, 아사히, 요미우리 각 신문의 여론조사에서는 안보관련법 성립에 대한 부정적인 회답이 과반이었다.

아베가 5월 26일의 중의원 본회의에서 안보관련법에 따라 "일미동맹이 완전히 기능한다는 사실을 세계에 발신"하여 억지력이 더욱 높아진다고 발언했듯, 아베 정권은 집단적 자위권의 행사 용인, 15가이드라인, 안보관련법 제정이라는 일정의 대처로 안보체제가 강화되어 억지력이 높아졌다고 강조했다. "전후 체제로부터의 탈피"와 미일 관계의 '대등'화를 지향하는 아베의 입장에서 남겨진 과제는 개헌이라는 최종 목표만 남았다.

2017년 1월 공화당의 도널드 J. 트럼프Donald J. Trump 정권이 발족했다. 기업가 출신으로 정치 경험이 없는 트럼프는 선거 중부터 실언과 막말이 주목을 모았으며 일본과의 경제 관계에도 불만을 표명했다. 일본은 미군 주둔 경비를 더 부담하라는 트럼프의 주장은 안보편승론의 재래를 떠올리게 했다. 하지만 2월의 미일정상회담 후, 미군 주둔 경비 이야기가 나오지 않게 되는 등, 트럼프의 대일자세에 변화가 나타났고, 아베와 트럼프는 밀월을 어필하게 되었다.

트럼프 정권 발족 후, 동아시아 정세는 긴박해졌다. 북한이 미 대륙을 겨냥한 ICBM 개발을 가속화시켜 도발 행위를 확대시켰다. 아베는 북한과의 대화를 거부하는 한편, "최대한의 압력"의 필요성을 주장하여 미일의 결속을 과시했다. 국제사회의 대북 경제제재나 평창올림픽을 계기로 하는 남북대화 분위기의 조성을 배경으로, 2018년 4월 문재인文在寅 한국 대통령과 김정은金正恩 조선노동당 위원장의 남북정상회담이 개최되어 한반도의 완전한 비핵화를 목표로 하기로 합의했다. 더욱이 6월에 사상 첫 북미정상회담을 실현하여 한반도의 완전한 비핵화 지향이 확인되었지만, 비핵화의 시기나 구체적 방책은 정하지 못하여 한반도 정세의 앞날은 불투명한 상태이다.

'희망의 동맹'의 허실

2015년 4월의 방미 때, 아베는 안보체제를 "희망의 동맹"이라 불렀지만, 그 기반은 결코 반석이 아니다. 첫 번째로 15가이드라인이나 안보관련법에 관한 국민적 합의가 불충분하다. 호르무즈 해협에서의 집단적 자위권 행사나 지리적 제약 없이 자위대가 미군의 후방지원을 하는 행위는 일본이 미국의 세계전략에 깊이 관여함과 동시에, 일본과 극동의 평화와 안전을 지킨다는 안보체제의 틀이 크게 변화함을 의미하는데, 그런 점에서 정부는 명확히 설명하지 않았다. 국민적 합의가 없는 상태에서 미군과 같이 싸워 자위대원이나 국민에 큰 희생이 나올 경우, 국민이 정부의 '대미추종' 자세에 불만을 크게 가져 안보체제에 대한 신뢰가 흔들릴 우려가 있다.

두 번째로 미국이 잘못된 전쟁을 일으킬 경우, 일본이 어떻게 대처하느냐에 대한 깊은 논의가 없다. 야나이 준지 전 주미대사는 미국이 부적절한 요구를 해 올 경우, 일본이 "주체적으로 결정하면 될 뿐이다"라고 말했다(読売 2015). 하지만 안보체제의 역사를 돌이켜보면, 때로는 밀약까지 맺고 일본은 미국의 요구에 응해왔으며, 자위대의 해외파견의 '제동'이 기능한다는 보증은 없다.

앞서 말했듯, 베트남전쟁 때의 "미국이 곤란함에도 일본이 외면하기 때문에 일미안보체제에 균열이 생기는 상황이 걱정(오가와 외무성 국제자료부장)", 혹은 이라크전쟁 때의 "동맹국이 곤란할 때 지지하지 않을 수 없습니다(고이즈미 수상)" 같은 구실로 미국의 전쟁이 국제적 정당성이 결여되어 있더라도 일본 정부가 안보체제를 지키는 것을 최우선으로서 위법 무력행사로 나설 가능성은 부정할 수 없다. '대칭성'의 고조가 미일의 정치적 '대등성'에 직결되지 않았다.

세 번째로 안보체제의 강화가 국제긴장을 높이고, 안전보장의 딜레마로 이어질 우려가 있다. 집단적 자위권 행사 용인의 각의 결정 이후에도 중국의 해양진출이나 군비확장이 지속되는 한편, 중국과의 관계를 어떻게 안정시켜, 안전보장의 딜레마를 회피하느냐의 전망을 제시하지 않았다. 상대국의 무력행사를 억제하기 위해 억지가 일정한 유효성을 갖는다고 해도, 억제력은 국가 간의 문제들을 해결하는 것이 아니라, 결국 대화와 타협이 필요하게 됨을 잊어서는 안 된다.

네 번째로 미국 등과의 정보공유를 강화하고자, 2013년 제정된 특정비밀보호법으로 안보체제의 '불투명성'이 높아졌다. 정부는 자위대와 미군의 연대강화를 위해 안보관련법과 특정비밀보호법을 일체운용할 방침이며, 집단적 자위권을 행사할 근거가 국민에게 제시되지 않을 가능성도 있다. '불투명성'이 안보체제에 대한 국민의 지지를 저하시킬 리스크가 요인임을 잊어서는 안 된다.

다섯 번째로 국제공헌과 안보체제의 강화가 혼연일체가 되어 있다. 예를 들면 호르무즈 해협의 기뢰소해는 집단적 자위권 행사에 따른 미일 협력이 아니라, 유엔에 의한 집단안전보장의 범주로 생각하는 쪽이 적절하지 않을까? 국제공헌과 안보체제 강화를 엄격히 구별하지 않으면 국민이 국제공헌에 대해 '대미추종'이라는 불만을 품고 나아가 안보체제에 불신감을 갖게 될 우려가 있다.

그리고 미일안보체제가 안고 있는 또 하나의 심각한 문제는 오키나와 기지문제이다.

3. 난제로서의 미군기지 문제

'올All 오키나와'의 성립

2013년 12월 후텐마 기지 이전을 둘러싸고 큰 움직임이 있었다. 현내 이전은 곤란하다고 계속 말해 온 나카이마가 자세를 크게 바꾸어 지위협정을 보충하는 협정체결로 향한 미일교섭의 개시와, 매년 3,000억 엔대의 진흥예산을 조건으로 헤노코 이전에 동의했다. 아베와의 회담을 마친 나카이마는 정부의 제안이 "놀라울만한 훌륭한 내용"으로 "좋은 정월이 되겠다"며 기뻐했다.

나카이마가 헤노코 용인으로 되돌아 선 이유는 정부와의 대결 자세를 관철함으로 인한 진흥책의 후퇴를 걱정했기 때문이었다. 하지만 오키나와에서는 지사선거에서 '현외'를 내걸고 당선된 나카이마가 임기 끝 무렵에 변절한 사실에 대한 비판이 터져나왔다. 나카이마를 지지하는 재계로부터도 오키나와는 "돈을 쌓으면 납득한다는 인상을 발신했다고 하면 되돌릴 수 없는 죄다(데루야 요시자네照屋義實 오키나와현 상공회연합회 회장)"이라는 목소리가 나왔다(宮城 2016a).

나카이마의 변절은 오키나와 정치에 큰 변동을 초래했다. 자민당 오키나와현 연합회의 간사장 출신으로 나카이마의 선거대책본부장을 지낸 오나가 다케시翁長雄 나하 시장이 3선을 향한 나카이마에게 대항하여 2014년 11월의 현지사 선거에 출마했다. 오나가는 안보체제나 미군기지의 필요성을 인정하면서도, 현내에 새로운 기지 건설에 단호히 반대한다는 입장을 선명히 했다. "이데올로기보다도 정체성"을 내건 오나가는 보수 일부와 혁신 세력이 연대한 '올 오키나와'의 지지를 얻어 10만 표 가까운 큰 차이로 나카이마에게 압승했다.

오랫동안 보수와 혁신이 격렬히 대립해 온 오키나와에서 오나가 지사의 탄생은 큰 지각변동이었지만, 헤노코 이전 추진이라는 아베 정권의 방침에 변화는 없었다. 그래서 오나가는 2015년 10월 헤노코 매립 승인을 취소했지만, 정부와의 법정투

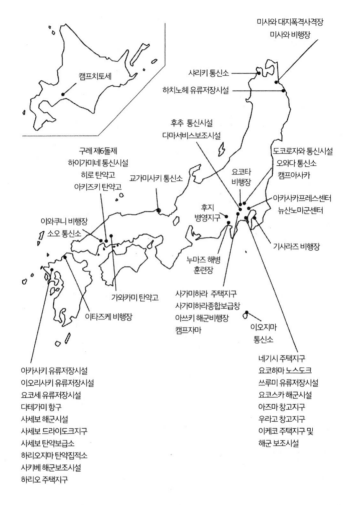

미사와 대지폭격사격장
미사와 비행장

샤리키 통신소

하치노혜 유류저장시설

캠프치토세

후추 통신시설
다마서비스보조시설

구레 제6돌제
하이가키네 통신시설
히로 탄약고
아키즈키 탄약고

교가미사키 통신소

도코로자와 통신시설
오와다 통신소
캠프아사카

요코타
비행장

아카사카프레스센터
뉴산노미군센터

후지
병영지구

이와쿠니 비행장
소오 통신소

기사라즈 비행장

누마즈 해병
훈련장

가와카미 탄약고

사가미하라 주택지구
사가미하라종합보급창
아쓰키 해군비행장
캠프자마

이오지마
통신소

이타즈케 비행장

네기시 주택지구
요코하마 노스도크
쓰루미 유류저장시설
요코스카 해군시설
아즈마 창고지구
우라고 창고지구
이케코 주택지구 및
해군 보조시설

야카사키 유류저장시설
이오리사키 유류저장시설
요코세 유류저장시설
다테가미 항구
사세보 해군시설
사세보 드라이도크지구
사세보 탄약보급소
하리오지마 탄약집적소
사키베 해군보조시설
하리오 주택지구

[그림6] 2018년 현재 본토의 미군시설과 구역

(출처 梅林宏道, 『在日米軍 - 変貌する日米安保体制』 岩波書店, 2017년을 바탕으로 작성)

쟁은 패배로 끝났다. 그 후에도 오나가는 일관되게 헤노코 이전을 인정하지 않는 방침을 견지했지만, 정부를 막을 유효한 방법은 없었으며 2018년 2월 나고 시장 선거에서 이전반대파인 현직 이나미네 스스무가 패배하는 등, '올 오키나와'에 한계가 나타나기 시작했다. 오나가는 생명에 위독한 병에 걸렸으면서도 7월 27일 지사의 최대 권한이자, '마지막 카드'라 불렸던 매립 승인 철회로 향한 수속을 시작하겠다고 표명했다. 하지만 그는 8월 8일 급사하여 자기 손으로 매립 승인을 철회할 수 없었다.

지위협정에 대해 일정한 개선이 보였다. 2015년 9월 주일미군기지에 보다 엄격한 환경기준을 적용하여 "미군의 운용을 방해하지 않는다"는 조건부로 일본 측에 환경조사 등의 업무목적으로 출입을 인정하는 '환경보충협정'이 성립했다. 기시다 후미오岸田文雄 외상은 "처음으로 지위협정을 보충하는 국제조약이다. 지금까지의 운용개선과는 다른 역사적인 의의가 있다"며 그 의의를 강조했다(朝日 2015.9.30.). 2016년 오키나와에서 미군속이 여성을 폭행하고 살인한 사건이 발생하자, 미일은 2017년 1월 지위협정에서 미국 측에 우선적인 재판권을 부여한 군속의 범위를 명확하게 하는 보충협정에 조인했다. 하지만 지위협정 개정으로 향하는 움직임은 없기에 근본적으로 '불평등성' 시정을 향한 길은 보이지 않는 상황이다.

미군기지

북부훈련장

오쿠마 휴식센터

이에지마 보조비행장

야에타케 통신소

캠프슈와브

캠프핸슨

헤노코 탄약고

육군 유류저장시설

긴 레드비치 훈련장

가테나 탄약고지구

긴 블루비치 훈련장

도리이 통신시설

덴간잔교

가테나 비행장

캠프코트니

요코세 유류저장시설

캠프맥튜리어스

캠프쿠와에

화이트비치 지구

캠프즈케란

쓰켄시마 훈련장

마키미나토 보급지구

아와세 통신시설

나하항만시설

캠프실즈

후텐마 비행장

[그림7] 2018년 현재 오키나와현내의 미군시설과 구역

(출처 沖縄県庁ホームページ 바탕으로 작성)

본토와 오키나와의 분단

2006년과 2008년에 요코스카에서 미군이 저지른 살인사건이 발생했고, 2013년에는 자마에서 미군속의 아들이 방화사건을 저지르는 등, 본토에서도 미군 관계자의 범죄가 계속 발생 중이다. 또한 아쓰키나 요코타, 미사와, 이와쿠니 등에서는 주민들이 미군기가 내는 소음에 계속 시달리고 있다. 아쓰키, 요코타, 이와쿠니 주변 주민의 '소음소송'의 대부분에서 원고단은 배상금을 받았지만, 미군기의 비행금지는 거부되었다. 본토의 미군기지 문제도 간과할 수 없으나 그것이 미디어에서 크게 다뤄지는 경우는 거의 없다. 대부분의 국민이 봤을 때 미군기지 문제는 '오키나와의 문제'이며 남의 일이다.

더욱이 최근 부담경감을 요구하는 오키나와 측에 대한 반발이 인터넷 등에서 확산중이다. 2017년 12월 후텐만 기지에 인접한 후텐마 제2소학교에 미군 헬기의 창이 떨어져서 아동이 위험해 처한 사건이 발생했을 때, 사건은 '조작'이라는 중상모략이나, "학교를 나중에 세운 주제에 불평하지 마라" 같은 전화가 소학교에 걸려왔다는 현상이 발생했다(每日 2017. 12. 25.). 본토의 미군기지 문제의 역사를 망각하고, 오키나와의 역사나 실정을 무시한 정서적인 발언은 문제해결을 멀어지게 할 뿐이다.

한편 오키나와현 내에서는 일본 정부에 대한 불신감 때문에 '독립론'이 서서히 퍼지고 있다. 동아시아의 긴장, 일본에서의 내셔널리즘의 고조, 후텐마 이전 문제의 미주로 인해 본토와

오키나와의 분단이 진행되어 '위험성 제거'라는 원점의 공유마
저 어려워지고 있다.

오키나와 미군기지 문제는 "너무 어렵다"는 이나미네 게이이
치의 말은 한없이 무겁다(이나미네 씨에 대한 인터뷰 2017.9.15.). 오키
나와 미군기지 문제를 내버려 둔 채로 안보체제의 '글로벌화'와
'대칭성'의 추구에 부심하는 것이 과연 미일 관계의 발전으로
이어질 것인가? 지금 다시 한번 물어봐도 좋을 것이다.

끝으로

안보체제의 역사란?

미일안보체제 60여 년은 주일미군의 권익확보와 일본의 대미 협력 확대를 추구해 온 역사이며, '비대칭성', '불평등성', '불투명성', '위험성' 이라는 안보체제의 형성과 지속변용의 과정이었다.

냉전기, 공산주의 봉쇄를 추구하는 미국의 입장에서 보면, 안보체제란 우선 일본을 자유주의 진영에 편입시켜 아시아 전략상 빠질 수 없는 미군기지를 일본에 확보하고, 가능한 자유롭게 사용하는 권리를 얻기 위한 장치였다. 그리고 미군의 권익 우선 원칙이 안보체제의 '불평등성', '불투명성', '위험성'이라는 구조적 비틀림을 낳았다.

더욱이 미국에 있어서 안보체제는 '병뚜껑'으로서 일본 군국주의의 부활이나 일본의 핵무장을 억제하면서 '비대칭성'을 사다리로 삼아 일본으로부터 안전보장상의 부담분담을 이끌어내는 시스템이었다. 냉전기 방위력 증강, 78가이드라인, 배려예산, 대외원조확충 등 일본의 대미 협력이 확대되는 과정에는 안보편승론 같은 '비대칭성'에 기인하는 미국의 불만과 일본 측의 미일 '대등'을 향한 욕구, 그리고 "버림받을 수 있는 공포"가 영향을 끼쳤다.

한편 패전 후, 한정적인 방어력만 가질 수밖에 없었던 일본에 안보체제는 독립 후의 안전을 지키기 위한 잠정적 수단으로, 그 구조적 왜곡은 강화를 얻기 위한 대가였다. 안보개정이나 주일미군기지 축소로 '불평등성'이나 '위험성'이 시정된 부분도 있었지만, 미군의 권익우선 원칙은 흔들리지 않았다. 1960년대 이래, 구조적 왜곡을 내포한 채로 일본 정부는 안보체제를 미일 관계의 '근간', 극동의 평화와 안전의 '버팀목'이자, 아시아 국제정치의 '기본적 틀'로 평가하게 되었다.

'역피라미드'의 안보체제

냉전 후, 공산주의 봉쇄라는 안보체제의 역사적 역할에 마침표가 찍히고, 1995년 오키나와 소녀 폭행사건도 있어서 안보체제에 대한 일본 국민의 지지는 흔들렸다. '동맹표류'가 우려되는 가운데, 미국과 일본 정부는 안보재정의로 안보체제에 아시아태평양 지역 안정의 '기초'라는 새로운 생명을 불어넣어 존속을 꾀했다.

냉전 후의 안보체제의 전개에서 현저한 것은 55년 체제의 붕괴라는 일본정치의 지각변동도 있었고, 걸프전쟁, 한반도위기, '테러와의 전쟁', 중국의 군사적 대두를 배경으로서 자위대에 의한 대미협력이 단숨에 확대되어 집단적 자위권 행사 용인이나 15가이드라인에 이른 사실이다. 안보체제는 "대칭적 상호성"을 향해 걸음과 동시에, 주일미군의 활동과 자위대의 후방지원 양면에서 '글로벌화'했고, 일본은 미국의 세계전략에 깊이 관여했다.

'미일동맹'이라는 용어의 정착이 상직하는 미일의 군사협력 확대로, 미국의 불만은 일정 수준 해소되었을지도 모르지만, 안보체제는 반석이 아니다. 우선 미국이 잘못된 전쟁을 시작할 경우, '사람'을 보내게 된 일본이 어떻게 대응하느냐는 중대한 질문에 대한 회답은 충분하지 않다. 군비확장을 추진하는 중국과 어떻게 마주하여 안전보장의 딜레마를 어떻게 회피할지도 확실하지 않다. 또한 안보체제의 '글로벌화'나 집단적 자위권 행사로 인한 안보체제 강화에 대한 국민적 합의가 성립했다고 말하기 어렵다.

그리고 '위험성', '불투명성', '불평등성'이라는 구조적 왜곡의 시정은 좀처럼 진행되지 않았고, 많은 국민의 불만이 해소되지 않았다. 국방장관으로서 오키나와 소녀 폭행사건에 대처한 윌리엄 페리는 안보체제를 불안정한 '역피라미드'라 불렀고(舟橋 1997), 그러한 현실은 지금도 달라지지 않았다.

앞으로의 안보체제

일본의 안전보장정책에는 다양한 선택이 있다. 유엔 집단안전보장은 지금도 바람직하지만, 기능은 아직 충분하지 않았다. ASEAN지역 포럼, 확대ASEAN국방장관회의, 아시아안전보장회의(샹그릴라 다이얼로그) 등 지역적 안전보장협력 확대를 지향하는 움직임도 있지만, 지역적 안전보장체제의 구축에는 시간이 걸린다. 안보체제에 의존하지 않는, 핵무기 보유를 포함한 일본의 자주방위라는 선택은 국내정치적, 재정적으로 득책이 아닐 뿐 아니라, 미일 관계를 손상시키고 주변국의 경계감을 높이고, 일본이 세계의 불안정 요소가 될지도 모른다. 또한 많은 국민이 미일협조의 의의를 인정하고, 자위대나 안보체제를 받아들이게 되어 예전에 사회당이 외쳤던 비무장중립도 호소력을 잃었다.

중장기적으로는 미국과 협조하면서 유엔의 집단안전보장기능의 강화와 아시아태평양 지역에서 다각적인 안전보장체제의 구축을 향해 노력하고, 또한 일본이 그러한 체제들에 어떻게 관여할지를 충분히 검토해야 한다. 하지만 당분간은 일본의 안전을 보장하고, 아시아태평양지역의 국제질서의 현상을 유지하는 장치로서 안보체제는 존속하고 미군이 계속 주둔할 것이다. 미군의 유사 주둔이라는 선택도 있지만, 미국의 입장에서 주일미군기지의 가치나 일본의 주요 정당의 정책에 비춘다면, 실현가능성은 작다. 한편 풀스펙 집단적 자위권 행사로 인한 '대칭적 상호성'으로 안보체제가 변용할 가능성은 부정할 수 없다.

그렇다면 우리가 생각해야 할 것은 안보체제의 어디를, 어떻게 시정하느냐에 있다. 안보체제의 '비대칭성'을 최대 문제로 인식하여 '대칭적 상호성'을 지향해야 한다는 견해도 있다. 하지만 보다 중요한 것은 미군의 권익과 일본의 대미협력 확대를 추구하는 안보체제의 모습을 재검토하는 작업이다.

우선 '평화국가'에 어울리는 일본의 국제적 역할을 확정하고, 안보체제의 평가나 미일협력의 모습을 검토해야 한다. 그럴 때에는 국제공헌과 안보체제 강화를 엄격히 구별할 필요가 있다. 실질적으로는 미국의 요구에 응하여, 안보체제를 지키기 위한 '대미협력'임에도 불구하고, '대미추종'이라는 비판을 피하기 위해 '국제공헌'이라는 단어로 위장하는 일이 있어서 안 된다. 그것은 미일 관계와 국제공헌에 대한 국민의 이해를 방해할 우려가 있다.

또한 일본 및 극동의 평화와 안전을 지킨다는 안보조약의 틀을 바꾸어 주일미군의 행동이나 자위대의 대미협력을 '글로벌화'시킨다면, 민주적 수속에 따라 국민적 합의를 얻어야 한다. 지금까지처럼 주일미군의 행동의 자유를 최우선하거나, 국민적인 논의를 피하면서 야금야금 헌법해석을 변경하여 자위대의 대미협력을 확대시키는 방법을 되풀이해서는 안 된다. 더욱 주변국과의 신뢰조성에 노력하여 안보체제의 강화가 안전보장의 딜레마로 이어지는 상황을 회피해야 한다.

그리고 일본의 안전과 국제질서를 지키기 위해 미국과 협조하면서도, 미국이 자신의 가치관이나 이데올로기를 타국에 강요하고, 일방적인 행동에 치달을 경우에는 미국을 지원하는 것이 아니라 서구 각국 등과 연대하여 미국의 행정을 교정할 필요가 있다. 안보체제는 '편무적'이라는 오해, 미일'대등'이라는 수사나 "버림받을 수 있는 공포"에 사로잡혀 안보체제의 유지와 강화가 자기목적으로 변해 미국의 잘못된 전쟁에 협력하여 위법한 무력행사에 나서는 일이 있어서는 안 된다.

구조적 왜곡의 시정도 빠질 수 없다. 특정비밀보호법의 재검토나 역사적인 공문서의 적극적 공개 등, 미일 양국 정부가 과거와 현재에 관한 충분한 설명과 정보공개를 하여, 가능한 '투명성'을 높여야 한다. 또한 지위협정을 개정해서 미군의 특권을 최소한으로 좁히고, '불평등성'을 시정함과 동시에 오키나와를 비롯한 주일미군기지의 '위험성 제거'를 추진할 필요가 있다. 특히 군사 전문가 사이에서 필요성에 의문을 보이고 있는 오키나와 주둔 해병대의 삭감과 후텐마 기지 이전계획 재검토에 따른 오키나와의 부담경감은 급무이다. 안보구조의 왜곡을 시정하고 안보체제에 의한 일본 국민의 기본적 인권 침해를 막는 것은 양호한 미일 관계를 유지발전시키기 위해 빠질 수 없을 것이다.

미일안보체제가 미군기지 주변 주민을 포함한 모든 일본 국민, 나아가 아시아태평양 지역에 사는 많은 사람들의 이해와 지지를 얻고, 불안정한 '역피라미드'에서 안정감 있는 '피라미드'로 바뀔 날이 올 것인가? 그것은 주권자인 우리 일본 국민의 선택에 달려 있다.

후기

　미일안보체제는 성립부터 현재까지 주요 정치적 쟁점이며 많은 연구자나 저널리스트가 관심을 가졌다. 하지만 작금의 집단적 자위권이나 오키나와 미군기지 문제를 둘러싼 논의에 볼 수 있듯, 역사적 경위가 충분히 이해되었다고 말하기 어렵다.

　그러한 상황 속에서 요시다 유타카吉田裕 선생님께 『이와나미 강좌 일본역사岩波講座 日本歷史』 제19권(2015년 간행)에 냉전기의 안보체제의 통사를 쓰지 않겠냐는 권유를 받았다. 천학비재淺學非才한 내가 그러한 큰 역할을 다할 수 있을지 주저도 있었지만, 좋은 공부 기회라고 생각하여 맡기로 했다.

　『이와나미 강좌 일본역사』 원고를 집필하는 가운데, 최신 연구 성과에 입각한 통사가 거의 없는 사실이나 본토의 미군기지 문제사가 망각되고 있는 상황에 가까운 현실을 느꼈다. 그래서 보수와 혁신 사이에서 펼쳐진 55년 체제하의 안보논의와 선을 긋고, '평화국가'의 이념과 미일협조의 필요성을 전제로 하면서 안보체제의 문제점을 지적하는, 다르게 말해서 안보체제를 내재적으로 비판하는 시점에 서서 안보체제의 탄생부터 현재까지를 다루는 통사를 써 보자는 생각을 했다. 나가사키에 태어나 10년 이상 오키나와에서 학생들을 가르친 경험을 활용할 수 있을지도 모른다는 생각도 있었다. 작은 연구 성과였지만 양호한 미일 관계의 유지발전이나 본토 및 오키나와의 미군기지 문제 해결에 약간이라도 공헌할 수 있으면 좋겠다.

이 책의 집필 과정은 '가시밭길'로 공부할수록 나의 지식부족을 통감했다. 그럼에도 불구하고 많은 분들의 지원을 받아 어떻게든 여기까지 도착할 수 있었다. 학생 시절의 은사이신 아와야 겐타로粟屋憲太郎, 사사키 다쿠야佐々木卓也, 나카기타 고지中北浩爾 선생님들, 학회나 연구회 등에서 귀중한 조언을 해 주신 아카자와 시로赤澤史朗, 우에무라 히데키植村秀樹, 스가 히데테루菅英輝, 고노 야스코河野康子, 사쿠라자와 마코토櫻澤誠, 사토 마나부佐藤學, 데루야 히로유키照屋寬之, 도요시타 나라히코豊下楢彦, 후쿠나가 후미오福永文夫, 호소야 유이치細谷雄一, 무라이 료타村井良太, 무라카미 도모아키村上友章, 와카쓰키 히데카즈若月秀和 선생님들을 비롯한 연구자 여러분, 오키나와 국제대학, 동서센터(미국 하와이주), 리쓰메이칸 대학 교직원 여러분, 인터뷰에 응해 주신 정치가나 외교관 여러분, 나아가 오타 마사카쓰

씨 등의 저널리스트 여러분께 감사의 인사를 드리고 싶다. 또한 이 책은 과학연구비조성금기반(C)15K03342의 연구성과의 일부이다.

이와나미 서점의 우에다 마리上田麻里 씨는 좀처럼 글을 쓰지 못하는 필자를 깊은 참을성을 가지고 계속 기다렸으며 편집자로서 뛰어난 솜씨를 발휘하셨다. 장기간에 걸쳐 만전의 지원을 해 주신 우에다 씨께 깊은 고마움의 인사를 드리고 싶다. 또한 이 책의 기획입안에 힘을 다 해 주신 오쓰카 시게키大塚茂樹 씨, 야마카와 요시코山川良子 씨, 도판을 담당해 주신 이이다 겐飯田健 씨께 감사의 인사를 드린다.

이 책을 쓰면서 몇 번이나 인생이란 생각대로 되지 않는다고 느꼈다. 무언가를 얻으면 무언가를 잃고 사물에는 반드시 빛과 그림자가 있다. 자신의 의지로는 어떻게 되지 않는 곤란한 상황에 직면하는 경우도 있다. 그럼에도 아니, 그렇기 때문에 지금 자신에게 부여된 조건하에서 최선을 다하는 자세가 중요할 것이다. 역사를 배우는 즐거움을 이해하게 된 11살의 장남, 자전거와 피터래빗을 제일 좋아하는 장녀가 다양한 곤란에 지지 않고 자신에게 부여된 환경 속에서 힘껏 노력할 수 있는 사람이 되길 바란다.

아이들에게 큰 애정을 쏟는 아내, 장남, 장녀라는 소중한 가족, 부모님, 친척, 은사, 그리고 지금까지 나를 지탱해 주신 모

미일안보체제사

든 분들께 진심으로 감사하는 마음을 실어 이 책을 바칩니다.

2018년 8월 73회째 나가사키 원폭의 날에

요시쓰구 고스케

역자 후기

또 하나의 작업이 끝났다.

처음 이 책을 발견했을 때 미일안보체제에 관한 입문서가 없는 상황이었던지라 좋은 책을 발견했다는 생각을 했다. 그리고 읽으면서 더욱 그렇게 확신했다. 비록 저자가 다루는 범위는 2018년까지였으나 지금도 미국과 일본의 관계는 변하지 않았기 때문에 현실에 뒤쳐지지 않았다고 생각한다.

저자는 이 미일안보체제사를 서술하면서 재미있는 지적을 한다. 먼저 비대칭성이다. 미국은 병력과 무기를 제공하여 일본을 보호하고, 일본은 그 대가로 기지를 제공한다. 두 번째로 일본은 사실상 대미추종으로 보이는 입장을 계속 취하고 있다. 세 번째로 일본 정부는 국민을 상대로 제대로 설명을 하지 않는다. 네 번째는 보호하러 왔을 미군이 현지 주민을 상대로 범죄를 저지르거나 사고를 일으켜 오히려 주민을 위험하게 만든다는 점이다. 형태는 다르지만 한국과 미국의 관계도 비슷해 보이지 않은가?

또한 저자는 일본 내 여러 식자가 지적하듯 걸프전에 자위대를 파견하지 않았기 때문에 일본이 사실상 손해를 봤다는 주장을 반박하고 있다. 저자는 이를 '걸프 트라우마'라고 부르면서 '걸프 트라우마'는 사실 자위대를 해외에 파견하기 위한 구실인 측면이 있다고 지적한다. 그와 함께 오히려 일본의 경제지원이 좋은 평가를 받았다고 주장한다. 생각해 볼만한 측면이라고 생각한다. 걸프전 이후로 자위대의 행동 범위도 커졌고, 미일안보체제 안에서 자위대가 차지하는 위치도 커지고 있다.

그동안 미국에서는 정권이 바뀌었고 중국은 더욱 빠르게 성장하여 미국의 위치를 노리는 지점까지 왔다. 그리고 유럽에서는 러시아가 우크라이나를 침공하여 격전이 이어지고 있다. 앞으로 대한민국은 이러한 격동 속에서 어떻게 대처해야 할까?

2022년 3월 15일

이재우

부록

미일안전보장조약(구)

(일본국과 미합중국 사이의 안전보장조약)

1951년 9월 8일

일본국은 오늘 연합국과의 평화조약에 서명했다. 일본국은 무장을 해제당했으므로 평화조약의 효력이 발생할 때 고유의 자위권을 행사할 유효한 수단을 갖지 않는다.

무책임한 군국주의가 아직 세계에서 추방되지 않았기 때문에 앞서 서술한 상태에 있는 일본국에는 위험이 있다. 따라서 일본국은 평화조약이 일본국과 미합중국 사이에 효력을 낳음과 동시에 효력을 발생시킬 미합중국과의 안전보장조약을 희망한다.

평화조약은 일본국이 주권국으로서 집단적 안전보장조약을 체결할 권리를 가질 수 있음을 승인하며 나아가 유엔헌장은 모든 국가가 개별적 및 집단적 자위의 고유 권리를 가질 수 있음을 승인하고 있다.

이러한 권리들의 행사로서 일본국은 방위를 위한 잠정조치로서 일본국에 대한 무력공격을 저지하기 위해 일본 국내 및 부근에 미합중국이 군대를 유지하기를 희망한다.

미합중국은 평화와 안전을 위해 현재 약간의 자국 군대를 일본 국내 및 부근에 유지할 의사가 있다. 단 미합중국은 일본국이 공격적인 위협이 되거나 또는 유엔헌장의 목적 및 원칙을 따라 평화와 안전을 증진하는 길 이외에 사용할 수 있는 군비 보유를 항상 피하면서, 직접 및 간접 침략에 대한 자국의 방위를 위해 점증적으로 스스로 부담을 지기를 기대한다.

따라서 양국은 이렇게 협정을 맺었다.

제1조

평화조약 및 이 조약의 효력 발생과 동시에 미합중국의 육군, 공군 및 해군을 일본 국내 및 부근에 배치할 권리를 일본국은 허가하며, 미합중국은 이를 수락한다. 이 군대는 극동에서 국제평화와 안전 유지에 기여 및 하나 또는 둘 이상의 외국의 교사 또는 간섭으로 인해 일어난 일본국의 대규모 내란 및 소요를 진압하기 위해 일

몬국 정부가 명시한 요청에 응하여 할 수 있는 원조를
포함하여 외부로부터의 무력공격에 대한 일본국의 안
전에 기여하기 위해 사용할 수 있다.

제2조
제1조에 게재한 권리를 행사하는 동안, 일본국은 미
합중국의 사전 동의 없이 기지, 기지에 있어서 혹은 기
지에 관한 권리, 권력 혹은 권능, 군사주둔 혹은 연습의
권리 또는 육군, 공군 혹은 해군이 통과할 권리를 제3국
에 허락하지 않는다.

제3조
미합중국 군대의 일본 국내 및 부근에서의 배치를 규
율하는 조건은 양 정부 간의 행정협정에서 결정한다.

제4조
이 조약은 유엔 및 그 외에 의한 일본 구역에서의 국
제 평화와 안전 유지를 위해 충분한 규정을 하는 유엔의
조치 또는 이를 대신하는 개별 혹은 집단 안전보장조치
가 효력이 발생했다고 일본국 및 미합중국 정부가 인정
했을 때 언제든 효력을 상실하기로 한다.

제5조

이 조약은 일본국 및 미합중국이 비준해야 한다. 이
조약은 양국이 워싱턴에서 비준서를 교환할 때 효력이
발생한다.

이상의 증거로서 아래의 전권위원은 이 조약에 서명
했다.

1951년 9월 8일 샌프란시스코에서 일본어 및 영어로
본서 두 통을 작성했다.

일본국 대표
요시다 시게루

미합중국 대표
딘 애치슨
존 포스터 덜레스
알렉산더 와일리
스타일스 브리지스

미일안보체제사

미일안전보장조약(신)

(일본국과 미합중국 사이의 상호협력 및 안전보장조약)

1960년 1월 19일

일본국 및 미합중국은

양국 사이에 전통적으로 존재하는 평화 및 우호 관계
강화 및 민주주의의 원칙들, 개인의 자유 및 법의 지배
를 옹호하기를 희망하고,

또한 양국 간의 한층 긴밀한 경제협력 촉진 및 각각
의 국가에서의 경제안정 및 복지의 조건을 조장하기를
희망하고,

유엔헌장의 목적 및 원칙에 대한 신념 및 모든 국민
및 모든 정부와 함께 평화 속에 살고자 하는 소원을 재
확인하고,

양국이 유엔헌장이 규정한 개별 또는 집단적 자위의

고유 권리를 갖고 있음을 확인하고,

양국이 극동에서의 국제 평화 및 안전 유지에 공통의 관심을 갖고 있음을 고려하고,

상호협력 및 안전보장조약을 체결하기로 결의했기 때문에 다음과 같이 협정을 맺는다.

제1조

체약국은 유엔헌장이 규정한 바에 따라 각자가 관계하는 어떤 국제분쟁을 평화적 수단으로 국제 평화 및 안전 및 정의를 위태롭게 하지 않도록 해결 및 각자의 국제 관계에서 무력을 이용한 위협 또는 무력행사를 어떠한 국가의 영토보전 또는 정치적 독립에 대해서도 역시 유엔의 목적과 양립하지 않는 다른 어떠한 방법에 의한 것도 삼가기로 약속한다.

체약국은 다른 평화우호국과 협동하여 국제 평화 및 안전을 유지하는 유엔의 임무가 한층 효과적으로 수행할 수 있도록 유엔을 강화하는 데 노력한다.

제2조

체약국은 자유로운 제도들을 강화하여 이 제도들의 기초를 이루는 원리의 이해를 촉진 및 안전 및 복지의 조건을 조장함으로써 평화적이자 우호적인 국제관계를 한층 더 발전시키는 데 공헌한다. 체약국은 국제경제정책에서 서로 엇갈리는 일이 없도록 노력하며, 또한 양국 간의 경제협력을 촉진한다.

제3조

체약국은 개별 및 상호협력하여 계속적이자 효과적인 자조自助 및 상호원조에 따라 무력공격에 저항하는 각각의 능력을 헌법상의 규정에 따르는 조건으로 유지, 발전시킨다.

제4조

체약국은 이 조약의 실시에 관해 수시로 협의하고 또한 일본국의 안전 또는 극동에서의 국제 평화 및 안전에 대한 위협이 발생했을 때 언제든지, 어느 한 쪽의 체약국의 요청에 따라 협의한다.

제5조

각 체약국은 일본국의 시정하에 있는 영역에서 어느

한 쪽에 대한 무력공격이 자국의 평화 및 안전을 위태롭게 하는 행위임을 인정하고, 자국의 헌법상의 규정 및 수속에 따라 공통의 위험에 대처하도록 행도함을 선언한다.

전기前記의 무력공격 및 효과로써 취한 모든 조치는 유엔헌장 제51조의 규정에 따라 바로 유엔안전보장이사회에 보고해야 한다. 그 조치는 안전보장이사국이 국제평화 및 안전을 회복 및 유지하기 위해 필요한 조치를 취했을 때는 끝내야 한다.

제6조

일본국의 안전에 기여 및 극동에서의 국제평화 및 안전유지에 기여하기 위해 미합중국은 육군, 공군 및 해군이 일본국의 시설 및 구역을 사용함을 허락받는다.

전기前記의 시설 및 구역의 사용 및 일본국에 있는 합중국 군대의 시설은 1952년 2월 28일에 도쿄에서 서명한 일본국과 미합중국 사이의 안전보장조약 제3조에 근거한 행정협정(개정을 포함)을 대신하는 개별 협정 및 합의된 다른 약속에 따라 규율한다.

제7조

이 조약은 유엔헌장에 근거한 체약국의 권리 및 의무 또는 국제평하 및 안전을 유지하는 국제연합의 책임에 대해서는 어떠한 영향도 받지 않으며, 또한 미친다고 해석하면 안 된다.

제8조

이 조약은 일본국 및 미합중국이 각자의 헌법상 수속에 따라 비준해야 한다. 이 조약은 양국이 도쿄에서 비준서를 교환한 날에 효력이 발생한다.

제9조

1951년 9월 8일 샌프란시스코시에서 서명한 일본국과 미합중국 간의 안전보장조약은 이 조약의 효력이 발생할 때 효력을 상실한다.

제10조

이 조약은 일본 구역에서의 국제평화 및 안전을 유지하기 위해 충분한 규정을 하는 유엔의 조치가 효력이 발생했다고 일본국 정부 및 미합중국 정부가 인정할 때까지 효력을 갖는다.

특히 이 조약이 10년 동안 효력을 존속시킨 후에는 어느 체약국도 다른 체약국에 대해 이 조약을 종료시킬 의사를 통고할 수 있으며, 그러한 경우, 이 조약은 그러한 통고를 하고 1년 후에 종료된다.

이상의 증거로서 아래의 전권위원은 이 조약에 서명한다.

1960년 1월 19일 워싱턴에서 동등한 정문인 일본어 및 영어로 본서 두 통을 작성했다.

일본국 대표

기시 노부스케

후지야마 아이이치로

이시이 고지로

아다치 다다시

아사미 고이치로

미합중국 대표

크리스찬 A. 하터

더글러스 맥아더 2세

J.그레이엄 퍼슨즈

미군 사고

연도별공무상/공무외별 건수사망자수(1952~2014년도)

년도	공무상			공무 외		
	본토	오키나와	합계건수 (사망자수)	본토	오키나와	합계건수 (사망자수)
1952	1,518	-	1,518(77)	4,467	-	4,467(37)
1954	2,099	-	2,099(85)	4,911	-	4,911(18)
1954	2,639	-	2,639(72)	8,383	-	8,383(18)
1955	3,044	-	3,044(48)	8,028	-	8,028(19)
1956	3,216	-	3,216(31)	9,772	-	9,772(32)
1957	2,846	-	2,846(27)	7,555	-	7,555(28)
1958	2,139	-	2,139(34)	6,136	-	6,136(18)
1959	1,864	-	1,864(11)	5,546	-	5,546(28)
1960	2,640	-	2,640(6)	4,416	-	4,416(24)
1961	1,784	-	1,784(16)	5,212	-	5,212(22)
1962	1,444	-	1,444(6)	4,945	-	4,945(29)
1963	1,452	-	1,452(4)	5,277	-	5,277(23)
1964	893	-	893(13)	3,966	-	3,966(26)
1965	847	-	847(6)	3,475	-	3,475(23)
1966	878	-	878(5)	3,777	-	3,777(18)
1967	581	-	581(6)	3,276	-	3,276(19)
1968	606	-	606(1)	2,920	-	2,920(14)
1969	853	-	853(3)	2,501	-	2,501(14)
1970	651	-	651(8)	1,515	-	1,515(8)
1971	532	-	532(3)	1,539	-	1,539(11)
1972	381	440	821(6)	1,519	1,548	3,067(25)
1973	290	442	732(7)	1,061	1,548	2,609(7)
1974	263	320	583(7)	760	1,478	2,238(4)
1975	230	293	523(0)	582	1,265	1,847(2)
1976	178	277	455(0)	433	1,243	1,676(2)
1977	380	211	591(4)	720	1,312	2,032(3)
1978	399	289	688(3)	508	1,195	1,703(2)

1979	331	307	638(2)	489	1,178	1,667(2)
1980	333	294	627(3)	642	1,024	1,666(1)
1981	289	268	557(2)	632	1,246	1,878(4)
1982	207	307	514(0)	693	1,266	1,959(5)
1983	166	277	443(0)	798	1,113	1,911(6)
1984	195	279	474(2)	666	1,119	1,785(3)
1985	182	261	443(0)	636	1,249	1,885(2)
1986	173	275	448(3)	659	1,233	1,892(3)
1987	212	287	499(0)	595	1,157	1,752(5)
1988	199	277	476(2)	560	1,117	1,677(1)
1989	177	218	395(2)	606	928	1,534(3)
1990	190	173	363(1)	625	970	1,595(5)
1991	222	161	383(0)	609	864	1,473(10)
1992	198	169	367(1)	632	858	1,490(0)
1993	224	152	376(1)	588	933	1,521(5)
1994	187	152	339(1)	626	944	1,570(3)
1995	192	163	355(0)	627	794	1,421(9)
1996	111	132	243(0)	472	651	1,123(2)
1997	156	179	335(2)	557	696	1,253(0)
1998	154	120	274(1)	526	690	1,216(2)
1999	103	152	255(0)	559	786	1,345(3)
2000	119	141	260(1)	658	816	1,474(4)
2001	184	161	345(1)	598	790	1,388(1)
2002	150	170	320(2)	735	889	1,624(1)
2003	147	168	315(1)	773	991	1,764(3)
2004	163	92	255(0)	693	918	1,611(2)
2005	152	87	239(0)	591	925	1,516(1)
2006	90	103	193(0)	506	850	1,356(4)
2007	128	96	224(1)	496	792	1,288(1)
2008	103	83	186(0)	274	135	409(1)
2009	110	122	232(0)	297	35	332(1)
2010	111	101	212(2)	296	65	361(1)
2011	100	87	187(0)	309	65	374(1)
2012	111	94	205(1)	263	51	314(0)
2013	111	94	205(0)	229	34	263(0)
2014	107	117	224(-)	203	31	234(-)

미일안보체제사

* 이 표는 방위성이 미일지위협정 제18조 업무(손해배상) 관계에서 안 데이터이며, 미군의 사건사고 전체에 대해 파악하지는 않았다. 또한 결과로서 배상에 이르지 못한 경우도 포함했다.
* 미군의 사건사고 등을 파악한 연도, 월, 일을 기준으로 삼아 건수를 계상했기에 실제 발생연도와 다른 경우가 있다.
* 오키나와의 사건사고 등 건수 및 사망자수에 대해서는 1972년 5월 15일 이래의 경우를 대상으로 했다.

[출처]
防衛省「米軍の事故について, 年度別, 公務上·外別件数, 賠償等金額(昭和47年度~平成26年度)」
및 防衛省「米軍の事故について, 年度別, 公務上·外別件数, 死亡者数, 賠償金額(昭和27年度~平成26年度)」에 근거하여 작성했다.

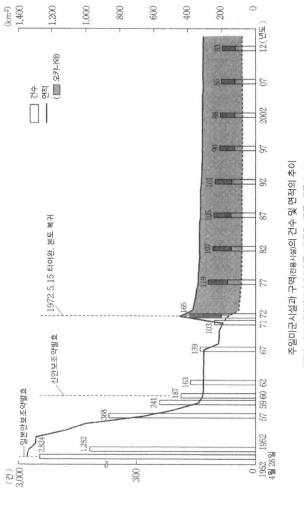

주일미군시설과 구역(전용시설)의 건수 및 면적의 추이

(출처) 防衛省 「在日米軍施設区域(専用施設)の件数及び面積の推移」를 바탕으로 작성)

미일안보체제사

관련 연표

1945	08.15	천황, 옥음 방송. 아시아태평양전쟁 종결
	09.02	전함 미주리에서 항복문서 조인
1946	11.03	일본국헌법 공포
1947	03.12	트루먼 독트린
	05.03	일본국헌법 시행
	09.13	일본 정부, 『아시다 메모』를 미국 측에 제출
	09.20	오키나와에 관한 천황 메시지
1948	08.15	대한민국 정부 성립
	09.09	조선민주주의인민공화국 성립
	10.19	제2차 요시다 시게루 내각 발족
1949	04.04	북대서양조약 조인
	09.25	소련 타스통신, 원폭 보유를 보도
	10.01	중화인민공화국 성립
1950	04.06	덜레스, 국무부 고문에 취임
	04.25	이케다 하야토 대장대신, 워싱턴에 출발
	06.21	덜레스가 일본에 옴
	06.25	한국전쟁 발발
	07.08	맥아더, 경찰예비대 창설을 지령
	10.25	중국인민의용군, 한국전쟁에 참전
	11.24	미 정부, 대일강화칠원칙 발표
1951	01.25	덜레스 일본 방문
	04.11	맥아더 해임, 후임은 리지웨이
	09.40	대일강화회의 개막
	09.08	대일강화안보조약 조인
	10.24	사회당 분열
1952	02.28	미일행정협정 조인
	04.01	류큐정부 발족
	04.28	대일강화안보조약 발효
	07.31	보안청법 공포(8.1 보안청 발족/10.15 보안대 발족)

1953	01.20	아이젠하워 정권 발족
	06.02	일본 정부, 우치나다 연습장의 무기한 사용을 각료회의에서 결정
	07.27	한국전쟁 휴전
	08.14	미군, 해병대 제3해병사단의 일본 본토 배치를 발표
	10.02	이케다로버트슨 회담
1954	03.01	제5후쿠류마루 사건
	03.08	미일상호방위원조협정(MSA협정) 조인
	03.15	미 정부, 요코타, 다치카와 기지 등의 확장을 요구
	07.01	방위청자위대 발족
	07.21	인도차이나전쟁 휴전에 관한 제네바 협정 조인
	12.10	하토야마-기시 정권 발족
1955	07.18	제네바에서 미국, 영국, 프랑스, 소련 정상회담
	7	미 해병대 제3해병사단의 일부가 오사카에서 오키나와로 이동
	08.29	시게미쓰 방미
	08.04	오키나와, 유미코양 사건
	10.13	사회당 통일
	11.15	자유민주당 결성
1956	06.09	미 민정부, 오키나와 미군기지에 관한 프라이스 권고 (섬 전체 투쟁으로)
	10.19	소일공동선언 조인
	12.17	일본, 유엔 가입
1957	01.30	지라드 사건
	02.25	기시 노부스케 정권 발족
	06.14	일본 정부, 제1차 방위력정비계획 결정
	06.16	기시 방미, 주일미군 지상부대 철수에서 합의
	06.27	다치카와 기지 확장을 위해 스나가와정에서 강제 측량
	08.01	미 육군 제1기병사단, 일본 본토에서 철수 개시.
	10.04	소련, 스푸트닉 발사 성공
1958	01.12	나하 시장 선거에서 겐지 사이치가 당선

미일안보체제사

	02.08	주일미군 지상부대 철수 완료, 미 해병대 제3해병사단은 오키나와로 이동
	08.23	중국, 금문도 포격 개시
1959	03.30	스나가와 투쟁에 관한 다테 판결
	06.30	오키나와, 미야모리 소학교 미군 제트기 추락사건
	12.16	최고재판소, 스나가와 판결
1960	01.19	신안보조약, 미일지위협정 조인
	04.28	오키나와현 조국복귀 협의회 결성
	05.19	신안보조약, 중의원에서 강행타결
	06.10	해거티 사건
	06.15	간바 사건
	06.19	신안보조약, 참의원에서 자연승인
	07.19	이케다 하야토 정권 발족
1961	01.20	케네디정권 발족
	06.19	이케다 방미
	07.18	일본 정부, 제2차 방위력정비계획 결정
1962	10.22	케네디, 쿠바 해상봉쇄를 발표(쿠바 미사일 위기)
1963	11.22	케네디 암살. 존슨 정권 발족
1964	04.05	마치다시에 미군기 추락
	08.02	통킹만 사건
	09.08	야마토시에 미군기 추락
	10.10	도쿄올림픽 개막
	10.16	중국, 핵실험 성공
	11.09	사토 에이사쿠 정권 발족
	11.12	미 원자력 잠수함 시드레곤이 사세보에 기항
1965	06.22	한일기본조약 조인
	08.19	사토, 오키나와 방문
1966	06.27	주변정비법 성립
	11.29	일본 정부, 제3차 방위력정비계획 결정
1967	11.12	사토 방미, 사토존슨 공동성명
	12.11	사토, 국회에서 비핵삼원칙을 표명

1968	01.19	미 원자력 항공모함 엔터프라이즈가 사세보에 기항
	05.06	미 원자력 잠수함 소드피시, 사세보에서 방사능 유출
	06.02	규슈대학 팬텀기 추락사건
	11.10	류큐정부 행정주석 선거에서 야라 조뵤가 당선
	11.19	가테나 기지에 B52 추락
1969	01.20	닉슨 정권 발족
	11.17	사토 방미, 사토닉슨 공동성명으로 오키나와 반환 합의
1970	02.03	일본, 핵비확산조약 조인
	06.23	안보조약, 자동연장
	12.30	오키나와, 코자사건
1971	06.17	오키나와 반환협정 조인
	07.09	키신저 비밀리에 중국 방문
1972	02.21	닉슨 중국방문
	05.15	오키나와, 본토 복귀
	05.26	미소, SALT-1 조인
	07.07	다나카 가쿠에이 정권 발족
	09.29	중일공동성명 조인
	10.09	일본 정부, 제4차 방위력정비계획 결정
1973	01.23	미일, 간토 계획에 합의
	01.27	베트남평화협정조인
	10.05	항공모함 미드웨이가 요코스카에 입항(요코스카 모항화)
1974	06.27	환경정비법 시행
	08.09	포드 정권 발족
	10.06	라로크 증언 공표
	11.18	포드 일본 방문
	12.09	미키 다케오 정권 발족
1975	04.30	사이공 함락, 남베트남 붕괴
	09.30	천황 방미
	12.07	포드 정권, 신태평양독트린 발표
1976	10.29	일본 정부, 방위계획 대강(76대강) 발표
	11.05	일본 정부, 방위비 GNP 1% 틀을 각료회의에서 결정

미일안보체제사

	12.24	후쿠다 다케오 정권 발족
1977	01.20	카터 정권 발족
	08.18	후쿠다독트린 발표
	09.27	요코하마의 민가에 미군기 추락
1978	06.29	가네마루 신 방위청 장관이 국회에서 「배려예산」을 지출할 생각을 표명
	08.12	중일평화우호조약 조인
	11.27	미일, 미일방위협력을 위한 지침(79가이드라인)에 합의
	12.07	오히라 마사요시 정권 발족
	12.10	오키나와현 지사 선거에서 니시나 준지가 당선
1979	11.04	이란 주재 미국 대사관 점거사건
	12.27	소련, 아프가니스탄 침공
1980	02.26	해상자위대, 림팩80에 참가
	07.17	스즈키 젠코 정권 발족
	09.09	이란이라크 전쟁 발발
1981	01.20	레이건 정권 발족
	05.04	스즈키 방미, 공동성명의 '동맹'을 둘러싸고 혼란
	05.17	핵 반입에 관한 라이샤워 증언
1982	02.16	미군, 아쓰키 기지에서 NLP 개시
	11.27	나카소네 야스히로 정권 발족
1983	01.17	나카소네 방미, '불침항모' 발언
1984		
1985	03.11	고르바초프, 소련 공산당 서기장에 취임
1986	09.09	일본 정부, 미국의 SDI에 참가 결정
	12.30	87년도 예산안에서 방위비가 GNP1%를 돌파
1987	01.30	배려예산에 관한 특별협정 조인
	11.06	다케시타 노보루 정권 발족
	12.08	미소, INF폐기조약 조인
1988		
1989	01.07	쇼와 천황 사망
	01.20	G.H.W 부시 정권 발족

	04.28	FS-X를 둘러싼 미일협의 타결
	06.02	우노 소스케 정권 발족
	06.04	중국에서 천안문 사태 발생
	08.09	가이후 도시키 정권 발족
	11.09	동독, 서독과의 국경을 개방(베를린 장벽 붕괴로 이어짐)
	12.03	미소 정상, 몰타회담에서 냉전 종결을 선언
1990	08.02	이라크, 쿠웨이트 침공. 걸프위기 시작됨
	08.30	일본 정부, 걸프위기를 맞이하여 10억 달러 지원 결정
	09.14	일본 정부, 30억 달러 추가지원 결정
	10.03	독일 통일
	11.18	오키나와현 지사선거에서 오타 마사히데가 당선
1991	01.17	다국적군, 이라크 공격. 걸프전쟁 시작
	01.24	일본 정부, 90억 달러 추가지원 결정
	04.24	일본 정부, 페르시아만에 해상자위대를 파견하기로 결정
	11.05	미야자와 기이치 정권 발족
	12.26	소련 붕괴
1992	06.15	PKO협력법 성립
	09.17	자위대, 캄보디아 PKO에 파견
1993	01.20	클린턴 정권 발족
	08.09	호소카와 모리테루 정권 발족. 55년 체제 붕괴
1994	04.25	하타 쓰토무 정권 발족
	06.15	카터 전 미국 대통령이 북한을 방문
	06.30	무라야마 도미이치 정권 발족
	08.12	방위문제간담회, 보고서를 제출
1995	01.17	한신아와지대지진
	09.04	오키나와 소녀 폭행사건
	10.21	오키나와 현민 총궐기대회
	11.28	일본 정부, 95대강 결정
1996	01.11	하시모토 류타로 정권 발족
	03.08	중국, 대만 앞바다에서 미사일 연습 개시
	04.12	미일, 후텐마 기지 반환을 발표

미일안보체제사

	04.17	하시모토클린턴 회담, 안보재정의
	12.02	SACO, 최종보고를 발표
1997	09.23	미일, 97가이드라인에 합의
1998	07.30	오부치 게이조 정권 발표
	08.31	북한, 일본열도를 넘어 대포동 발사 실험
	11.15	오키나와 현지사 선거에서 이나미네 게이이치가 당선
1999	01.14	미일, 미군기 저공비행으로 인한 피해경감조치에 합의
	05.24	가이드라인관련법 성립
2000	04.05	모리 요시로 정권 발족
	07.21	규슈오키나와 회담 개막
2001	01.20	G.W. 부시 정권 발족
	04.26	고이즈미 준이치로 정권 발족
	09.11	미국동시다발테러
	10.07	미국과 영국이 아프가니스탄 공격
	10.29	테러대책특조법 성립
2002	09.17	고이즈미 방북, 북일평양선언
2003	01.10	북한, NPT탈퇴 선언
	03.20	미영 등 이라크를 공격. 이라크전쟁 개시
	05.01	G.W.부시, 이라크 전투 종결 선언
	06.06	유사관련3법 성립
	07.26	이라크특조법 성립
2004	06.14	유사관련7법 성립
	08.13	오키나와 국제대학 미군헬기추락사건
	12.10	일본 정부, 04대강 결정
2005	10.29	「2+2」「미일동맹-미래를 위한 변혁과 재편」 발표
2006	05.01	「2+2」「재편 실시를 위한 미일의 로드맵」 발표
	09.26	아베 신조 정권 발족
	10.09	북한, 핵실험 성공을 발표
	11.19	오키나와 현지사 선거에서 나카이마 히로카즈가 당선
2007	01.09	방위성 발족
	09.26	후쿠다 야스오 정권 발족

2008	09.24	아소 다로 정권 발족
	09.25	원자력 항공모함 조지 워싱턴 요코스카 입항 (원자력 항모 요코스카 모항화)
2009	01.20	오바마 정권 발족
	09.16	하토야마 유키오민주당 정권 발족
	11.13	하토야마오바마 회담
2010	06.08	간 나오토 정권 발전
	12.17	일본 정부, 10대강 결정
2011	03.11	동일본대지진
	09.02	노다 요시히코 정권 발족
2012	09.11	센카쿠 제도 국유화
	10.01	오스프리 후텐마 기지 배치
	12.26	아베 신조 정권 발족
2013	12.04	일본판 NSC 발족
	12.17	일본 정부, 13대강 결정
	12.27	나카이마 지사, 헤노코 매립을 승인
2014	07.01	아베 정권, 집단적 자위권 행사 용인을 각료회의에서 결정
	11.16	오키나와 현지사 선거에서 오나가 유지가 당선
2015	04.27	미일, 15가이드라인에 합의
	09.19	안보관련법 성립
	09.28	미일지위협정을 보충하는 환경보충협정 조인
2016		
2017	01.20	트럼프 정권 발족
2018	06.12	북미정상회담

　　　　　　　　　　　　　　미일안보체제사

참고문헌

서적

秋山昌廣, 2002年『日米の戦略対話が始まった』亜紀書房

明田川融, 1999年『日米行政協定の政治史』法政大学出版局

明田川融, 2008年『沖縄基地問題の歴史』みすず書房

明田川融, 2017年『日米地位協定』みすず書房

朝日新聞安全保障問題調査会編, 1967年『日米安保条約の焦点』朝日新聞社

朝日新聞政治部取材班, 2015年『安倍政権の裏の顔』朝日新聞社

東根千万億, 2004年『等しからざるを憂える, 元首相鈴木善幸回顧録』岩手日報社

安倍晋三, 岡崎久彦, 2004年『この国を守る決意』扶桑社

安倍晋三, 2013年『新しい国へ』文芸春秋

新崎盛暉, 1996年『沖縄現代史』岩波書店

飯島勲, 2006年『小泉官邸秘録』日本経済新聞社

五百旗頭真, 伊藤元重, 薬師寺克行編, 2007年a『外交激変』朝日新聞社

五百旗頭真, 伊藤元重, 薬師寺克行編, 2007年b『森喜朗』朝日新聞社

五百旗頭真, 2008年『日米関係史』有斐閣

五百旗頭真, 宮城大蔵編, 2013年『橋本龍太郎外交回顧録』岩波書店

五百旗頭真編, 2014年『戦後日本外交史 第三版補訂版』有斐閣

五十嵐武士, 1995年『戦後日米関係の形成』講談社

池田慎太郎, 2004年『日米同盟の政治史』国際書院

石井明ほか編, 2003年『記録と考証 日中国交正常化・日中平和友好条約締結交渉』
　岩波書店

石井修, 1989年『冷戦と日米関係』ジャパンタイムズ

石井修, 2010年『ゼロからわかる核密約』柏書房

伊藤昌哉, 1985年『池田勇人とその時代』朝日新聞社

稲嶺恵一, 2011年『我以外皆我が師』琉球新報社

入江明, ロバ-ト・A・ワンプラ-編(細谷千博, 有賀貞監訳), 2001年『日米戦後関係史』
　講談社インタ-ナショナル

岩見隆夫, 2005年『陛下の御質問』文芸春秋

植木千可子, 2015年『平和のための戦争論』筑摩書房

植村秀樹, 1995年『再軍備と五五年体制』木鐸社

植村秀樹, 2002年『自衛隊は誰のものか』講談社

植村秀樹, 2013年『「戦後」と安保の六十年』日本経済評論社

植村秀樹, 2015年 b『暮らして見た普天間』吉田書店

梅林宏道, 1991年『空母ミッドウェ-と日本』岩波書店

梅林宏道, 2002年『在日米軍』岩波書店

梅林宏道, 2017年『在日米軍-変貌する日米安保体制』岩波書店

エルドリッチ・D, 2003年『沖縄問題の起源』名古屋大学出版会

エルドリッチ・D, 2008年『硫黄島と小笠原をめぐる日米関係』南方新社

遠藤誠治編, 2015年『シリ-ズ日本の安全保障2 日米安保と自衛隊』岩波書店

大河原良雄, 2006年『オ-ラルヒストリ- 日米外交』ジャパンタイムズ

太田昌克, 2004年『盟約の闇』日本評論社

太田昌克, 2011年『日米「核密約」の全貌』筑摩書房

太田昌克, 2014年『日米〈核〉同盟』岩波書店

太田昌克, 2000年『沖縄の決断』朝日新聞社

大嶽秀夫, 1988年『再軍備とナショナリズム』中央公論社

大嶽秀夫編, 1992年『戦後日本防衛問題資料集』第2巻, 三一書房

大平正芳(福永文夫監修), 2012年『大平正芳全著作集7』講談社

岡田克也, 2014年『外交をひらく』岩波書店

小沢一郎, 1993年『日本改造計画』講談社

小沢一郎, 1996年『語る』文芸春秋

折田正樹(服部龍二, 白鳥潤一郎編), 2013年『湾岸戦争・普天間問題・イラク戦争』岩
　　波書店

海部俊樹, 2010年『誠治とカネ』新潮社

金丸信, 1979年『わが体験的防衛論』エール出版社

我部政明, 2000年『沖縄変換とは何だったのか』日本放送出版協会

我部政明, 2002年『日米安保を考え直す』講談社

我部政明, 2007年『戦後日米関係と安全保障』吉川弘文館

河口榮二, 1981年『米軍機墜落事故』朝日新聞社

菅英輝, 1992年『米ソ冷戦とアメリカのアジア政策』ミネルヴァ書房

菅英輝編, 2010年『冷戦史の再検討』法政大学出版局

岸信介, 1983年『岸信介回顧録』廣済堂出版

楠田実, 1975年『首席秘書官』文芸春秋

楠田実, 2001年『楠田実日記』中央公論新社

楠綾子, 2009年『吉田茂と安全保障政策の形成』ミネルヴァ書房

倉重篤郎, 2013年『小泉政権一九八〇日(上・下)』行研

栗山尚一, 1997年『日米同盟 漂流からの脱却』日本経済新聞社

栗山尚一(中島琢磨, 服部龍二, 江藤名保子編), 2010年『沖縄返還・日中国交正常化・
　日米「密約」』岩波書店

黒崎輝, 2006年『核兵器と日米関係』有志社

小泉純一郎, 2018年『決断のとき』集英社

河野康子, 1994年『沖縄返還をめぐる政治と外交』東京大学出版会

河野康子, 渡邊昭夫編, 2016年『安全保障政策と戦後日本 1972~1994』千倉書房

河野洋平, 2015年『日本外交への直言』岩波書店

古関彰一, 2002年『「平和国家」日本の再検討』岩波書店

後藤謙次, 2014年『ドキュメント 平成政治史』第2巻 및 第3巻, 岩波書店

コワレンコ, イワン(加藤昭監修, 清田彰訳), 1996年『対日工作の回想』文芸春秋

斎藤元秀, 2018年『ロシアの対日政策(上・下)』慶応義塾大学出版会

坂田道太, 1977年『小さくても大きな役割』朝雲新聞社

坂元一哉, 2000年『日米同盟の絆』有斐閣

坂元一哉監修・解説, 2016年『はじめて読む日米安保条約』宝島社

櫻澤誠, 2015年『沖縄現代史』中央公論新社

佐藤栄作, 1998年『佐藤栄作日記』第3巻, 朝日新聞社

佐道明広, 2003年『戦後日本の防衛と政治』吉川弘文館

佐道明広, 2006年『戦後政治と自衛隊』吉川弘文館

重光葵(伊藤隆, 渡邊行男編), 1988年『続 重光葵手記』中央公論社

信夫隆司, 2014年『日米安保条約と事前協議制度』弘文堂

篠田秀朗, 2016年『集団的自衛権の思想史』風行社

柴田晃芳, 2011年『戦後日本の防衛政策』北海道大学出版会

柴山太, 2010年『日本再軍備への道』ミネルヴァ書房

島川雅史, 2011年『アメリカの戦争と日米安保体制 第3版』社会評論社

シャラ-, マイケル(市川洋一訳), 2004年『「日米関係」とは何だったのか』草思社

庄司貴由, 2015年『自衛隊海外派遣と日本外交』日本経済評論社

進藤榮一, 2002年『分割された領土』岩波書店

世界平和研究所編, 1995年『中曽根内閣史-理念と政策』世界平和研究所

世界平和研究所編(北岡伸一, 渡邊昭夫監修), 2011年『日米同盟とは何か』中央公論新
　　社

瀬川高央, 2016年『米ソ核軍縮交渉と日本外交』北海道大学出版会

瀬瑞孝夫, 1998年『防衛計画の大綱と日米ガイドライン』木鐸社

添谷芳秀, 2016年『安全保障を問いなおす』NHK出版

添谷芳秀, 2017年『日本の外交「戦後」を読みとく』筑摩書房

外岡秀俊, 本田優, 三浦俊章, 2001年『日米同盟半世紀』朝日新聞社

平良好利, 2012年『戦後沖縄と米軍基地』法政大学出版局

竹内俊隆編, 2011年『日米同盟論』ミネルヴァ書房

竹下登, 1987年『素晴らしい国・日本』講談社

武田悠, 2015年『「経済大国」日本の対米協調』ミネルヴァ書房

田中明彦, 1991年『日中関係 1945-1990』東京大学出版会

田中明彦, 1997年『安全保障』読売新聞社

田中角栄, 1972年『日本列島改造論』日刊工業新聞社

ダワ-, ジョン(大窪愿二訳), 1991年『吉田茂とその時代(上・下)』中央公論社

崔慶原, 2014年『冷戦期日韓安全保障関係の形成』慶応義塾大学出版会

チャ, ヴィクタ-・D(船橋洋一監訳・倉田秀也訳), 2003年『米日韓反目を越えた提携』
　　有斐閣

都留重人, 1996年『日米安保解消への道』岩波書店

手嶋龍一, 2006年『外交敗戦』講談社

豊下楢彦, 1996年『安保条約の成立』岩波書店

豊下楢彦編, 1999年『安保条約の論理』柏書房

豊下楢彦, 2008年『昭和天皇・マッカ-サ-会見』岩波書店

豊下楢彦, 2015年『昭和天皇の戦後日本』岩波書店

豊田祐基子, 2009年『「共犯」の同盟史』岩波書店

豊田祐基子, 2015年『日米安保と事前協議制度』吉川弘文館

内閣総理大臣官房広報室監修, 1978年『世界のための日米の役割 昭和53年 5月・日
　　米首脳会談』日本公報協会

永井洋之助, 1985年『現代と戦略』文藝春秋

中島信吾, 2006年『戦後日本の防衛政策』慶応義塾大学出版会

中島琢磨, 2012年『沖縄返還と日米安保体制』有斐閣

中曽根康弘, 1996年『天地有情』文藝春秋

中曽根康弘(中島琢磨ほか編), 2012年『中曽根康弘が語る戦後日本外交』新潮社

西村熊雄, 1971年『日本外交史』第27巻, 鹿島研究所出版会

西村熊雄, 1999年『サンフランシスコ平和条約・日米安保条約』中央公論新社

野添文彬, 2016年『沖縄返還後の日米安保』吉川弘文館

橋本龍太郎, 1994年『政権奪回論』講談社

波多野登雄, 2010年『歴史としての日米安保体制』岩波書店

波多野登雄編, 2013年『日本の外交』第2巻, 岩波書店

服部龍二, 2014年『大平正芳 理念と外交』岩波書店

服部龍二, 2015年『中曽根康弘』中央公論新社

服部龍二, 2016年『田中角栄』中央公論新社

鳩山由起夫, 2005年『新憲法試案』PHP研究所

早坂茂三, 1993年『田中角栄回想録』集英社

林博史, 2011年『米軍基地の歴史』吉川弘文館

原彬久, 1991年『日米関係の構図』日本放送出版会

原彬久編, 2003年『岸信介証言録』毎日新聞社

久江雅彦 2002年『9・11と日本外交』講談社

樋渡由美, 1990年『戦後政治と日米関係』東京大学出版会

布川玲子, 新原昭治編, 2013年『砂河事件と田中最高裁長官』日本評論社

福田赳夫, 1972年『多極化時代に臨む日本外交』内外情勢調査会

福田赳夫, 1995年『回顧九十年』岩波書店

福永文夫, 2014年『日本占領史 1945-1952』中央公論新社

福永文夫編, 2015年『第二の「戦後」の形成過程』有斐閣

藤本一美, 浅野一弘, 1994年『日米首脳会談と政治過程』龍溪書舎

藤本博, 島川雅史編, 2003年『アメリカの戦争と在日米軍』社会評論社

船橋洋一, 1997年『同盟漂流』岩波書店

防衛施設庁史編さん委員会編, 2007年『防衛施設庁史』防衛省

細川護熙, 2010年『内訟録』日本経済新聞出版社

細谷千博, 1984年『サンフランシスコ講和への道』中央公論社

細谷千博編, 1995年『日米関係通史』東京大学出版会

細谷千博ほか編, 1999年『日米関係資料集 1945-97』東京大学出版会

細谷雄一, 2016年『安保論争』筑摩書房

堀江湛, 池井優編, 1980年『日本の政党と外交政策』慶應通信

毎日新聞社編, 1969年『安保と米軍基地』毎日新聞社

前田哲男, 2000年『在日米軍基地の収支決算』筑摩書房

前泊博盛, 2011年『沖縄と米軍基地』角川書店

真崎翔, 2017年『核密約から沖縄問題へ』名古屋大学出版会

増田弘, 2004年『自衛隊の誕生』中央公論新社

増田弘編, 2006年『ニクソン訪中と冷戦構造の変容』慶応義塾大学出版会

増田弘編, 2016年『戦後日本首相の外交思想』ミネルヴァ書房

三浦陽一, 1996年『吉田茂とサンフランシスコ講和(上・下)大月』書店

御厨貴, 中村隆英編, 2005年『聞き書 宮澤喜一回顧録』岩波書店

宮城大蔵, 2016年a『現代日本外交史』中央公論新社

宮城大蔵, 渡辺豪, 2016年『普天間・辺野古 歪められた二〇年』集英社

宮里政玄, 2000年『日米関係と沖縄 1945-1972』岩波書店

宮澤喜一, 1965年『社会党との対話』講談社

宮澤喜一, 1995年『新・護憲宣言』朝日新聞社

宮澤喜一, 1999年『東京-ワシントンの密談』中央公論社

村田晃嗣, 1998年『大統領の挫折』有斐閣

村山富市, 1998年『そうじゃのう…』第三書館

村山富市, 2011年『村山富市の証言録』新生舎出版

室山義正, 1992年『日米安保体制(上・下)』有斐閣

毛里和子, 2006年『日中関係』岩波書店

森田一(服部龍一, 昇亞美子, 中島琢磨編), 2016年『心の一燈 回想の大平正芳』第一法
    規

柳澤協二, 2013年『検証 官邸のイラク戦争』岩波書店

山本章子, 2017年『米国と日米安保条約改定』吉田書店

屋良朝苗, 1985年『激動八年』沖縄タイムス社

屋良朝博ほか, 2016年『沖縄と海兵隊』旬報社

吉田茂, 1957年『回想十年』第2巻および第3巻, 新潮社

吉田真吾, 2012年『日米同盟の制度化』名古屋大学出版会

吉田敏浩, 新原昭治, 末浪靖司, 2014年『検証・法治国家崩壊』創元社

ヨシツ, マイケル・M(宮里政玄, 草野厚訳), 1984年『日本が独立した日』講談社

吉次公介, 2009年『池田政権期の日本外交と冷戦』岩波書店

吉次公介, 2011年『日米同盟はいかに作られたか』講談社

読売新聞政治部編, 2015年『安全保障関連法 変わる安保体制』信山社

若泉敬, 1994年『他作ナカリシヲ信ゼムト欲ス』文藝春秋

若月秀和, 2006年『「全方位外交」の時代』日本経済評論社

若月秀和, 2017年『冷戦の終焉と日本外交』千倉書房

渡辺洋三, 岡倉古志郎編, 1968年『日米安保条約 その解説と資料』労働旬報社

A50 日米戦後史編纂委員会編(細谷千博監修), 2001年『日本とアメリカ』ジャパンタ
　　イムズ

NHK放送世論調査所編, 1982年『図説 戦後世論史 第2版』日本放送出版会

2. 논문 등

石井修, 2001年「対立と協調 1972-1989 年」前掲『日本とアメリカ』

池井優, 1980年「自民党の安全保障政策」앞의『日本の政党と外交政策』

植村秀樹, 2015年 a「沖縄の米軍基地問題と「吉田ドクトリン」論」『年報・日本現代
　　史』第20号

川島真, 2011年「中国から見た日米同盟の評価の変遷」앞의『日米同盟とは何か』

菅英輝, 2002年「ベトナム戦争における日本政府の平和努力と日米関係」『国際政治』
　　第130号

菅英輝, 2005年「なぜ冷戦後も日米安保は存続しているのか」菅英輝, 石田正治編
　　『21世紀の安全保障と日米安保体制』ミネルヴァ書房

菅英輝, 2010年「「核密約」と日米安保体制」『年報・日本現代史』第15号

北岡伸一, 2011年「日米同盟における「密約」問題」앞의『日米同盟とは何か』

小林聡明, 2011年「沖縄返還をめぐる韓国外交の展開と北朝鮮の反応」앞의『日米
　　同盟論』

小谷哲男, 2005年「空母「ミッドウェイ」の横須賀母港化をめぐる日米関係」『同志社
　　アメリカ研究』第41号

小山高司, 2008年「「関東計画」の成り立ちについて」『戦史研究年報』第11号

佐藤晋, 2016年「田中角栄」앞의『戦後日本首相の外交思想』

高浜賛, 1995年「国際社会における中曽根内閣」앞의『中曽根内閣史-理念と政策』

多田実, 1990年「白亞の議事堂が揺らいだ安保国会」内田健三, 金原左門, 古屋哲夫編『日本議会史録5』第一法規

長史隆, 2014年「米中接近後の日米関係」『立教法学』第89号

中曽根康弘, 2006年「政治の基本政策と内政 外交と安全保障, 国際関係」自由民主党編『決断! あの時私はこうした』中央公論事業出版

長谷川和年, 1995年「中曽根外交」앞의『中曽根内閣史-理念と政策』

長谷川正安, 1962年「安保体制と憲法」渡辺洋三編『新法学講座』第5巻, 三一書房

鳩山由起夫, 1997年「アジア外交の基本は「自立」と「共生」」鳩山由起夫, 菅直人『民益論』PHP研究所

藤本博, 2003年「ヴェトナム戦争と在日米軍・米軍基地」앞의『アメリカの戦争と在日米軍』

船橋洋一, 1996年「日米安保再定義の全解剖」『世界』第622号

前田寿夫, 1996年「ガイドラインから新ガイドラインまで」『世界』第624号

宮城大蔵, 2016年 b「橋本龍太郎」앞의『戦後日本首相の外交思想』

村田晃嗣, 1997年「防衛政策の展開」『年報政治学』

村田晃嗣, 2014年「「国際国家」の使命と苦悩」앞의『戦後日本外交史 第3版補訂版』

山口昇, 2010年「沖縄に米海兵隊が必要な五つの理由」『中央公論』第125巻第5号

吉次公介, 1999年「MSA交渉と再軍備問題」앞의『安保条約の論理』

吉次公介, 2006年「知られざる日米安保体制の"守護者"」『世界』第755号

吉次公介, 2011年「アジア冷戦史のなかの沖縄返還」粟屋憲太郎編『近現代日本の戦争と平和』現代史料出版

吉次公介, 2015年 b「屋良朝苗県政と米軍基地問題 1968~1976」앞의『第二の「戦後」の形成過程』

依田智治, 1995年「日米安保と防衛政策」앞의『中曽根内閣史-理念と政策』

3. 외국어 문헌

Emmerson, John K., 1978, The Japanese Thread: A Life in the U. S. Foreign Service, New York: Holt, Rinehart and Winston

Havens, Thomas R, H., 1987, Five Across the sea: The Vietnam War and Japan 1965-1975, Princeton: Princeton University Press

Midford, Paul, 2011, Rethinking Japanese Public Opinion and Security: From Pacifism to Realism? Stanford: Stanford University Press

Reischuer, Edwin O., 1986, My Life Between Japan and America, New York: Harper & Row

Snyder, Glenn H., 1997, Alliance Politics, Ithaca and London: Cornell University Press

* 많은 문헌을 참조했으나 지면 관계상 직접 인용한 문헌 및 그에 준하는 문헌만을 게재했다. 또한 『외교청서(우리 외교의 근황)』『방위백서(일본의 방위)』『朝日年鑑』『沖縄年鑑』각 연도판이나 각 신문, 국회의사록에다가 수상관저, 외무성, 방위성, 각 정당의 홈페이지 등도 적절하게 참조했다.

미일안보체제제사

초판 1쇄 발행일 2022년 6월 7일

지은이 요시쓰구 고스케
옮긴이 이재우
펴낸이 박영희
편집 문혜수
디자인 최소영
마케팅 김유미
인쇄·제본 제삼인쇄
펴낸곳 도서출판 어문학사
　　　　서울특별시 도봉구 해등로 357 나너울카운티 1층
　　　　대표전화: 02-998-0094/편집부1: 02-998-2267, 편집부2: 02-998-2269
　　　　홈페이지: www.amhbook.com
　　　　트위터: @with_amhbook
　　　　페이스북: www.facebook.com/amhbook
　　　　블로그: 네이버 http://blog.naver.com/amhbook
　　　　　　　　다음 http://blog.daum.net/amhbook
　　　　e-mail: am@amhbook.com
　　　　등록: 2004년 7월 26일 제2009-2호

ISBN 979-11-6905-004-3(93340)
정가 18,000원